Mozer – Begeistert Gott feiern

Thomas Mozer

Begeistert Gott feiern

Liturgie verstehen und gestalten

Medienwerk der Evangelisch-methodistischen Kirche

Umschlaggestaltung: Dieter Betz, Friolzheim
Satz: FC EDV Düsseldorf
Typografie: Daniel Schmidt, Freudental
Druck: Ebner & Spiegel, Ulm
ISBN: 3-89725-090-X
Best.-Nr. 299.143

Inhalt

Teil A | Einführung 7

Teil B | Der Gottesdienst 12

1. Wann – Die Zeit des Feierns 12
1.1 Der Sonntag 12
1.2 Das Kirchenjahr 15

2. Wo – Der Raum des Feierns 31
2.1 Hinführung 31
2.2 Der Raumeindruck methodistischer Gottesdiensträume 33
2.3 Zeichen, Symbole und Gegenstände im Gottesdienstraum und ihre Bedeutung 37

3. Wer – Die Personen des Feierns 53
3.1 Wir feiern Gott, wir feiern mit Gott, wir feiern vor Gott 56
3.2 Die Feiernden 57
3.3 Personen mit Gestaltungsdiensten im Gottesdienst 59

4. Was – Der methodistische Gottesdienst – sein Aufbau und Charakter 73
4.1 Der Gottesdienst – ein Schatz der gesamten Christenheit 73
4.2 Die mit der Vereinigung von 1968 geschaffene Grundform des evangelisch-methodistischen Gottesdienstes in Deutschland 75
4.3 Den Charakter unseres Gottesdienstes verstehen 77
4.4 Ausblick 80

5. Wie – Der methodistische Gottesdienst – seine Elemente verstehen und gestalten 81
5.1 Das Vorspiel 83
5.2 Das Votum, biblisches Grußwort und die Begrüßung 87
5.3 Das Eingangslied 95
5.4 Die Schriftlesungen und Gesänge 99
5.5 Das Dankgebet und Glaubensbekenntnis 112
5.6 Die Anbetung 121
5.7 Die Zeit der Gemeinschaft – Bekanntgaben 128

5.8 Das Lied vor der Predigt 141
5.9 Die Predigt 144
5.10 Stille nach der Predigt 157
5.11 Das Fürbittgebet und Gebet des Herrn (Unser Vater) 160
5.12 Das Lied nach der Predigt und die Kollekte 167
5.13 Sendung und Segen 174
5.14 Das Nachspiel 191

Teil C | Anhang 195

6. Anregungen und Materialien zum liturgischen Lernen in der Gemeinde 195
6.1 Liturgisches Lernen im Vollzug: Ein Gottesdienst mit Meta-Ebene 195
6.2 Artikel über den Charakter unseres Gottesdienstes für den Gemeindebrief 198
6.3 Anregungen für Predigten zu Themenbereichen der Liturgie 203
6.4 Einzelne Kapitel dieses Buches zu Schulungstreffen heranziehen 205
6.5 Ergänzende Schaubilder 208

7. Anmerkungen und Literaturverzeichnis 212

EINFÜHRUNG Teil A

Eine liturgische Handreichung für den Gottesdienst einer Freikirche – ein Sündenfall?

Selig bist du, wenn du weißt, was du tust!

Vielleicht haben Sie so empfunden, als Sie das Buch in die Hand nahmen. Viele Freikirchler sehen nicht nur in freiwilliger Mitgliedschaft und freiwilligen Spenden, sondern auch in der freien Gestaltung des Gottesdienstes ein Charakteristikum ihrer Kirchenform. Dabei wird übersehen, dass die Ordnung der Evangelisch-methodistischen Kirche durchaus Vorgaben macht, wenn es in § 402 heißt: »Der Gottesdienst erfolgt in der Regel nach der Ordnung der Agende.«[1] Und die Agende erklärt dies: »In ihnen (das meint: den liturgischen Ordnungen) wird die Verbundenheit aller Gemeinden der Evangelisch-methodistischen Kirche erfahren. Darüber hinaus sind sie auch Ausdruck der Verwurzelung in der allgemeinchristlichen Glaubens- und Frömmigkeitstradition.«[2] Es geht also um die Gemeinschaft mit allen methodistischen Gemeinden durch das Praktizieren derselben Gottesdienstformen. Es geht um die Verbundenheit zu ökumenischen Schwesterkirchen. Dabei denken unsere Ordnung und die Agende sicher nicht an den minutiös gehaltenen Ablauf der verschiedenen Gottesdienstabläufe. Sie hat m. E. die Geschehnisse im Blick wie »Lobpreis und Anbetung, Gesang und Gebet, Schriftlesung, Verkündigung, Segnung und Sendung.«[3] Damit formuliert unsere Agende weniger die äußere Form als vielmehr den Inhalt eines christlichen Gottesdienstes. Aber Form und Inhalt sind nicht von einander zu lösen. Die Betrachtungen in diesem Buch beziehen sich auf den Sonntagsgottesdienst »1A. Grundform«. Ich suche Form und Inhalt der liturgischen Schritte zu verstehen und will Impulse zur Gestaltung geben. Diese Handreichung möchte in dieser Hinsicht keine reine Zustandsbeschreibung sein. Sie kann und will auch nicht die heutige Liturgie – über die Hinweise der Ordnung und Agende hinaus – zum Gesetz erheben. Ich meine vielmehr, auf genau dieser Ordnung mit meinen Betrachtungen zu fußen.

Ein Beitrag zum Nachdenken über den Gottesdienst für die Gemeinden

Gegenwärtig reflektieren viele Gemeinden ihre Sonntagsfeier. Sie versuchen die empfundenen Brüche in der Grundform des Gottesdienstes durch Umstellung der liturgischen Elemente zu lösen. Zu diesem Nachdenken in den Gemeinden und unter den Pastorinnen will dieses Buch ein Beitrag sein. Dieser Beitrag erstreckt sich in erster Linie auf das Verstehen des Gottesdienstes in der gegenwärtigen, agendarischen Form. Ich setze also inhaltlich an: Bei den Elementen, bei der Zeit des Feierns, bei den Personen und dem Charakteristikum unserer Gottesdienstform. Ich sage nicht: So muss es bleiben. Ich behaupte nicht: Keine Veränderung ist sinnvoll. Ich bin zurückhaltend und bescheiden. Wer den Sinn und den Inhalt unserer Liturgie versteht, soll selber entscheiden, ob und wie Veränderungen angebracht sind. Liturgie verändert und wandelt sich. Ich halte es jedoch für unerlässlich, den Sinn und den Inhalt unserer Liturgie verstanden zu haben, um sinnvoll und hilfreich verändern zu können. Diese Meinung leitete mich zu dem Motto: »Selig bist du, wenn du weißt, was du tust!«[4] Wer ohne Verstehen verändert, sitzt immer den Modeerscheinungen auf. Dann spielt nur der Effekt eine Rolle. Um aber im Gottesdienst eine neue Gestaltungsart oder liturgische Abfolge mit Leben zu erfüllen, muss die Gestalterin verstehen. Natürlich will ich die Leserin nicht um meine Meinung betrügen.

Der Aufbau dieser Handreichung ordnet sich nach Fragen

Ein Ereignis wie der Gottesdienst wird nicht nur durch seinen Inhalt bzw. die Abfolge der liturgischen Elemente beschrieben, sondern auch durch Ort, Zeit und Personen. Deshalb habe ich die Betrachtung durch Fragen geordnet, die dieses zum Inhalt haben:

Wann? In diesem ersten Kapitel geht es darum, was der Sonntag als Gottesdiensttag bereits für eine Botschaft in sich trägt. Außerdem will ich einen kleinen Durchgang durch das Kirchenjahr wagen, um Chancen und Möglichkeiten des Feierns in diesem Rhythmus zu zeigen.

Wo? Jeder Raum trägt zur Feier bei. Meist merken wir dies nicht, da wir mit unserem Gottesdienstraum sehr vertraut sind. In diesem zweiten Kapitel schauen wir auf die räumliche Ausgestaltung methodistischer Kirchen. Dieses Kapitel leitet an, den eigenen Kirchenraum zu entdecken. Jedes Symbol in der Kirche hält eine Predigt bereit.

Wer? Wenn wir Gottesdienst hören, denken wir sofort an die Pastorin. Eine große Zahl von Diensten ist jedoch mit einem Gottesdienst verbunden. In diesem dritten Kapitel werden diese Dienste beschrieben und Mut zur Gestaltung des Gottesdienstes durch viele Personen gemacht.

Was? In diesem vierten Kapitel lege ich eine Interpretation des methodistischen Gottesdienstablaufs nach seiner Grundform vor. Durch die Gestaltung des Gottesdienstes in Zeit-Räumen oder Geschehensbereichen erhält der evangelisch-methodistische Gottesdienst einen besonderen und im ökumenischen Umfeld einzigartigen Charakter.

Wie? Wie die einzelnen liturgischen Elemente des Gottesdienstes zu verstehen sind, wird in diesem fünften Kapitel gefragt. Das Verstehen leitet zum Gestalten. Diese beiden Schritte bilden den Aufbau der jeweiligen Unterkapitel. Häufig schließt eine kleine Übung mit **Herrn Testit** die Betrachtung und Gestaltung ab, um Gelesenes zu sichern oder zu üben. Manchmal hilft Herr Testit auch zu Beginn eines Unterkapitels, um die eigene Kenntnis und Meinung bewusst zu machen. Herr Testit hat den Zweck der Verfremdung, um gelöster an eine Sache heran zu gehen. Sie erkennen ihn leicht an einem Symbol am Seitenrand.

✍ **Übung**

Im **Anhang** bietet diese Handreichung **Anregungen und Materialien zum liturgischen Lernen in der Gemeinde**. Dieses sechste Kapitel zielt auf die praktische Umsetzung in der Gemeinde: Dazu finden Sie Gemeindebriefartikel zur direkten Verwertung oder eine Vorlage für einen liturgieerklärenden Gottesdienst.

In der Handreichung begegnen Sie folgenden Besonderheiten:

Gewiss ist Ihnen bereits beim Lesen dieser Einführung aufgefallen, dass ich Sie, liebe Leserin, lieber Leser, durchweg in der **femininen Anrede** anspreche. Ebenso tue ich es mit anderen Bezeichnungen oder Diensten wie Laienpredigerin, Pastorin, Liturgin u. a.. Das hat seinen Grund darin, dass ich mich irgendwann für eine Anrede oder Titulierung entscheiden musste. Die meisten Bücher verwenden die maskuline, andere versuchen eine inklusive Anredeform oder einen Wechsel zwischen beiden Anredeformen. Ich habe mich für die feminine Form entschieden, ohne irgendwelche ideologischen Gründe zu haben. Zudem scheiden feministische Gründe für mich aus, da ich dem anderen Geschlecht angehöre. Ich bin mir bewusst, dass ich damit einem großen Teil der Leserinnen und Leser viel zumute. Die Lesefreundlichkeit ist für die meisten – Frauen wie Männer – nicht gestiegen, weil wir eher die maskuline Form gewöhnt sind. Sie werden manchmal genötigt sein, genau zu lesen. Ich bitte Sie, dies zu tragen. Vielleicht werden sich andere auch freuen. Vor allem die Frauen, die sich daran gestört haben, in maskulinen Anredeformen und Titulierungen nur mitgemeint zu sein.

Ich verwende **methodistisch** und **evangelisch-methodistisch** synonym. Ich wechsle zwischen beiden Bezeichnungen, um nicht auf Worte wie »unsere Kirche« o. ä. zurückgreifen zu müssen.

Immer wieder taucht das Wort **geistlich** auf. Ich nenne Dienste, Aufgaben oder Gestaltungsarten »geistlich«, um sie in einer besonderen Weise zu qualifizieren. Dabei ist das Gegenüber nicht wie in den Evangelien oder in der Briefliteratur des Neuen Testaments »fleischlich«. In der Bibel bedeutet fleischlich, außerhalb der Gemeinschaft Gottes und der Wirkung des Heiligen Geistes zu leben oder zu handeln; aus dem Glauben bzw. unter der Leitung des Heiligen Geistes zu leben meint das Wort geistlich. Ich bezeichne in dieser Handreichung mit dem Wort geistlich die innere Ausrichtung. Tue ich einen Dienst im Gottesdienst, so soll er vor, mit und zu Gott geschehen und das trifft auch auf noch so kleine Aufgaben zu. Die geistliche Ausrichtung in der Gestaltung des Gottesdienstes ist sich bewusst, dass durch Worte und Gesten die Beziehung zu Gott gemeinsam mit den anderen Teilnehmerinnen gelebt wird. Der Gegensatz wäre ein äußerlicher oder technisch gearteter Dienst. Ich will dies illustrieren: »Ich stelle die Opferkörbe auf den Abendmahlstisch.« Oder: »Ich bringe Gott die Hingabe der Gemeinde dar.« Ein anderes Beispiel: »Wir singen Lied 15.« Oder: »Wir loben Gott über seiner Hilfe und Güte ...« In diesem Sinne gebrauche ich das Wort geistlich an verschiedenen Stellen dieser Handreichung.

Auf fachliche **Abkürzungen** habe ich verzichtet. Manche allgemeinen Abkürzungen wie m. E. für »meines Erachtens« oder u. ä. für »und ähnliche« benutze ich. Auf eine Abkürzung will ich hinweisen: **EM** ist die Bezeichnung für das Gesangbuch der Evangelisch-methodistischen Kirche, das 2002 erschienen ist.

Ich habe viel Grund zum Danken ...

Ich bin Gott sehr dankbar, dass ich seine Liebe und Gnade erkennen durfte und immer neu erkennen darf. Ich freue mich über die Berufung zu diesem Dienst in der Evangelisch-methodistischen Kirche, der mich diese Liebe und Gnade jeden Sonntag feiern und verkündigen lässt. Ich danke meiner Familie. Meiner Frau Silvia danke ich für das Miteinander und die Treue in vielen Höhen und Tiefen der letzten Jahre. Unseren Kindern, Jan, Hanna und Anne, danke ich; sie zu begleiten, mit ihnen zu lachen und zu weinen, ist mir ein großes Vorrecht. Ich danke meinen Eltern für alle Liebe und Zeit, die sie mir zugewandt haben.

Ich danke Freunden und Kollegen mit dieser Handreichung. Sie prägten meinen Glauben und meinen Dienst. Sie schenkten mir Ermutigung, Rat und viele Gebete.

Ich danke für alle Unterstützung bei der Erarbeitung dieser Handreichung. Elke Gassen hat das Manuskript des zweiten Kapitels kritisch durchgesehen. Klaus Bertsch gab mir bei kirchenmusikalischen Gestaltungselementen seinen Rat. Thomas Kraft hatte viel Geduld mit mir und Zutrauen zu mir; ich bedanke mich für beides.

Für mich war die Beschäftigung mit dem methodistischen Sonntagsgottesdienst ein Segen und ich wünsche, hoffe und bete, dass die Handreichung zum Segen dient.

Thomas Mozer
Wüstenrot-Neuhütten, 27. Juni 2005

Teil B Der Gottesdienst

1. Wann – Die Zeit des Feierns

In diesem Kapitel reflektieren wir, was es bedeutet, dass wir Gottesdienst am Sonntag feiern. Natürlich kann immer – an jedem Tag, zu jeder Zeit – Gottesdienst gefeiert werden. Mit dem Sonntag als Tag des Feierns verkündigen und bekennen wir bereits Wesentliches unseres Glaubens. Wir geben unserer Zusammenkunft einen Inhalt vor und bestimmen den Charakter des Feierns. Davon soll als Erstes die Rede sein.

Im zweiten Abschnitt möchte ich uns das Kirchenjahr in seinem Verlauf nahe bringen. Das Kirchenjahr orientiert sich am Weg des Christus in Geburt, Kreuzigung, Auferstehung, Erhöhung und Geistsendung. Der Rhythmus des Kirchenjahres kann uns für das Gestalten der Sonntagsfeier helfen, uns als Einzelne und als Gemeinde in die Heilsgeschichte Gottes hinein genommen zu wissen. Als Freikirchler ist unsere Erfahrung mit dem Kirchenjahr von den großen Festen geprägt. Aber gerade das Zugehen auf ein Heilsereignis und die innere und äußere Gestaltung der Vorbereitungszeit hilft zum besseren Verständnis des Christusfestes. Mit Vehemenz vertritt dies – man höre und staune – der Freikirchler Stephan Nösser.[1] Der Gedanke an das Kirchenjahr ruft bei manchen Befürchtungen wie z. B. den Verlust der gottesdienstlichen Themen- und Textwahl hervor. Deshalb will ich einen diskutierenden Stil wählen.

1.1 Der Sonntag

1.1.1 Der Sonntag als Tag des Gottesdienstes in der Gemeinde

Der erste Tag der Woche

In den ersten Gemeinden wurde der erste Tag der Woche – unser heutiger Sonntag – besonders begangen, weil er der Tag der Auferstehung unseres Herrn Jesus Christus war. Damit erfuhr dieser Tag eine besondere Herausnahme: Tag des Herrn, Tag der Auferweckung Der erste Tag der neuen Woche war ein normaler Arbeitstag. Weil es der Auferstehungstag war, kamen die Christen abends – nach der Arbeit – zusammen und feierten Gottesdienst. Das wurde allgemeine Praxis. Wir können dies Apg 20, 7 entnehmen. Gewiss dürfen wir nicht daraus schließen, dass Gottesdienste nur am ersten Tag der Woche gefeiert wurden. Gerade Apg 2, 46 spricht von Feiern mit Brotbrechen hin und her, an vielen und anfänglich sogar an jedem Tag der Woche. Aber die Besonderheit des Auferstehungstages wurde gefeiert und so ist jeder erste Tag ein Osterfest in der Woche. Bald wurde dieser Tag »Herrentag« oder »Tag des Herrn« genannt und wir finden in Offb 1, 10 das früheste Zeugnis dieser Bezeichnung.

1.1.2 Mit dem Sonntag als Gottesdiensttag ist für den Gottesdienst ein Inhalt verbunden

1.1.2.1 Der Sonntag und das Osterereignis

Auferweckung Jesu

Der Sonntag ist der Auferstehungstag unseres Herrn. Damit prägt die Auferweckung Jesu die Zusammenkunft. Der Triumph Gottes über »Sünde und Tod« (1 Kor 15, 55-57) schwingt bei jedem Sonntagsgottesdienst mit. Dieser Horizont des Sieges Jesu bildet die Grundlage für unsere Freude am Sonntagmorgen. Die Auferweckun des Gekreuzigten ist die Gewissheit der Vergebung, die Bekräftigung der verkündigten Liebe Gottes und damit der Grund für das Herrenmahl und die Zuversicht allen Betens. Das wirkt natürlich bestimmend für die Gestaltung des Gottesdienstes: Deshalb sind die Verkündigung des Sieges Jesu und das Gotteslob grundlegend. Darum geschieht alle Buße, Klage und Fürbitte in der Zuversicht und im Vertrauen auf den liebenden Vater im Himmel. Die Verkündigung, die Einladung zum Glauben, die Aufnahme in die Christus- und Gemeindebeziehung erhält ihre Vollmacht durch die Auferweckung. Das trägt dieser Tag als Symbol in sich. Der Herrentag bestimmt den Inhalt des Gottesdienstes bzw. sollte dies tun. Auf dieses hin reflektieren wir unser Feiern. Die Freude der Auferstehung motiviert unsere Vorbereitungen und auch die Begegnung mit Gott und miteinander in der gottesdienstlichen Versammlung.

1.1.2.2 Der Sonntag und die Sabbatruhe

Viele heidenchristliche Gemeinden übernahmen zwar den Rhythmus der Siebentagewoche, aber nicht das Halten des Sabbats (und auch nicht die Beschneidung). Unter Kaiser Konstantin im Jahr 321 wurde der Sonntag gesetzlich mit Arbeitsruhe belegt. Hatten Christen vor 321 den Gottesdienst am Abend gefeiert, so konnte nun eine dem Fest angemessenere Zeit gewählt werden. Ein neues Motiv fand so Eingang in den Sonntag und auch in den Gottesdienst. Der Sabbat ist Ausdruck des Vertrauens in den Schöpfer: Wir sind als Menschen nicht durch unsere Leistung gehalten, sondern durch die Güte des Schöpfers. Er schenkt allen Bemühungen Gelingen, er schenkt allem Säen die Ernte der Frucht. Die Ruhe ist Ausdruck der Freiheit. Gott hält mein Leben in seiner Hand. Ich bin sein Geschöpf. Keine Sorge, keine Furcht kann mein Leben halten oder erhalten; es ist Gott allein. Damit ist die Ruhe des Sabbats auch Bekenntnis zu Gott. Der Sonntag wird zum Sabbat des neutestamentlichen Gottesvolkes.

Sabbatruhe

1.1.2.3 Zwei Motive – ein Sonntag

Im Sonntag vereinigen sich seit 321 das Vertrauen auf Gott als Schöpfer und Erhalter des Lebens mit der Freude an Gott als Erlöser und himmlischem Vater. Durch die Arbeitsruhe am Sonntag verbanden sich die alttestamentliche Sabbatruhe und der neutestamentliche Auferstehungstag. So sind zwei getrennte Inhalte und Aussagen zueinander gestellt. Sie dürfen aber ruhig getrennt gesehen werden. Beides hat je in sich seinen Sinn. Darüber hinaus zeitigt die Verbindung aber auch neue Aussagen:

Bekenntnischarakter

a) Der Sabbat hat für das Volk Israel – besonders seit dem babylonischen Exil – Bekenntnischarakter. Ebenso sind die Osterrufe »Christus ist auferstanden« und »Christus ist der Herr« die ersten und bis heute grundlegenden Bekenntnisse der Christen und der Kirche. So verknüpfen sich erster und zweiter Bund an jedem Sonntag. Dies findet seinen Ausdruck im Gottesdienst, wenn Schriftworte zum Lobpreis aus beiden Testamenten verlesen werden. Der Sonntag ermahnt uns, den ersten und zweiten Bund nicht zu trennen. Er weist uns auf den Heilsweg Gottes hin, der in Abraham und dem Volk Israel seinen Anfang nahm und mit Christus für alle Menschen geöffnet wurde. Eines ist nur aus dem anderen zu verstehen und auch in rechter Weise weiterzuführen. Eines ohne das andere verfälscht das Heil Gottes.

Schöpfung und Vollendung

b) Mit dem Sabbat heiligt Gott sein Schöpfungswerk. Seine Ruhe schließt das Schaffen ab, da sie in die Schöpfung als siebenter Tag aufgenommen ist. Indem aber nach der Schöpfungserzählung die Sündenfallgeschichten in Gen 3-11 folgen, zeigt uns das Alte Testament auch die Erlösungs- und Vollendungsbedürftigkeit des Geschaffenen.

Dieses wiederum ist der Inhalt des Osterfestes. Die neue Schöpfung oder deren Vollendung bricht sich in Christus Bahn. »Ist jemand in Christus, so ist er eine neue Kreatur; das Alte ist vergangen, siehe, Neues ist geworden« (2 Kor 5, 17), verkündet uns der Apostel. So spricht der Sonntag von der Schöpfung und ihrer Vollendung. Diese hat in Christus ihren Anfang genommen und vollendet sich mit seiner Wiederkunft. In dieser Weise verstanden, birgt der Sonntag auch den Ruf der Offenbarung in sich: »Amen, ja, komm, Herr Jesus!« (21, 20b).

Erster Tag der Woche ist ein Ruhetag

c) Ein Weiteres möchte ich an dieser Verbindung betonen: Wir Christen leben als Menschen, deren erster Tag der Woche ein Ruhetag ist. Bitte lesen Sie diesen Satz noch einmal. Wir leben nicht in dem Verständnis: Wenn wir die ganze Woche gearbeitet haben, haben wir zwei freie Tage verdient. Wir beginnen mit dem freien Tag, dem Tag der Auferstehung unseres Herrn. Bevor wir etwas schaffen und erreichen, wird uns die Gnade Gottes verkündigt. Durch diesen freien Tag als ersten Wochentag sagt uns Gott: »Meine Gnade geht dir voraus. Du bist angenommen und ich will dein Leben erhalten, nämlich über dein Tun und deinen Erfolg hinaus. Ja, dieser Tag soll dich zur Arbeit erst fähig machen.« Das ermöglicht uns Menschen ein anderes Selbstbewusstsein und Selbstverständnis. Jeder Sonntag verkündigt dies und lädt zum Vertrauen auf Gottes zuvorkommende Gnade ein.[2]

1.2 Das Kirchenjahr

1.2.1 Hinführung

Ich hatte einen Kollegen zum Gottesdienst auf unseren Bezirk eingeladen. Eine Woche vorher gab er mir Textlesungen, Lieder und den Bibeltext für die Predigt telefonisch durch. Dabei wählte er Karfreitagslieder. Sein Predigttext war der Kreuzigungserzählung aus dem Johannesevangelium entnommen. Etwas erstaunt fragte ich ihn: »Aber Karfreitag ist doch erst in einigen Wochen?« »Wieso?«, entgegnete er, »über Jesu Tod für uns kann man doch immer predigen!« – Er hatte recht, und auch wieder nicht. Natürlich ist Jesu Hingabe am Kreuz auch an anderen Sonntagen zu verkündigen. Natürlich ist diese Grundlage an jedem Tag meines Lebens wichtig. Da hatte er recht. Aber er täuschte sich darin, wenn er meinte, dass er deshalb zu jeder Zeit alles Wichtige der Bibel für die Gottesdienstgestaltung und Predigt heranziehen kann. Denn: Wir verbinden bestimmte Bibeltexte mit bestimmten Gefühlen. Die Kreuzigungserzählung aus den Evangelien geht uns vom Gefühl nahe und löst Trauer aus. Auf diese stellen wir uns bewusst in der Passionswoche ein. Dazu helfen uns die persönliche Bibellese sowie die gesamte Passionszeit, die auf dieses Ereignis zugeht. Der Karfreitag ist wie auch das Oster- oder Weihnachtsfest ein extremes Erlebnis für die Gefühlswelt. Solch ein Erlebnis darf uns nicht unvorbereitet treffen, sonst wehren wir uns innerlich. Und trotzdem stimmt: Über den Sühnetod Jesu ist nicht nur an Karfreitag zu predigen. Würde die Predigt auf dem Bibeltext 1 Kor 1, 18 fußen, dann würde ebenso der Kreuzestod Jesu verkündigt, aber mit Freude, Zuversicht und Dankbarkeit. Nach Hebr 9 und 10 könnten wir über Jesu Hingabe sprechen und eine starke Heilsgewissheit würde uns nahe gebracht werden. Über das Kreuz ließe sich im Lichte von Phil 2, 5-11 predigen, von Jesu Gehorsam in der Erniedrigung am Kreuz, von seiner Erhöhung uns zum Vorbild in der Nachfolge, und das »Karfreitagsgefühl« würde sich nicht in oben genannter Weise einstellen und die Mitfeiernden wären nicht irritiert. Denn: Wir kommen mit Voreinstellungen und Erwartungen in den Gottesdienst. Manchmal sind sie von den gesellschaftlichen Ereignissen der Woche oder dem persönlichen Ergehen geprägt. Ebenso prägt uns auch der Rhythmus des Kirchenjahres. Am leichtesten lässt sich dies durch ein paar kuriose Beispiele erheben: Stellen Sie sich vor, ich predige am 1. Advent über die Kreuzigungserzählung nach Johannes und wir singen Passionslieder! Stellen Sie sich vor, an der Christvesper wähle ich die Pfingsterzählung der Apostelgeschichte und weil die Freude mit mir durchgeht, singen wir das Wesleylied »Christ, der Herr ist auferstanden«! Beim Erntedankfest spreche ich über Jesu Fasten und die Versuchung in der Wüste nach Mt 4. An Ostern betrachte ich mit der Gemeinde die Erzählung von den Magiern aus dem Morgenland in Mt 2, und weil wir im Abendland wohnen, singen wir mal nur Abendlieder. Das ist nun alles sehr bizarr. Aber spüren Sie, wie sich dies »beißt«? Natürlich ist Jesu Kommen in diese Welt grundlegend wichtig und hat nicht nur in der Weihnachtszeit Bedeutung. Natürlich sollen wir nicht nur in der Adventszeit uns vor Gott prüfen. Natürlich, ist Dankbarkeit ein Wesenszug von gläubigen Menschen und das wird nicht nur an Erntedank sichtbar. Aber die Feste und Zeiten betonen Einzelnes besonders und laden zu einem gemeinsamen Innehalten, zur gemeinsamen Besinnung und zu einer gemeinsamen Festfreude ein. Sie sind uns in den feinen Zügen nicht immer präsent. Sie sind uns nicht immer bewusst. Aber bei grobem Zuwiderhandeln wie oben provokativ vorgestellt, wehrt sich etwas in uns. Das Kirchenjahr mit seinem Rhythmus der Jesusfeste wie Geburt, Leidenszeit, Tod und Auferstehung beeinflusst unsere Erwartungen an den Gottesdienst. Bei manchen Zeitgenossinnen – vermehrt den jüngeren – geschieht dies nur noch in groben Zügen. In unserer Gesellschaft lösen sich manche Rhythmen auf: Die Nacht ist in unseren Städten nicht wirklich dunkel, sie ist hell durch die Lichter. Menschen schlafen am Tage und arbeiten in der Nacht. Für viele Menschen ist die Arbeitszeit auf Samstag und Sonntag ausgedehnt; da verliert sich der Wochenrhythmus. Manche Menschen füllen die Festzeiten nur mit der Möglichkeit, Urlaub zu machen; und wer feiert in Asien schon Ostern? Sind sie jedoch in Deutschland, dann wird für das Osterfest gebacken und die Fenster geschmückt und sogar bei kirchenabstinenten Menschen findet sich ein geschmückter Eierbaum im Garten oder in der Bodenvase. Dass allerdings das Kirchenjahr ein geistliches Angebot ist, das möchte ich Ihnen auf den folgenden Seiten vor Augen stellen. Dass das Kirchenjahr der Zeitraum ist, der das gottesdienstliche Geschehen inhaltlich prägt, das soll in den nächsten Betrachtungen herausgestellt werden. Und dies nicht um der Tradition willen, sondern als eine Möglichkeit, durch die Christus uns in der Nachfolge prägen möchte. Wenn wir Gottesdienste im Rhythmus des Kirchenjahres feiern, kann dadurch unser Christsein in Christus verankert werden und uns in Glaube, Hoffnung und Liebe wachsen lassen.

1.2.2 Was ist das Kirchenjahr?

Christusjahr

Das Kirchenjahr feiert an den Sonntagen die wichtigen Ereignisse der Heilsgeschichte Gottes in Jesus Christus. Es wird darum auch Christusjahr genannt. Dies hat ab dem 2. Jahrhundert nach Christus begonnen sich herauszubilden. Der Begriff des Kirchenjahres ist in der Reformationszeit geprägt worden. Uns soll jedoch der Inhalt interessieren. Das Kirchenjahr beginnt mit dem 1. Advent und endet mit dem Ewigkeitssonntag. Es läuft also nicht mit dem Kalenderjahr konform. Das Christusjahr ist am geschichtlichen Heilsgeschehen orientiert und will doch als persönlicher und gemeindlicher Weg verstanden werden. Indem in der Verkündigung Jesu Geburt, Jesu Taufe, Jesu Tod und seine Auferstehung thematisiert werden, werden wir zur Erkenntnis, Dankbarkeit und Nachfolge eingeladen und angeleitet. Diese Heilsereignisse werden gefeiert, besungen, gespielt und im Abendmahl gefühlt und geschmeckt. Das Kirchenjahr ist nicht als Kreislauf gedacht, auch wenn sich Abläufe und Ereignisse jährlich wiederholen. Nicht der Kreislauf, sondern die Spirale kennzeichnet das Kirchenjahr. Dies legt sich durch folgende Beobachtungen nahe: Das Kirchenjahr geschieht in unserer linearen, chronologischen Zeit. Der Inhalt ist jedoch das Heilshandeln Gottes; Manifestationen des göttlichen Erbarmens in Christus werden abgebildet. Sie sind unwiederholbar. Sie werden allerdings in der Weise verkündigt, dass mit dem Fest das Geschehene im Glauben neu geschieht. »Euch ist heute der Heiland geboren«, heißt es beim Christfest. Dadurch ergibt sich ein neuer »Kairos« – ein Zeitpunkt, wo Gott sein Heil mir und uns anbietet. Im Glauben will das Heil ergriffen werden und Christus ist mir neu geboren. In diese Dynamik der Zeit sind wir durch das Christusjahr gestellt. Der Vergleich mit der Spirale legt sich nahe, da wir im Kirchenjahr historische Christusereignisse feiern und verkündigen und von Gott ein geschichtliches Handeln in unserem Leben und das dieser Welt erwarten. Gottes Handeln für Einzelne und für die Gesellschaft erwarten wir. Als Beispiel dafür kann der Ewigkeitssonntag genannt werden, an dem ich die Vollendung meines Lebens im Vertrauen feiern darf. Ebenso kann die Wiederkunft Christi als Vollendung der Welt genannt werden, die im Advent thematisiert wird.

1.2.3 Der Weihnachtsfestkreis

Das erste Geschehen ist die Geburt unseres Herrn und Heilands Jesus Christus. Dies hat der **Weihnachtsfestkreis** als Mitte.

Adventszeit

Dem geht eine vier Sonntage währende Vorbereitungszeit voraus: Die **Adventszeit**. Sie ist eine Besinnungs- und Einkehrzeit, um in persönlicher Weise zu ermessen, warum Gott Mensch wurde. Schön thematisiert dies das Lied von Paul Gerhardt, wenn er fragt:

Wie soll ich dich empfangen und wie begegnen dir,
o aller Welt Verlangen, o meiner Seele Zier?
O Jesu, Jesu, setze mir selbst die Fackel bei,
damit, was dich ergötze, mir kund und wissend sei. (EM 147)

Wir sprechen von Umkehr- und Bußzeit, weil es um die Öffnung Gott gegenüber und die Erkenntnis eigener Schuldverstrickungen geht. Die christlichen Bräuche unterstreichen die Ambivalenz der Erwartung des Kommens Gottes zwischen Sehnsucht und eigener Dunkelheit. Eindrücklich kommt dies in zwei Kerzenbräuchen zum Ausdruck: Es gibt ein Brauchtum, das an jedem Adventssonntag eine Kerze anzündet. Erst eine Kerze, eine zweite Kerze und so fort, bis die vierte Kerze übergeht in den Lichterbaum der Heiligen Nacht, den sogenannten Christbaum. Dieser Brauch betont die sehnsüchtige Erwartung. Das Licht wird immer stärker und mit der Geburt Christi wird das Licht vollkommen. Es ist die Hoffnung, die sich auch gegen den Schein durchsetzt: Denn während der Adventssonntage nimmt das Tageslicht immer mehr ab. Die Tage werden kürzer, die Nächte länger. Als Christen hoffen wir durch die Verheißungen Gottes gegen die augenscheinliche »Wirklichkeit« an. Der zweite Kerzenbrauch zündet alle vier Kerzen mit dem ersten Adventssonntag an. Mit jedem weiteren Adventssonntag wird eine Kerze gelöscht. So brennt in der Woche vor dem Christfest nur noch eine einzige Kerze. Das Dunkel wirkt übermächtig. Die Erkenntnis der eigenen Dunkelheit drängt sich auf. Eigenes Versagen und eigene Schuld, Jammer und Not, Ungerechtigkeit und Tod in der Welt werden uns bewusst. Dies alles korrespondiert mit der Dunkelheit in der winterlichen Zeit. Mitten in der Tiefe und Hoffnungslosigkeit kommt die frohe Botschaft:

»Das Volk, das im Dunkel wandelt, sieht ein großes Licht und über denen, die im finstern Lande wohnen, scheint es hell. (...) Denn uns ist ein Kind geboren, ein Sohn ist uns gegeben, und die Herrschaft ruht auf seiner Schulter.« (Jes 9, 1.5)

Jeder Adventssonntag hat einen eigenen Akzent. Er bereitet auf Gottes Kommen vor, wollen unsere Erwartung prägen und uns zur Annahme Gottes in Jesus Christus leiten. Vorfreude und nahe Erfüllung kennzeichnen besonders den vierten Advent.

Christfest

Zum Ziel gelangt die Adventszeit in der Heiligen Nacht. Die **Heilige Nacht und** das **Christfest** sind die Mitte des Weihnachtsfestkreises. »Das Wort ward Fleisch und wohnte unter uns, und wir sehen seine Herrlichkeit« (Joh 1, 14), so drückt das biblische Eingangswort das Geheimnis der Menschwerdung Gottes in Jesus Christus zur Heiligen Nacht und am Christfest aus. Dass Gott um seiner Liebe zu mir und dir willen Mensch wurde, darüber gilt es zu staunen und Gott überschwänglich zu loben. Wir machen uns bewusst: Wir feiern hier ein Geheimnis, das wir verkündigen und mit der Gemeinde Gott darüber loben und preisen dürfen. Zu erklären vermögen wir es jedoch nicht. Wir begegnen hier dem Heilsweg Gottes, seiner Phantasie der Liebe, die sich nicht logisch auflösen und erklären lässt. Sehr weise haben die Väter der Kirche den 25. Dezember in der

Westkirche dafür gewählt; er ist der Tag für das Fest »des unbesiegten Sonnengottes (...), das der römische Kaiser Aurelian im Jahre 274 eingeführt und in die Nähe der Wintersonnwende auf den 25. Dezember gelegt hatte.«[1] Sie haben damit eine klare Abgrenzung getroffen und gleichzeitig eine positive Botschaft verkündet: Das wahre »Licht der Welt« ist Christus; er ist für uns die »Sonne der Gerechtigkeit« (Joh 8, 12; Mal 3, 20).

Von dieser Mitte des Heilsereignisses folgen die **Sonntage nach Weihnachten** der Evangeliumsüberlieferung von der Beschneidung Jesu, der Begegnung mit Simeon und Hanna im Tempel, die vom Kommen des Erlösers überwältigt werden. Dies macht sich die Gemeinde mit ihrem Feiern zu eigen.

Epiphaniaszeit

Mit dem 6. Januar beginnt die **Epiphaniaszeit** im Weihnachtsfestkreis. Die geschichtlichen Überlieferungen des Weges Jesu setzen hier mit dem Besuch der Weisen aus dem Morgenland (Mt 2, 1-12) ein, weiter zur Taufe Jesu (Mt 3, 12-17), seiner ersten, öffentlichen Wirksamkeit nach Johannes mit der Hochzeit zu Kana (Joh 2, 1-11). Am dritten Sonntag nach Epiphanias bricht sich das Staunen über die Berufung der Heiden zur Gotteskindschaft in der Erzählung vom Hauptmann zu Kapernaum (Mt 8, 5-13) seine Bahn. Die Erhabenheit Jesu in seinem Bewahren und Retten seiner Jünger/seiner Kirche in der Erzählung von der Sturmstillung (Mk 4, 35-41) gilt das Augenmerk des vierten Epiphaniassonntags und dem folgt mit der Perikope Mt 13, 25-30 die Zuversicht und Gelassenheit angesichts des Richtens Gottes. Die Verklärung Jesu nach Mt 17 schließt den Weihnachtsfestkreis und lässt uns im Staunen angesichts der Herrlichkeit Jesu verharren.

Die Bewegung im Weihnachtsfestkreis fasse ich so zusammen: Ich öffne mich, ich bereite mich auf die Begegnung mit Gott in der Adventszeit vor. Dabei werde ich meiner Sehnsüchte und Dunkelheiten gewahr. Ich verharre in der Anbetung, im Staunen und der Dankbarkeit, dass Gott mir und der Welt zuliebe Mensch wird. Diese Herrlichkeit will ich ermessen, mit den Weisen, in seinem Tun und Handeln – und kann seine Majestät doch nur bruchstückhaft erfassen.

Konnte ich mit diesen Darlegungen zeigen, wie durch das Kirchenjahr unser persönlicher Glaube durch die sonntägliche Feier geprägt, gefragt, erneuert wird? Konnte ich deutlich machen, dass wir so neu Christus »empfangen« und ihn in unserem Leben Raum gewinnen lassen? Denn dies ist der Sinn des Feierns im Rhythmus des Christusjahres. Das Anliegen des Christusjahres folgt dem Schriftwort »Er hat ein Gedächtnis gestiftet seiner Wunder, (...) er sendet eine Erlösung seinem Volk; er verheißt, dass sein Bund ewig bleiben soll. Heilig und hehr ist sein Name« (Ps 111, 4.9). Seinen Wundern in der Liebesgeschichte des Lebens, Sterbens und Auferstehens Jesu ansichtig zu werden, das will das Kirchenjahr erreichen. Hier wollen wir unser eigenes Leben »verankern« und dieses immer neu feiern. Später werden wir in der Passionszeit und fälschlicher Weise[2] als sogenannte festlose Zeit, der Trinitatiszeit sehen, dass sich noch ein Zweites erfüllen soll: »Denn dazu seid ihr berufen, da auch Christus gelitten hat für euch und euch ein Vorbild hinterlassen, dass ihr sollt nachfolgen seinen Fußstapfen.« (1 Pt 2, 21) Das aber später ausführlicher.

Ich möchte die Bewegung des Weihnachtsfestkreises graphisch darstellen:

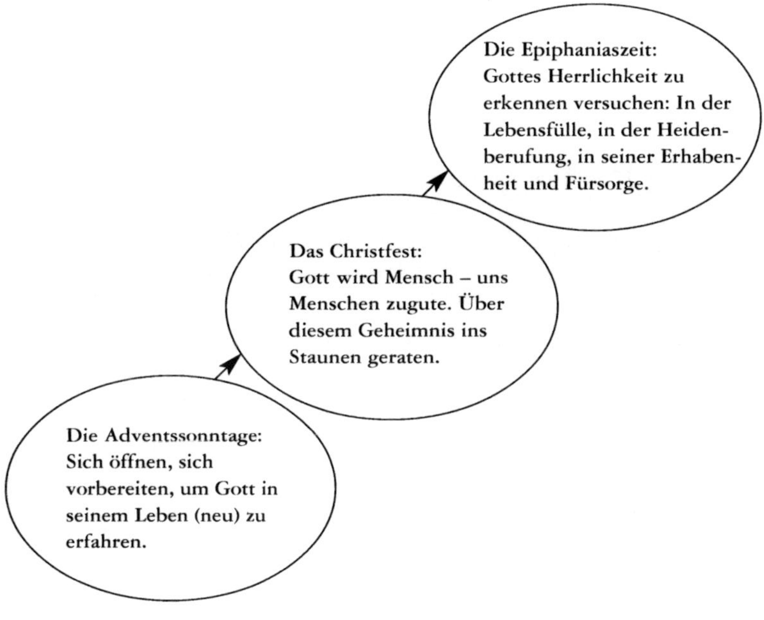

1.2.4 Der Osterfestkreis

»Das Osterfest ist das älteste uns bekannte christliche Jahresfest.«[3] Der Festkreis ist wie folgt unterteilt: Die Vorfastenzeit, die Passions- oder Fastenzeit, darin die Karwoche oder Heilige Woche, danach das Osterfest und die österliche Freudenzeit.

Die Vorfastenzeit

umfasst drei Sonntage. Sie sind – auch durch die Kirchenjahrsfarbe grün ausgedrückt – Sonntage, die Kraft, Mut und Orientierung für die Passionszeit geben möchten. Dennoch stehen sie unter dem Eindruck der in kürze beginnenden Leidenszeit Jesu.

Name des Sonntags	Appell – Verkündigung
Dritter Sonntag vor der Passionszeit: Septuagesimae – 70 Tage vor Ostern[4]	Vertraue alleine auf Gottes Gerechtigkeit und Erbarmen!
Zweiter Sonntag vor der Passionszeit: Sexagesimae – 60 Tage vor Ostern	Öffne dich alleine für Gottes Wort!
Letzter Sonntag vor der Passionszeit: Estomihi / Quinquagesimae – 50 Tage vor Ostern	Erkenne Gottes Weg im Leiden Christi! Stelle dich zu Christus und folge ihm nach!

Die Passions- und Fastenzeit

Vorbereitung auf das Osterfest

Die Passions- und Fastenzeit umfasst 40 Tage, wobei die Sonntage nicht mitgezählt werden, da sie ja als Tag der Auferstehung kleine Osterfeste in der Woche sind.[5] Bereits im 4. Jahrhundert wird eine vierzigtägige Vorbereitung auf das Osterfest bezeugt.[6] Biblisch ist die Zahl 40 häufig im Zusammenhang mit einer Vorbereitung (Mt 4) oder bei einem Bußweg (Jos 5, 6) genannt. Auch bei besonderen Zuwendungen Gottes wie dem Empfang der Gebote auf dem Berg Sinai durch Mose (Ex 24, 18). Elia wanderte 40 Tage fastend durch die Wüste zum Berg Horeb (1 Kö 19). Es sind Zeiten der Übergänge, Zeiten der Vorbereitung und des Empfangens, die häufig von Fasten und Besinnen begleitet sind. Schauen wir genau, dann handelt es sich dabei um heilsgeschichtlich wichtige Ereignisse.

Die Passions- und Fastenzeit beginnt mit dem Aschermittwoch – Asche als Zeichen der Buße und Umkehr – und endet mit dem Karsamstag, der Osternacht.

Auf welchen Weg führen uns die Sonntage der Passions- und Fastenzeit?

Sonntag der Passions- und Fastenzeit	Verkündigung
1. Sonntag: Invokavit (Beginn des persönlichen oder gemeindlichen Fastens)	Jesus wurde versucht wie wir. Er hielt Gott die Treue. Das Böse hat er überwunden. Evangelium: Mt 4, 1-11

2. Sonntag: Reminiszere	Wir begegnen Gottes Langmut und unserer Sündhaftigkeit. Evangelium: Mk 12, 1-12
3. Sonntag: Okuli	Jesus fordert unsere Bereitschaft zu ganzer Nachfolge und Hingabe. Evangelium: Lk 9, 57-62
4. Sonntag: Lätare	Wer Jesus erkennen will, muss auf seine Lebenshingabe sehen. Evangelium: Joh 12, 20-26
5. Sonntag: Judika	Dem Reich Gottes entspricht Gehorsam und Dienst. Evangelium: Mk 10, 35-45
6. Sonntag: Palmarum (Mit diesem Sonntag beginnt die Karwoche[7] oder Heilige Woche.)	Wer ist Jesus für dich? König oder »Esel«; Gesandter Gottes oder Dahergelaufener; Bejubelter oder Verachteter? Evangelium: Joh 12, 12-19
Karfreitag (Nimmt bei uns meist den Gründonnerstag durch das Abendmahl in sich auf.)	Christi Tod für unsere Gottesgemeinschaft und damit unser Leben Evangelium: Joh 19, 16-30 oder eine andere Kreuzigungserzählung

Das Osterfest – der Auferstehungstag

Der Auferstehungsfesttag bildet die Mitte aller Feste, bildet den Grund unserer Zuversicht und Hoffnung, bedingt unsere Lebensfreude. Der Wochenspruch zum Osterfest lautet: »Christus spricht: Ich war tot, und siehe, ich bin lebendig von Ewigkeit zu Ewigkeit und habe die Schlüssel des Todes und der Hölle!« (Offb 1, 18) Der Empfindungs- und Erfahrungsunterschied zwischen dem Karfreitag und dem Ostersonntag lässt sich nur schwer ermessen. Der karge, von Schwermut und Traurigkeit geprägte Karfreitagsgottesdienst taucht in das Licht des Ostertages. In der Kirche sind wieder Blumen, vielleicht wird eine große Kerze – eine Osterkerze – hereingetragen und die Verkündigerin ruft uns zu: »Christus ist auferstanden!« Und die Gemeinde stimmt im Glauben in diesen Bekenntnisruf ein: »Christus ist wahrhaftig auferstanden!« Wir stehen staunend vor dem Ereignis, dass Gott Christus von den Toten erweckt hat. Dies gilt es zu hören und sich wie die Jünger vom Grab weg dem Auferstandenen zuzuwenden »in Furcht und großer Freude«, wie das Matthäusevangelium (28, 8) die Reaktion der Jünger beschreibt. Am Osterfest darf sich der Blumendienst für das Schmücken des Kirchenraums und des Abendmahlstisches etwas Besonderes einfallen lassen. Die Predigerin nimmt ein freundliches, vielleicht leuchtendes »Gewand« und darf froh an der Stelle des Verkündigungsengels im Grab fragen: »Was sucht ihr den Lebenden bei den Toten? Er ist auferstanden!« (Lk 24, 5-6) Endlich erklingen alle Hallelujalieder und Gloriagesänge wieder, weil »der Herr Großes unter uns getan hat; des sind wir fröhlich!« (Ps 126, 3) Den Musikerinnen und Chören kommt bei diesem Fest eine wichtige Bedeutung zu. Musik und Gesänge können die Freude und das Lob auf Gott stärker, schöner, erhabener zum Ausdruck bringen als Gebete oder eine Predigt. Die Verkündigung lädt zum Staunen, zu Übermut und freudigem Trotz ein: »Tod, wo ist dein Stachel? Hölle, wo ist dein Sieg? Gott aber sei Dank, der uns den Sieg gibt durch unsern Herrn Jesus Christus!« (1 Kor 15, 55.57) Der Osterfestgottesdienst eignet sich gut für eine Taufe[8] und / oder wenn eine Person ihren Glauben an Jesus Christus bekennen und sich in die Gemeinde aufnehmen lassen möchte. Für beide Geschehnisse ist die Auferstehung Jesu die Grundlage. Es haftet Ostern etwas Explosionsartiges, etwas von einem Quantensprung an.

Die Bewegung der Sonntage der Passions- und Fastenzeit als Zugehen auf Ostern:

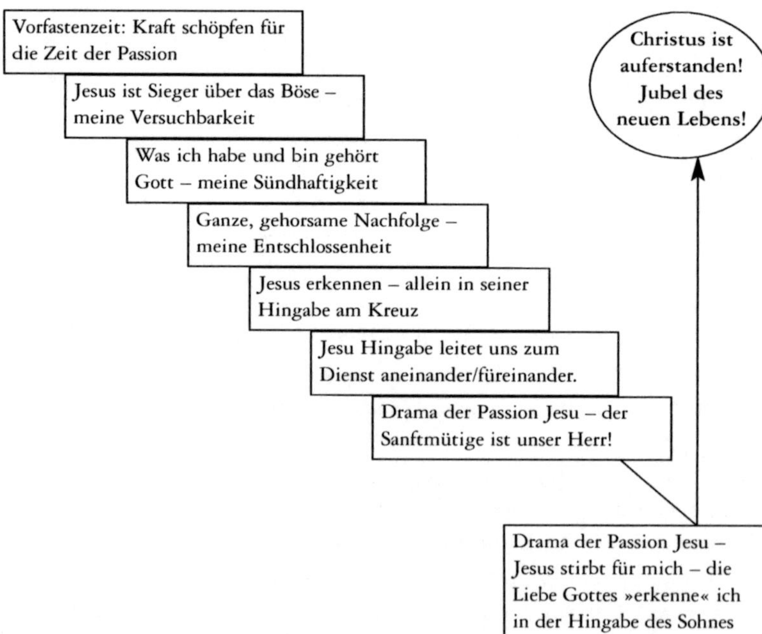

DIE ÖSTERLICHE FREUDENZEIT

Freude aus der Auferstehung

Sie wurde in manchen Teilen der alten Kirche als die fünfzigtägige Festzeit – so der Kirchenvater Tertullian – bereits im 2. Jahrhundert gefeiert.[9] Das neue Leben, die neue Gotteserkenntnis in Hingabe und Auferstehung Jesu bricht sich in den Themen der folgenden Sonntage ihre Bahn. Dabei bilden die Ereignisse der Heilsgeschichte das Geländer. 40 Tage nach Ostern wird das Fest der Himmelfahrt Jesu gefeiert. Weitere zehn Tage später – von Ostern an gerechnet ist es der 50. Tag – ist das Pfingstfest. Auf dieses deutet das griechische Wort hin, von dem das deutsche Pfingsten abgeleitet ist: »he pentekoste hemera« heißt »der 50. Tag«.[10] Die Sonntage und Feste der österlichen Freudenzeit bedenken wir nun im einzelnen:

Namen der Sonntage nach Ostern	Verkündigung
1. Sonntag: Quasimodogeniti (wie die Neugeborenen)	Das neue Leben in Christus und im Glauben: beauftragt, (geist-)begabt und bevollmächtigt Evangelium: Joh 20, 19-31
2. Sonntag: Miserikordias Domini (Barmherzigkeit des Herrn)	Geborgen in Gottes Fürsorglichkeit Evangelium: Joh 10, 11-16 (27-30)
3. Sonntag: Jubilate (Jubelt!)	Freude über das neue Leben; wir dürfen in ihm bleiben Evangelium: Joh 15, 1-8
4. Sonntag: Kantate (Singt!)	Gott loben durch das neue Leben! Befreit zum Lob, befreit zur Liebe. Evangelium: Mt 11, 25-30
5. Sonntag: Rogate (Betet!)	Wir dürfen vertrauensvoll und erhörungsgewiss beten Evangelium: Joh 16, 23b-33
Christi Himmelfahrt – Fest ohne Sonntag	Christus regiert: Er sitzt zur Rechten Gottes. Evangelium: Lk 24, (44-49) 50-53
6. Sonntag: Exaudi (Erhöre!)	Christus tröstet: Er verheißt den Geist. Evangelium: Joh 15, 26-16, 4

DAS PFINGSTFEST

Gott kommt im Heiligen Geist

Heilsgeschichtlich begehen wir mit dem Pfingstfest ein großes Geschehen. Am Wochenfest, der jüdischen Feier der Freude über die ersten Früchte und ihrer Darbringung an Gott, waren die Jünger zusammen, erzählt Apg 2. Fünfzig Tage nach Ostern geschah mit Brausen und Feuerzungen, dass Gott seinen Geist auf die Jünger legte. Er begabte sie, in verschiedenen Sprachen von »den großen Taten Gottes« (Apg 2, 11) zu reden. Dieses Geschehen gibt die zeitliche

Vorgabe für das Fest: Fünfzig Tage nach Ostern. Natürlich auch die inhaltliche: Gott kommt im Heiligen Geist und ergreift Besitz von denen, die ihm vertrauen und ihn erwarten. Erzählt Gen 11, dass die Entfremdung von Gott die Trennung der Völker zur Ursache hat, so ist es der Geist Gottes, der es ermöglicht, dass Menschen verschiedener Nationen zu einer übergeordneten Einheit zusammenfinden können: Im Glauben an Jesus und in seiner Gemeinde. Sehr schön fasst dies das katholische Messbuch zum Fest in Worte: »Denn heute hast du das österliche Heilswerk vollendet, heute hast du den Heiligen Geist gesandt über alle, die du mit Christus auferweckt und zu deinen Kindern berufen hast. Am Pfingsttag erfüllst du deine Kirche mit Leben: Dein Geist schenkt allen Völkern die Erkenntnis des lebendigen Gottes und vereint die vielen Sprachen im Bekenntnis des einen Glaubens.«[11] Daraufhin ist die Missionspredigt des Petrus eine genuine Auswirkung der Geistbegabung, die Apg 2, 14ff erzählt wird. Nach den weiteren Erzählungen der Apostelgeschichte ist der Heilige Geist die Wirksamkeit Gottes unter seinen Menschen: Er leitet den Weg und die Gedanken, schenkt Visionen und Träume prophetischer Art, führt zu Lobpreis und Gebet, ja, er entrückt sogar an einen anderen Ort (wie bei Philippus in Apg 8, 39). Joh 14-17, Rö 8 und 1 Kor 12-14 bedenken, deuten, reflektieren den Geist Gottes, seine Bedeutung, seine Gaben und Wirkungen. Aus Joh 14 ist der leitende Text für das Fest entnommen. Die Verse 23-27 thematisieren, dass der Geist kommt und in uns wohnen will. Ganze Nähe, endende Einsamkeit, Gottes Liebe drückt dies aus. Der Heilige Geist erinnert an Jesu Worte, hilft sie verstehen und in diesem Wort zu bleiben sowie darauf zu vertrauen. So ist der Geist Anwesenheit Gottes und Begabung zugleich. Im Heiligen Geist kommt Gott wie in Jesus auf die Erde. Wieder ist seine Liebe der Motor. Im Pfingstfest darf sich auch die Sehnsucht nach der Nähe Gottes ausdrücken, die durch die Gabe des Geistes erfüllt ist. Viele Anliegen der Geistsendung werden auch in der Trinitatiszeit bedacht.

1.2.5 Der Sonntag Trinitatis und die nach ihm benannten Sonntage

Mit dem Sonntag Trinitatis wird das bisherige Kirchenjahrsgeschehen zu einem Abschluss gebracht. Der Weihnachtsfestkreis hat seine Mitte darin, dass Gott Mensch wird (Werk Gottes des Vaters); der Osterfestkreis verkündet Christi Leiden, Sterben und Auferstehen zum Heil für die Welt (Werk Gottes des Sohnes); das Pfingstfest betont das Kommen des Heiligen Geistes auf die Christusnachfolgerinnen sowie seine Gaben und Früchte (Werk Gottes des Heiligen Geistes). So platziert bündelt es die Heilserfahrungen mit Gott als dem dreieinigen Gott als einem Geheimnis und lädt zum dankbaren Staunen ein. Auch ist dieser Sonntag nicht einem »konkreten heilsgeschichtlichen Ereignis zugeordnet, sondern hat ein bestimmtes Thema des christlichen Glaubens zum Gegenstand« und wird deshalb auch als »Ideenfest«[12] bezeichnet.

Der Sonntag Trinitatis

Ideenfest

Mit dem Evangelium Joh 3, 1-8 knüpft der Sonntag Trinitatis an das Pfingstfest an. Im Gespräch mit Nikodemus spricht Jesus von der Neugeburt durch Taufe und Gabe des Geistes. Somit stiftet dieser Sonntag auch einen Sinn für die nachfolgenden Sonntage, die ja ihre Benennung vom Trinitatisfesttag haben: Durch die Trinitatissonntage wird zum neuen Leben angeleitet. Wie aber wird das Anliegen der Dreifaltigkeit entfaltet? Es gehört vor allem in den Lobgesang, die Anbetung und in das Bekenntnis zu ihm. Kein biblischer Text erörtert dieses Geheimnis. Es wird in der Bibel angedeutet wie im Segen aus 2 Kor 13, 13, manchmal auch bekenntnishaft herausgestellt wie im Missions- und Taufbefehl Mt 28, 16-20 und in heilsgeschichtlicher Wirksamkeit beschrieben wie in Eph 1, 3-14. Es gibt jedoch keine lehrmäßige Entfaltung zur Dreieinigkeit, wie Paulus es im Römer- oder 1. Korintherbrief zu Themen wie Glaube, Sünde, Auferstehung u. a. tut. Wir begegnen hier einem Geheimnis und das ist wichtig festzuhalten. Der Dreieinigkeit lässt sich in Dankbarkeit aufgrund heilsgeschichtlicher Wirkungen nachspüren; sie darf im Lob und in der Anbetung bestaunt werden und hier kann der Mensch aus Freude über Gott mehr sagen, als sein Verstand zu fassen vermag. Nicht umsonst eröffnet das dreigliedrige »Heilig, heilig, heilig« aus Jes 6, 3 – also eine Anbetung – als Wochenspruch diesen Gottesdienst. So ist auch an diesem Sonntag das Sprechen des Apostolischen oder des Nizänischen Glaubensbekenntnisses (EM 769, 770) wichtig und sollte ganz bewusst geschehen. Wir begegnen an diesem Sonntag der ganzen Tiefe der Liebe Gottes.

Die Sonntage nach Trinitatis

Eine thematische Ausrichtung charakterisiert die Sonntage nach Trinitatis. Sie wollen unser geistliches Leben prägen. Wie oben gesagt, folgen sie dem Pfingstfest, weil Gottes Geist dies in uns wirken will.

Sonntag nach Trinitatis	Evangelium	Thema/Gestaltung
1.	Lk 16, 19-31	Hören auf Gottes Wort, Ermahnung zur Liebe, Verführung durch Reichtum
2.	Lk 14, 16-24	Einladung zur Lebensgemeinschaft mit Gott, Dringlichkeit, der Einladung zu folgen
3.	Lk 15, 1-7	Gott begegnet unserer Verlorenheit mit seiner suchenden Liebe! Evangelistischer Gottesdienst
4.	Lk 6, 36-42	Barmherzigkeit im Umgang mit dem Nächsten. Sich des Urteilens enthalten, Vergebungsbereitschaft
5.	Lk 5, 1-11	Berufung, Menschen in die Nachfolge zu rufen Missionsthema, Missionstag, Missionsfest
6.	Mt 28, 16-20	Wie 5. Sonntag nach Trinitatis Oder: Tauferinnerungsfest
7.	Joh 6, 1-15	Jesus stillt den Lebenshunger. Vertrauen.
8.	Mt 5, 13-16	Was ist unsere Identität? Licht für die Welt zu sein.
9.	Mt 25, 14-30	Begabt und bevollmächtigt für Gottes Reich zu wirken
10.	Lk 19, 41-48	Friedenssehnsucht für Jerusalem/Israel. Volk des ersten, Volk des neuen Bundes. Israelsonntag
11.	Lk 18, 9-14	Sich demütigen vor Gott. Buße und Glaube. Rechtfertigung durch Gott
12.	Mk 7, 31-37	Gottes verändernde Kraft, um sein Reich zu bauen
13.	Lk 10, 25-37	Dienendes Handeln aus Barmherzigkeit, sich betreffen lassen, Diakonie, Nächstenliebe
14.	Lk 17, 11-19	Verdanktes Leben, Dankbarkeit und Heil
15.	Mt 6, 25-34	Vertrauensvoll leben, Umgang mit Sorgen
16.	Joh 11, 1-3.17-27	Macht Jesu über den Tod. Leben in dieser Zuversicht und Freiheit
17.	Mt 15, 21-28	Beharrliches Vertrauen auf Jesus
18.	Mk 12, 28-34	Einheit von Gottes- und Nächstenliebe
19.	Mk 2, 1-12	Heilung der Gottesgemeinschaft. Heil betrifft Leib und Seele. Diakonie
20.	Mk 10, 2-9	Gottes Wort und Gebot leiten zum Leben (an)
21.	Mt 5, 38-48	Die Liebe überwindet das Böse (Feindesliebe)
22.	Mt 18, 21-35	Vergebung empfangen, Vergebung gewähren
23.	Mt 22, 15-22	Ganzer Gottesgehorsam, Verhältnis zur »Welt«
24.	Mt 9, 18-26	Leben in der Zuversicht ewigen Lebens

Drittletzter Sonntag	Lk 17, 20-24	Kommen des Reiches Gottes
Vorletzter Sonntag	Mt 25, 31-46	Gottes Richten über die Menschen
Buß- und Bettag	Lk 13, 6-9	Aufruf zur Buße (stark landeskirchliche Ordnung, von Methodisten selten begangen)
Letzter Sonntag des Kirchenjahres	Mt 25, 1-13	Bereitschaft zur Wiederkunft Christi, das Reich Gottes ersehnen und einen Blick »in den Himmel« tun. Gedenken der im Kirchenjahr Heimgegangenen. Ewigkeitssonntag.

An diesem Überblick erkennen wir, dass die Trinitatiszeit wichtige Themen der Nachfolge anspricht. Mit den letzten drei Sonntagsthemen schließt das Kirchenjahr ganz in der Ausrichtung auf Gottes Reich. Das Leben vollendet sich erst in Gottes ungeteilter Gegenwart. In seiner Ewigkeit erfüllen sich unsere Sehnsucht und seine Verheißungen. Beim Ewigkeitssonntag lässt sich bemerken, dass der Evangeliumstext aus Mt 25 in seiner Prägungskraft hinter die Lesung Offb 21, 1-7 zurücktritt. Die Freude des »offenen Himmels« und die Kraft der vollendeten Erlösung zieht Menschen in den Bann.

1.2.6 Veränderung des Kirchenjahrs

Folgende Feste sind in das Feiern der Kirchen oder der Evangelisch-methodistischen Kirche hereingenommen worden, ohne sie ins Kirchenjahr zu integrieren:

Silvester oder Altjahrsabend, Neujahr	Der Termin ist das Fest.
Ökumenischer Bibelsonntag	Am letzten Sonntag im Januar begangen
Weltsonntagschultag	Gefeiert am 1. Sonntag im Februar
Tag für Gottes gute Schöpfung	Besinnungsgottesdienst zur Bewahrung der Schöpfung, in der Passionszeit (März) begangen
Erntedankfest	Erster Sonntag im Oktober
Sonntage in der Friedensdekade	Der drittletzte und der vorletzte Sonntag im Kirchenjahr. Den Abschluss bildet der Buß- und Bettag.

1.2.7 Schlussbesinnung

Rhythmus des Christusjahres

Ich habe zeigen wollen, welches inhaltliche Angebot durch die Tradition der Kirche Christi auf uns gekommen ist. Der Rhythmus des Christusjahres will unseren Glauben prägen, indem wir die Heilsereignisse feiern und damit auch in ihnen verwurzelt sind. Jedoch ist es kein Gesetz. Ereignisse in der Gemeinde, in der Gesellschaft oder Weltgemeinschaft bestimmen unsere Zusammenkunft am Sonntag ebenso. Das darf und muss so sein. So werden sich in einer Gemeinde auch thematische Schwerpunkte ergeben, die nicht durch die Themen des Kirchenjahres angesprochen werden. Es kann jetzt etwas für eine Gemeinde wichtig sein und darf nicht erst bis zum entsprechenden Sonntag im Christusjahr warten. Um es deutlich zu sagen: Das Kirchenjahr ist kein Gefängnis, sondern eine Schatzkiste. Wer den Sinn und das Anliegen des Christusjahres erkannt hat, kann den Gottesdienst bedachter gestalten. Betrachten wir das Kirchenjahr, so ist der Vergleich mit einem Nachfolge- und Bibelkurs nicht falsch. So gilt auch hier: Selig, wenn du weißt, was du tust. Um das bewusste Gestalten geht es und um die Aufnahme der heilsgeschichtlichen Zusammenhänge natürlich auch, die unsere Zeit in die Geschichte Jesu auf diese Weise hineinnimmt. Wir sind Teil von Gottes Heilsgeschichte. Sie ist uns verkündigt worden, meist durch das Erzählen der biblischen Geschichten. Sich darin zu verorten, heute Jesus nachzufolgen, geschieht nicht nur durch Unterweisung. Es hilft auch in diesen Geschichten Gottes mit seiner Welt, im Weg seines Christus und seiner Kirche zu leben, sie mitunter auch zu spielen, zu singen und zu hören. Die Wiederholung ist nicht das Überflüssige, der alte Zopf, sondern das Wesentliche. Nicht nur die Kinder sagen bei einem schönen Spiel oder einer schönen Geschichte: Gleich noch mal! Auch wir Erwachsene teilen schöne Dinge immer wieder und manchmal in pedantischer Genauigkeit und auf immer gleiche Art und Weise (oder wer hat noch nicht darüber geschmunzelt, wenn der Partner nach Jahrzehnten das Frühstücksei am Sonntagmorgen auf die gleiche Weise zelebrierend öffnet und die Augen beim ersten Löffeln des Eigelbs schließt?). Das Christusjahr kann uns helfen, in den Geschichten und der Geschichte des Heils zu leben und heute Christus nachzufolgen.

2. Wo – Der Raum des Feierns

2.1 Hinführung

Zwei persönliche Erfahrungen sollen diesen Abschnitt einleiten: Zu meinem ersten Gemeindebezirk gehörten vier Gemeinden. In einer Gemeinde erlebte ich immer wieder, dass eine amüsante Begebenheit oder ein sinniger Witz als Predigteinleitung nicht ankamen. Sie führten nicht zu der gewünschten Reaktion. In den anderen drei Gemeinden sehr wohl. Warum nicht auch hier? Viele Ursachen bedachte ich damals. Als ich die Gemeinde in anderen Lokalitäten wie zum Beispiel beim Gottesdienst im Grünen erlebte und dabei mehr Freiheit zum Lachen oder zu Lockerheit merkte, schloss ich auf den Raum. Der Gottesdienstraum hatte eine sehr niedrige Decke, obwohl der Raum groß war. Das Kreuz vorne stieß an die Decke an. Zudem war die Holzdecke dunkel und lastete auf dem Raum. Als mir das bewusst wurde, erlebte ich das Drückende und Dunkle noch mehr.

Meine persönliche Andacht und Stille Zeit erfuhr immer wieder Veränderung. Das hatte viel mit der Entwicklung meiner Gottesbeziehung zu tun. Auch die Persönlichkeitsentwicklung spielte eine Rolle; Vorbilder und Erfahrungen ebenso. Manches führte zu neuen Räumen für die Andacht. Während meines Praktikums gab es einen Armsessel im Schlafzimmer unter einer schrägen Wand; sehr gerne erinnere ich mich an diese Zeit des Bibellesens und Betens dort. Eine Wärme geht in der Rückbesinnung von diesem Sessel bis heute aus, obwohl ich ihn nicht mehr besitze. Mit Beginn des Gemeindedienstes war mein Schreibtisch im Gemeindebüro der Besinnungsort. Das musste ich jedoch bald aufgeben. Beim Bibellesen dachte ich immer schon darüber nach, wie und wann ich diesen Text in Gottesdienst, Gemeindebrief oder in der Bibelstunde verwenden könnte. Mir wurde bewusst, dass die meiste Zeit an diesem Ort vorbereitet, telefoniert und organisiert wurde. Für eine stille, persönliche Besinnung – musste ich erkennen – war der Raum ungeeignet. Mit der Familie, besonders den kleinen Kindern, erfüllte die private Wohnung anderes. Ich suchte den Gottesdienstraum als Andachtsort auf. Die Weite tat gut, das Kreuz half als Blickpunkt für das Gebet. Manchmal merkte ich jedoch, dass meine Worte nicht schlicht und frei waren; es schien mir, als formulierte ich sie auch für die Menschen, die sonst bei den Gottesdiensten da sind, um mit und für sie zu beten. Für meine persönliche Stille Zeit wollte ich dies aber nicht.

Ich war doch allein; ich kam mir unecht vor. Ich richtete mir – ganz nach katholischem Vorbild – eine sogenannte Herrgottsecke in meinem Büro ein: Ein Ecktisch, darauf ein Kreuz, die Bibel, das Gesangbuch, eine Kerze, Gebetskarten und dies und das. Es entstand ein »Raum im Raum«. Abgegrenzt, herausgenommen, besonders und mit Zeichen und Symbolen für das Beten und Bibellesen. Noch heute findet sich dieser in meinem Büro und zieht bei jedem Dienstwechsel mit um. Natürlich änderten sich meine Räume für die denkende Gemeinschaftspflege mit Gott: So bete ich meist auf meinem kurzen täglichen Spaziergang, weil ich den offenen Himmel, die Weite über mir und die Stille der Felder und Wälder inspirierend erlebe. Die Bibel lese ich mit großem Gewinn vor dem Abschluss des Tages, wenn ich der Letzte im Haus bin und alles um mich still ist.

Jeder Raum ist eine Predigt in sich

Vielleicht ist Ihnen schon längst klar, was ich mit diesen Erfahrungen ausdrücken möchte: Der Raum ist für ein Vorhaben wichtig. Alles was wir tun geschieht in Räumen. Selbst die Zeit ist ein Zeit-Raum. Der Ort will deshalb beachtet sein. Er kann beitragen, dass ein Vorhaben gelingt. Der Raum hat Ausstrahlung und Kraft. Der Raum entfacht Dynamik. Die Gegenstände in einem Raum können sprechen und Bewusstsein schaffen. Sie können aber auch widersprechen, wegführen oder ablenken. Jeder Raum hat etwas Programmatisches. Jeder Raum ist eine Predigt in sich. Den einzelnen Gegenständen, Zeichen und Symbolen eines Raumes wohnt eine Botschaft inne. Räume stimulieren Empfindungen. Räume sind leibhaftige Erinnerung. Alles Tun sollte mit den Räumen geschehen. Etwas gegen sie zu tun, ist schwer. Die Räume unterstützen unsere Lieder, Gebete und Predigten; sie sind wie eine Art Resonanzkörper. Vielfach nehmen wir Räume unterbewusst wahr. Sie können aber auch bewusst gemacht und in die Feier einbezogen werden. Wir predigen und beten nicht allein; alle Zeichen und Symbole sprechen mit uns und sprechen zu uns.

Deshalb versuchen wir uns die Art des Raumes für den Gottesdienst bewusst zu machen. Jeder Raum besitzt Ausdruck und beinhaltet Gegenstände. Wir versuchen in den folgenden Seiten, Ausdruck und Gegenstände durch Betrachtung zu erschließen. Natürlich gleicht keine methodistische Kapelle oder Kirche einer anderen. Die Hand der Architektin oder die Zeit ihrer Entstehung mag Manches »verwandt« erscheinen lassen. Räume wurden dennoch immer von denen geprägt, die darin ihrem Glauben oder Gemeindeprofil Ausdruck verliehen haben. Manchmal geschah es unbewusst. Dem gegenüber lässt sich nicht leugnen, dass sich methodistisches Frömmigkeits- und Gemeindebewusstsein in unseren Gottesdiensträumen niederschlägt. Vermutlich oft auch unbewusst. Diese Betrachtung hält sich jedoch in dem Rahmen, dass ich nur die mir bekannten methodistischen Gottesdiensträume von Eigenart, Ausdruck und Gegenständen einschließen kann.[1] Hierbei unterteile ich in 2.2 Der Raumeindruck methodistischer Gottesdiensträume und 2.3 Zeichen, Symbole und Gegenstände im Gottesdienstraum und ihre Bedeutung.

2.2 Der Raumeindruck methodistischer Gottesdiensträume

Kirchenraum

Der Kirchenraum ist in der Regel einschiffig. Im Kirchenraum unterscheiden wir in einen Sitzbereich und den Bereich vorne, ohne dass dies zwei Räume sind. Es ist der Bereich, meist durch zwei Stufen erhoben, den Kanzel und Abendmahlstisch kennzeichnen. Durch die Verkündigung und die kirchlichen Handlungen wohnt diesem vorderen Bereich eine gewisse Sakralität inne. Jede methodistische Kirche – wie andere Kirchen ebenso – wurden nach der Erbauung geweiht. Das meint, dass das Gebäude Gott zum Dienst und der Gemeinde als Ort des Glaubens zur Verfügung gestellt wurden. Dies geschieht mit den Worten (nach der Agende):

»Liebe Gemeinde, wir stellen dieses Gebäude in den Dienst Gottes und seiner Gemeinde. Wir nennen es .... der Evangelisch-methodistischen Kirche in .... Wir bitten Gott, den Vater, den Sohn und den Heiligen Geist, um seinen Segen, dass an diesem Ort seine Ehre wohnt, dass seine Gemeinde durch Wort und Sakrament erbaut wird und in christlicher Gemeinschaft lebt und dass sie Freude und Kraft zu Zeugnis und Dienst in der Welt empfängt.«

Heiliger Ort

Damit wird sie zu einem heiligen Ort, weil Gott heilig ist. Die Kirche wird Gottes Wirken in Sakrament, Wort und Gemeinschaft »übereignet«. Sie ist heilig, weil sie für Gott aus den übrigen geschaffenen Räumen herausgenommen wurde. Wir sprechen darum von der Kapelle oder Kirche als Gotteshaus. Gleiches gilt für alle Christinnen: Der Apostel Paulus spricht sie als Heilige an (1. Kor 1, 2). Das Heilige wird für das menschliche Empfinden besonders mit dem Frontbereich des Kirchenraumes verbunden. Kinder und Jugendliche empfinden dies weniger, Erwachsene stärker. Dieses Gefühl wird durchaus gewünscht, um Menschen die Erhabenheit Gottes, seines Wortes und seines liebenden Tuns an uns sinnlich erfahrbar zu machen. Verstärkt wird dies durch das Spiel von Licht und Farbe. Oft ist dieser sakrale

Raumteil heller beleuchtet als die übrige Kirche. Manchmal wird durch bunte Fenster – aus dem Sitzbereich nicht sichtbar, da an der Seite angeordnet – Farbe in diesen Raumteil geworfen, um die Schönheit des Evangeliums anzudeuten. Dabei deutet sich dies in methodistischen Gottesdiensträumen nur an; in evangelischen und katholischen Kirchen wirkt solches Licht- und Farbenspiel großartiger. Dass der vordere Raum zwei Stufen höher ist, entspringt zuerst praktischen Erwägungen: Alle sollen sehen können! In Räumen des Religösen gibt es jedoch keine reine Praktikabilität. Alles wird zum Symbol.[2] So verkündigt uns der zwei Stufen höhere Raum, dass für uns Gottes Wort und Sakrament erhöht, herausgehoben und damit wertgeschätzt sind. Diesen vorderen Raum erklimmt ein Mensch nicht einfach nur; man muss dazu gerufen sein: In der Berufung zum Dienst, zur Verkündigung oder zu einem Zeugnis, zu einer Handlung oder durch die direkte Ansprache dessen, der vorne Dienst tut. Wir haben damit das Empfinden des Respekts und der Scheu vor Ungehörigkeit. Während wir in unserem Gebet in der Stille oder in Gruppen den persönlichen und unbefangenen Umgang mit Gott pflegen, erfahren wir hier das andere: Die Gottesfurcht. Jener Respekt, jene Scheu ist mit diesem Wort umschrieben, nicht Angst, nicht Ausweichen, nicht Beklemmung. Beides gehört zueinander. Beides entspricht Gott: Naher, liebender Vater und Schöpfer des Weltalls, Richter, Heiliger. Manchmal wünschen wir, diese Spannung aufzulösen; manche Lebens- und Altersphase versucht dies. Jedoch – soweit es meine Erfahrung zulässt – ist die Rückkehr nötig, unausweichlich und dem Zeugnis der Bibel entsprechend. Gesagt werden muss an dieser Stelle, dass es keine »Würdenträger« gibt, denen der Frontbereich als Sitz- oder Dienstbereich exklusiv zukommt. Jede Mitfeiernde, die sich durch Schriftlesung, Gebet oder ein persönliches Zeugnis einbringt, darf in diesem erhobenen Bereich stehen. Der Kirchenraum richtet sich auf den Sakralbereich aus. In methodistischen Gottesdiensträumen – mehrheitlich – stehen Stühle im Kirchenraum. Bänke gibt es eher noch selten. Die Stühle sind häufig in gerader, frontaler Weise auf diesen vorderen Bereich ausgerichtet. Manchmal stehen die Stühle auch in einem angedeuteten Halbrund oder Halbkreis. Der Unterschied ist nicht unerheblich. In frontaler Weise wird das Hier und Dort, der erhabene Gott, der bedürftige Mensch, das Geben und das Nehmen betont. Durch das angedeutete Halbrund wird ein Kreis gezogen und der Gemeinde und Gott verschiedene Plätze auf ein und derselben Kreisbahn zugewiesen. Der Aspekt der Gemeinschaft mit dem heiligen Gott spricht sich hier aus und der Übergang des Einen zum An-

Sakralbereich

deren. Diese Aussage spricht in förmlicher Weise, was sich in Jesu Geburt und der Gabe des Heiligen Geistes für uns ausdrückt: Gott kommt, wird Mensch. Gott geht in den Menschen ein, sucht Heimat bei ihm und gewährt Heimatrecht für den Gläubigen bei Gott. Beide, Gott und Gemeinde, befinden sich auf einer Kreisbahn und geben Zeugnis von ihrer Zusammengehörigkeit: Sie geben ein Ganzes, ohne dass die Identität und Unterschiedlichkeit aufgelöst werden. Zudem können sich die Gemeindeglieder durch das Halbrund auch gegenseitig sehen. Die Gemeinschaft auf dem Weg der Nachfolge wird symbolisch dargestellt und ist ganz praktisch erlebbar. Die Menschen verlieren sich nicht aus den Augen, selbst wenn sie nach vorne blikken. Manche methodistischen Kirchenräume richten die Stühle auf die Kanzel aus, manche auf das Kreuz, das sich meist über dem Abendmahlstisch befindet. Ausgerichtet auf das Wort Gottes, davon spricht das Erste. Ausgerichtet auf das Tun Gottes in der Hingabe des Sohnes, davon spricht das Zweite.

Stühle oder Bänke?

Stühle im Gottesdienst erlauben gegenüber Bänken sowohl Distanz wie auch Nähe. Die Abgrenzung zwischen den Sitzplätzen trägt dem Bedürfnis nach Distanz Rechenschaft. Durch Umstellung können sie Nähe erlauben, wie wir nachfolgend überlegen wollen, denn ihre Flexibilität ist zu beachten. Für eine Gottesdienstgestaltung kann dies wichtig sein. Die Stühle können ganz umgestellt oder sogar entfernt werden. Die Umstellung unterstützt die Art der Gottesdienstfeier oder die beabsichtigte Wirkung der Predigt: Wir können die Stühle in einen geschlossenen Kreis und den Abendmahlstisch sogar in die Mitte stellen; so betonen wir unsere Gemeinschaft als Schwestern und Brüder auf dem Weg der Nachfolge. Christus ist die Mitte. Vollziehen wir die Taufe oder die Aufnahme in die Gliedschaft in solch einem Stuhlkreis, so wird die schützende Nähe der Gemeinde dargestellt und für das Empfinden greifbar. Ebenso wird die Ausrichtung auf Christus als Mitte abgebildet. Wir können die Stühle ganz entfernen (bis auf wenige für ältere Menschen); so würde empfindbar, was der Apostel sagt: »Denn wir haben hier keine bleibende Stadt, sondern die zukünftige suchen wir.« (Hebr 13, 14) Entfernen wir die Stühle beim Passionsgottesdienst an Karfreitag, verstärkt dies die Unruhe und die Trauer angesichts des Todes Jesu. Wir betonen durch das Entfernen der Stühle, dass wir unterwegs sind: Unterwegs zum Reich Gottes, unterwegs zu den Menschen, unterwegs vom Karfreitag zum hellen Ostermorgen.

Licht

Meist sind methodistische Kirchenräume hell – abgesehen von dem, den ich in meiner Einleitung schilderte. Häufig kommt das

Licht von Fenstern, die erhöht sind. Dies haben wir mit fast allen Kirchen anderer Konfessionen gemeinsam. Dies möchte die Konzentration auf das unterstützen, was im Gottesdienst hörbar und sichtbar ist; keine Ablenkung von außen soll die Andacht stören. Jetzt bin ich ganz und gar hier. Jedoch ist die Helligkeit in methodistischen Kapellen und Kirchen besonders. Mehr Licht wird häufig als mehr Wärme empfunden. Das wird zum Abbild für die wärmende Gemeinschaft, die charakteristisch für methodistische Gemeinden ist. Die Helligkeit ermöglicht eine heitere Kommunikation. In vielen unserer Kirchen wird bis kurz vor Beginn des Gottesdienstes begrüßt, ausgetauscht und beim Wiedersehen gelacht. Die hellen Räume drücken aus, was unsere Kirche als Charakteristikum auszeichnet und ermöglichen es gleichzeitig.

In vielen Gotteshäusern sehen wir Glasfenster mit gegenständlichen Abbildungen. Vielfach sind es Kreuzbilder, Schöpfungsbilder, Symbole für Christus, Bibelworte, Darstellungen biblischer Geschichten oder sogar Christusdarstellungen.[3] Beim Predigen können wir mit diesen Bildern verkündigen. Sie halten darüber hinaus eine Predigt auch ohne Worte bereit. Das entlastet die Predigerin, denn der Raum und die Zeichen des Raumes verkündigen mit ihr.

Decke Wenden wir unseren Blick im Kirchenraum nach oben zur Decke Wie ist sie gestaltet? Ist die Raumdecke hoch, so gibt sie uns Weite: Weite des Denkens, Weite des Glaubens, Weite der Liebe, aber auch die Erhabenheit des Himmels über der Erde. Eine weiße Decke spricht vom Himmel gepaart mit Reinheit, Licht und Festfreude. Dafür steht die weiße Farbe. Sie ist die Summe aller Farben und damit Summe allen Lebens, Farbe für Gott. Manche Decken in Kirchengebäuden wurden auch mit Holz gestaltet. Viele sind Weichholzdecken aus Fichtenholz. Damit geben sie dem Himmel eine Weichheit und zugleich dem Auge ein angenehme Wärme. Harthölzer wie Buche oder Eiche tragen eher die Beständigkeit, die Festigkeit des Himmels oder Gottes in unser Empfinden. Wurden alte Saalbauten oder Gemeinschaftsbauten zu gottesdienstlichen Räumen umgebaut, dann ist die Decke eher niedrig. Wurde der Boden isoliert, verminderte sich die Höhe noch weiter. Diese Raumbegrenzung spricht von Geborgenheit, weil der Himmel nahe der Erde ist. Dennoch gibt es ein kritisches Raumempfinden: Ist die Decke zu niedrig, kann sie auch erdrücken. Der Nähe zu Gott im Vertrauen einerseits und der Distanz seiner Weisheit, Erhabenheit, seines Gottseins andererseits muss ein Raum Rechnung tragen. Eine Auflösung dieser Spannung führt entweder dazu, dass Gott uns fremd wird, unnahbar oder wir verfügen über ihn und setzen uns mit der Zeit an seine Stelle.

Abschließend: Einen Raum, den wir kennen oder der fest zu uns gehört, nehmen wir zunehmend unbewusst war. Anders ist das bei einem fremden Raum. So auch umgekehrt: Kommen Gäste in unsere Kirchenräume, nehmen sie den Raum bewusster wahr. Was melden Gäste über unsere Gottesdiensträume zurück? In Kirchen, in denen ich Dienst getan habe, haben Gäste meist die Helligkeit und Freundlichkeit unserer Kirchen bemerkt und wohltuend rückgemeldet. Ihnen fiel häufig die Wärme des Raumes auf. Denn – aus dem Vergleich mit anderen Kirchen – können unsere Räume meist gut geheizt werden und Menschen müssen nicht »zugeknöpft in Mantel und Jacke« Gottesdienst feiern. Das hat etwas mit unserer besonderen Begabung zu tun, die Gott in unsere Geschichte als Methodisten gelegt hat. Diese Begabung gilt es in Raumgestaltung und Begegnung zum Ausdruck zu bringen.

Aber nun: Wie sieht Ihr Gottesdienstraum aus? Was drückt sich durch die Anordnung, die Farben, die Materialien, die Helligkeit aus? Unterstreichen Sie, was von dem oben gesagten für Ihren Kirchenraum zutrifft. Nutzen Sie die freien Linien, um vor Ihrem inneren Auge das Besondere Ihrer Kapelle oder Kirche festzuhalten:

✍ **Übung**

....

....

....

....

....

....

2.3 Zeichen, Symbole und Gegenstände im Gottesdienstraum und ihre Bedeutung

2.3.1 Das Kreuz

Symbol unseres Glaubens

a) Das Kreuz ist herausragendes Symbol fast aller Kirchen. Es ist im Gottesdienstraum zentral und erhöht angebracht oder in anderer Weise dargestellt. Sein Ort als Blickfang spricht von seiner Wichtigkeit. Grundsätzlich fußt das Symbol des Kreuzes in der Kreuzigung Jesu Christi. Damit kündet es aber auch von dem Bedeutungsgehalt dieser Kreuzigung: »Das Wort vom Kreuz ist eine Gotteskraft«. (1 Kor 1, 18) »Gott war in Christus und versöhnte die Welt mit sich selber und rechnete ihnen ihre Sünden nicht zu und hat unter uns aufgerichtet das Wort von der Versöhnung. (...) Denn er hat den, der von keiner Sünde wusste, für uns zur Sünde gemacht, damit wir in ihm die Gerechtigkeit würden, die vor Gott gilt.« (2 Kor 5, 19.21) »In Verbindung mit der Auferstehung wird das Kreuzesgeschehen zum zentralen Ort, an dem Gott und sein Heilshandeln in Jesus Christus offenbar wird.«[4] Wir sehen im Kreuz im Kirchenraum auf die Kreuzigung Jesu und sehen auch Jesu Liebe und Hingabe, ihn selbst; im Kreuz erkennen wir Gottes Liebe, unser Heil und unsere Gottesgemeinschaft.[5] Darum sprechen wir vom Kreuz als einem Symbol. Es fallen die gegenständliche Bedeutung – nämlich die Kreuzigung – und die sinnbildliche Bedeutung – nämlich Gottes Liebe und unser Heil – zusammen. Es enthält also mehr als am Gegenstand zu sehen ist, schließt aber den Gegenstand in den Bedeutungsgehalt ein.

Das Kreuz ist herausragendes Symbol unseres Glaubens, weil es das ganze Evangelium in sich schließt. Wer es trägt oder in den Raum hängt, bekennt sich zum Evangelium in Jesus Christus.

Nachfolge

b) Weiterhin erfährt das Kreuz den Sinngehalt der Nachfolge. »Wer mir nachfolgen will, der verleugne sich selbst und nehme sein Kreuz auf sich und folge mir nach«, sagt Jesus. (Mk 8, 34) In Jesu Hingabe sind wir hineingenommen. Von Treue und Gehorsam spricht darum das Kreuz und weist uns darauf, unseren Weg von Liebe und Gottes Geist bestimmen zu lassen. Diese Bedeutung wird oft nicht bedacht.[6]

Keine Kruzifixe

c) In methodistischen Kirchen sind keine Kreuze mit dem Körper Jesu zu finden, sogenannte Kruzifixe.[7] Das Kreuz ohne den Leib Jesu verklammert ausdrücklich Karfreitag und Ostern. Jesus ist für uns gestorben. Und: Der Gekreuzigte ist auferweckt worden. Das körperlose Kreuz erzählt von der Kraft Gottes. Auf solches Tun Gottes angesichts von Zerbruch, Leid, Krieg, Krankheit und Tod vertrauen auch wir.

Lateinische Kreuze

d) In evangelisch-methodistischen Gotteshäusern finden sich (meistens) sogenannte lateinische Kreuze. Während das griechische Kreuz »aus zwei gleich langen, sich rechtwinklig in der Mitte kreuzenden Armen« besteht, ist beim lateinischen Kreuz »der untere Arm verlängert«.[8] Das lateinische Kreuz schafft eine Assoziation des menschlichen Körpers. Die Proportionen des Kreuzes entsprechen fast einem Menschen mit ausgestreckten Armen. Sie lassen an den einladenden Auferstandenen denken. Jedoch ist diese Form auch verändert, durch Verdickungen oder ornamentalische Einfügungen an den Enden der Arme oder an ihrem Kreuzen. Manchmal deuten sich hier Kronen oder Heiligenscheine an. Diese weisen auf Christus als den Heiligen Gottes, Christus als den König.

Materialien

e) Aus verschiedenen Materialien werden Kreuze hergestellt bzw. abgebildet: Wie bereits angesprochen kann das Kreuz in einem Glasfenster dargestellt sein. Ich sah Kreuze aus Plexiglas, aus Schmiedeeisen, aus Kohle in der Wand eingelassen und natürlich in verschiedenen Holzarten. Jedes Material hat seinen eigenen Ausdruck und schafft damit einen sinnlichen Eindruck. Jedes Material bringt eine Aussage in die Darstellung ein. Es würde den Rahmen sprengen und wäre einer eigenen Betrachtung wert, die Materialien auf ihren Aussagegehalt zu befragen. Ich will es bei Andeutungen belassen: Eiche spricht von Beständigkeit, Verlässlichkeit und Treue. Fichte drückt Sanftmut, Wärme und Hingabe aus. Zedernholz schafft die Verbindung zum Bund mit Israel und erzählt von der Kontinuität der Liebe Gottes. Sandstein hat einen ähnlichen Aussagegehalt wie Eiche. Marmor bringt dazu noch den Hauch von Ewigkeit, Glanz und Schönheit. Glas will Durchlässigkeit, Transparenz und Nähe zeigen. Es sind Andeutungen. Sie müssten durch Verarbeitung und Aufbereitung des jeweiligen Materials und den sich dadurch ergebenden Sinneindruck ergänzt werden. Es ist spannend, dies für das Kreuz in Ihrer Kirche einmal zu tun. Die nachfolgenden Zeilen sollen zum Festhalten Ihrer Erkenntnisse dienen.

✍ **Übung**

....

....

....

2.3.2 Der Abendmahlstisch

Der Abendmahlstisch hat seine Würde und Funktion, weil er der Tisch ist, von dem die Gemeinde das Herrenmahl empfängt. Das Wort Altar nimmt den Bedeutungsgehalt des Opfers auf und wird vorwiegend aufgrund des Abendmahlsverständnisses in der katholischen Kirche benutzt. In evangelischen Kirchen kann die Bezeichnung je nach Landeskirche wechseln. Vom Verständnis des Abendmahls legt sich jedoch lutherisch die Bezeichnung Abendmahlstisch nahe. Für die reformierten Kirchen gilt dies ebenso.[9] Auf ihm finden sich Kerzen, meistens ein Blumenstrauß; ihn ziert überwiegend ein Behang und in jedem Fall liegt in der Mitte eine Bibel. Nicht nur vom Abendmahl erfährt er seine Würde, sondern auch von den anderen Gegenständen. Diese sollen nachfolgend betrachtet werden.

So ist der Tisch ein Tisch der Gemeinschaft; wir haben miteinander Gemeinschaft und im Sakrament mit Gott. Wohlgemerkt in beiden Sakramenten: Methodisten haben meistens keinen Taufstein oder kein Taufbecken, sondern stellen eine schöne Wasserschale auf den Abendmahlstisch. Er ist so ein Tisch des Heils, weil Menschen beide Sakramente vor, auf und bei ihm empfangen. Seine besondere Würde kommt ihm durch dieses Geschehen zu.

Der Abendmahlstisch ist in methodistischen Kirchenräumen meist aus Holz und portabel gehalten. Das Material schenkt wiederum die Ausstrahlung wie wir sie oben beim Kreuz angedeutet haben. Dass er verstellbar ist, zum Beispiel bei einem Gottesdienst im Stuhlkreis in dessen Mitte gerückt werden kann, unterstreicht den Aspekt der Gemeinschaft, der Bewegung der Liebe Gottes, die in Christus zu uns gekommen ist.

2.3.3 Die Bibel (auf dem Abendmahlstisch)

Das Wort ward Fleisch

Als evangelische Freikirche sind wir eine Kirche des Wortes. Die Verkündigung des Wortes Gottes durch die Predigt ist uns als Schatz in die Geschichte gelegt. Der Bibel auf dem Abendmahlstisch als Wort Gottes kommt symbolische Bedeutung zu: »Und das Wort ward Fleisch und wohnte unter uns und wir sahen seine Herrlichkeit, eine Herrlichkeit als des eingeborenen Sohnes vom Vater, voller Gnade und Wahrheit!« (Joh 1, 14) Der Mensch gewordene Gott, der Christus als das Wort Gottes, der Heilige Geist, der in alle Wahrheit leitet (Joh 16, 13): das drückt die Bibel auf dem Abendmahlstisch aus. Sie ist dennoch ganz praktisch beim Feiern zu benutzen: Das Wort darf gelesen, gehört, gebetet, verkündigt und ausgelegt werden. Es ist voll mit Hilfen für das geistliche Leben und Rat für unser Tun und Lassen. Das Wort Gottes wünscht in unserem Leben und im Leben der Gemeinde leibhaftig – also erneut »Fleisch« – zu werden.

Symbolische Bedeutung

Weil der Bibel auf dem Abendmahlstisch symbolische Bedeutung zukommt, ist sie keine kleine Bibel, sondern eine große und manchmal sogar mit Bildern gestaltete Bibel. Sie wird mit Achtung und Wertschätzung in die Hand genommen. Bei der Einweihung des Kirchengebäudes wurde sie als »Kirchenschatz« mit der Taufschale und dem Abendmahlsgeschirr feierlich in den Kirchenraum hereingetragen. Wird sie durch eine andere Übersetzung oder andere Bibel ausgetauscht, wird sie mit einer Widmung zum Segen für die Gemeinde und Welt versehen.

Sie dient so häufig wie möglich bei den Lesungen im ersten Teil des Gottesdienstes. Das Wort Gottes wird aus ihr vernommen und leitet zu Dankbarkeit, zur Freude und zum Gotteslob. Manchmal finden wir eine ältere Bibel vorne, manchmal sogar eine sehr alte. Das betont die Gültigkeit, weil Gott sich an sein Wort gebunden hat. Das betont die Verlässlichkeit, »gestern, heute und morgen« und keinem Zeitgeist unterworfen. Dennoch: Aussagekräftiger finde ich eine Bibel in einer gebräuchlichen Übersetzung. Nur aus ihr kann eine Liturgin oder Predigerin lesen und wird verstanden. So ist deutlich: Es ist ein Wort, das in mein Leben hineinspricht. Ich verstehe. Es ist ein Lebenswort. Es ist aktuell. Und dies alles gilt nicht nur für das Hören der Worte, sondern dies gilt für Gott selbst: Er spricht in mein Leben hinein, ich verstehe mehr von ihm, er gibt mir Leben, heute, in meiner Situation. Dass es ein Symbol ist, darf uns nicht hindern – sollte uns vielmehr ermutigen – aus dieser Bibel zu lesen. Unsere Ordnung empfiehlt für Schriftlesungen im Gottesdienst gemäß § 403 KO die revidierte Lutherübersetzung zu verwenden.[10] Damit legt sich nahe, diese auch als Bibel auf dem Abendmahlstisch zu haben.

Die Bibel ist offen

Die Bibel liegt geöffnet auf dem Abendmahlstisch. Aus ihr darf empfangen werden. Sie gibt ihren Inhalt gerne preis, ja sie ist geradezu eine Aufforderung, das Wort Gottes zu entdecken. Sie ist kein Geheimwissen. Verschlossen dem Volk oder allein den Geweihten vorbehalten ist das Gotteswort nicht. Offen aufgeschlagen spricht sie von der Zuwendung Gottes. Die Bibel erfährt durch eine Holzunterlage eine Neigung hin zum Raum von ungefähr 15-30 Grad. Dies unterstreicht den Eindruck der Zuwendung. Wie ein offenes, freundliches Angebot kann sie erblickt und so will sie auch gehört werden. Die Bibel liegt zumeist in einer Flucht mit dem senkrechten Kreuzesbalken. So ist gewollt eine Verbindung geschaffen und verkündigt: Der gekreuzigte und auferweckte Christus ist das Wort Gottes an die Welt. Diese »Predigt« empfangen wir, schauen wir bewusst auf das biblische Wort auf dem Abendmahlstisch.

Beobachten Sie an sich selbst, welche Empfindungen geweckt werden, wenn die Liturgin die Bibel vom Tisch nimmt und daraus liest. Welche Bibelübersetzung liegt auf dem Abendmahlstisch Ihrer Gemeinde? Was bringt sie zum Ausdruck durch Ausgabejahr und äußerem Erscheinungsbild?

Übung ✍ ....

....

2.3.4 Die Kerzen auf dem Abendmahlstisch und die Osterkerze

Das Aufstellen von Kerzen wird in methodistischen Gemeinden wie auch in anderen Kirchen der Ökumene sehr unterschiedlich gehandhabt. Die Liturgiekommission der deutschen Bischofskonferenz gibt eine Ordnung für den Kerzengebrauch vor, räumt jedoch Freiheiten ein. Den Kerzengebrauch im evangelisch-landeskirchlichen Bereich entnehme ich dem Handbuch für Liturgik von Schmidt-Lauber/Beritz.[11]

In methodistischen Gotteshäusern stehen ein bis vier Kerzen auf dem Abendmahlstisch. Sie brennen zu gottesdienstlichen Feiern am Sonntag oder auch in der Woche. Ohne Kerzen wird allein der Karfreitagsgottesdienst gefeiert, um die Trauer auszudrücken. In der Adventszeit werden auf dem Abendmahlstisch oder einem separaten Adventskranz vier Kerzen aufgestellt und mit jedem Adventssonntag eine mehr entzündet. Diese vier Adventskerzen gehen dann über in den Lichterbaum, den sogenannten Christbaum. Er wird zur Heiligen Nacht entzündet und begleitet die Gemeinde mit seinem »Geburtsfreudenlicht« bis zum Erscheinungsfest.

Eine Kerze ist Licht

Die Kerze ist eine Lichtquelle. Eine Kerze ist Licht, das erst zum Licht wird, indem es sich verzehrt, ja aufzehrt. Allein in der Hingabe und im Tod wird Licht gewirkt. Licht aber ist unsagbar wichtig für das Leben. So ist die Kerze ein schönes Symbol für Christus, der von sich sagt: »Ich bin das Licht der Welt!« (Joh 8, 12) Die Hingabe des Sohnes, der sein Leben in Liebe zu uns Menschen verzehrt hat, dessen »Leben das Licht der Menschen« (Joh 1, 5) war, davon erzählt jede Kerze in einer Kirche. Ein ganzes Evangelium sehen wir vor uns. Und: Unsere Beauftragung begegnet uns als Predigt in jeder Kerze: »Ihr seid das Licht der Welt«, spricht Christus. (Mt 5, 14) Nichts weniger als Licht für diese Welt und Zeit zu sein, mutet uns Christus als Bestimmung zu. Jesus meint nicht eine Leistung oder ein Werk, vielmehr ist Licht sein eine Wesensbestimmung, die uns sein Geist und seine Gnade beilegen. Daran erinnert uns die Kerze: Selbst wenn wir uns verzehren in Hingabe an Jesu Sache, an die Menschen, an die Gerechtigkeit, Wahrheit und Gemeinschaft, sind wir mitten in unserem Selbst und verlieren uns nicht. Die Kerze ermutigt, erinnert, verkündigt uns die Freude der Hingabe in der Nachfolge Jesu.

Zu diesem symbolischen Inhalt gesellt sich die Aussage der Anzahl, der sogenannten Zahlensymbolik.[12] Wieviele Kerzen sehen Sie auf Ihrem Abendmahlstisch?

Zahlensymbolik

Eine Kerze steht dafür, dass Gott Einer und Einheit ist. Für das Geheimnis Gottes steht die eine Kerze: Vater, Sohn und Heiliger Geist sind ein Gott, ein Wille, eine Liebe, eine Kraft. Die eine Kerze ruft uns in Erinnerung: Allein die Gnade, allein der Glaube, allein das Evangelium, allein Christus. Das hebräische Alphabet erinnert mit eins und dem ersten Buchstaben Alef an Adam, Abraham und an Elia. Vorausgänger der Schöpfung, Adam; Vorausgänger des Glaubens, Abraham und Vorausgänger der Gottesverehrung, Elia – daran erinnert uns die eine Kerze. Die Zahl eins steht zudem für das Ich. Ich bin gemeint. Ich bin auf den Tisch der Gemeinschaft gestellt. Ich gehöre dazu, bin gerufen, bin erwählt, von Gott geachtet und geschätzt. Ich bin Teil der Geschichte Gottes mit seiner Welt. Ich bin ein Abschnitt davon und will mit meinem Glauben, meinem Gehorsam und meiner Begabung zur Geschichte des Heils beitragen.

Zwei Kerzen sprechen von den dualen Spannungen und Ergänzungen, von den Zweiheiten, die doch eine Einheit bilden. Von Christus als dem Licht, von den Christen als Licht für diese Welt; von Himmel und Erde, die getrennt sind und doch zueinander gehören; ebenso von Frau und Mann, von Leben und Tod. Zwei ist die kleinste Gemeinschaft, in der Jesus seine Jünger zu predigen und zu heilen aussandte. (Mk 6, 7) Wenn zwei sich versammeln, wenn zwei sich im Gebet vereinigen, ist Christus bei ihnen. (Mt 18, 19f) In der hebräischen Zahlenmystik hat die Zahl zwei (beth = der zweite Buchstabe) mit dem Schaffen Gottes zu tun. Am Anfang (bereschit) schafft (barah) Gott die Erde als Haus (beth) für den Menschen. Gottes Fürsorge drückt sich darin aus. Die Heimat des Menschen auf dieser Erde schwingt mit. Gemeinschaft, Zueinander, Einheit in Vielheit drückt die Zwei aus.

Drei Kerzen zeugen von der Dreifaltigkeit Gottes: Vater, Sohn und Heiliger Geist. Sie sind gleichsam ein Bekenntnis. Drei Tage war - Jona im Fisch, bis er Rettung erfuhr und Gehorsam lernte. Drei Tage blieb Christus im Grab; dann erweckte ihn Gott zum Leben und Heil. Dreimal heilig ist Gott. (Jes 6, 3) Drei Geistesfrüchte und Tugenden ragen heraus: Glaube, Hoffnung, Liebe. Drei Dimensionen kennt die Bibel für den Menschen: Seele, Geist und Leib. Das Dreieck ist der stabilste Körper. So beinhaltet die Dreizahl die Vollendung, die Vollkommenheit, die Ganzheit. So sprechen drei Kerzen von dem alleinigen Gott, dem Heil, der Heiligkeit und der Vollkommenheit.

Vier Kerzen bringen die Welt vor Gott: Die vier Himmelsrichtungen, die vier Elemente, die vier Jahreszeiten, die vier Paradiesflüsse (Gen 2, 10ff), der Mensch mit vier Temperamenten. Ebenso erinnert die hebräische Vier (Dalet) an Türen und Durchgänge: Die Tür aus dem Mutterleib ist die erste; die zweite Tür – mit Blut beschmiert vom Passahlamm – führte aus der Sklaverei in Ägypten; die weitere Tür ist die Tür des Gerichts, in dem Gott Recht spricht über mich und die Welt; die vierte und letzte Tür führt zu der Erkenntnis, dass Gott sein Leben schon immer mit dem meinen verbunden hatte. – Die Welt und das Leben wird vor Gott gebracht. Vier Kerzen erinnern uns an die vier Evangelisten, denen wir die gute Nachricht verdanken. Auf die vier großen Propheten Jesaja, Jeremia, Ezechiel und Daniel machen sie uns aufmerksam. So steht die Welt und unser Leben vor Gott und wir werden gewahr, dass er mit seiner Liebe nach uns sucht, Türen zum Heil uns öffnet.

Die Osterkerze

Die Osterkerze wird auf einem eigenen, hölzernen oder gusseisernen Ständer platziert. Mit dem Osterfest entzündet die Liturgin die Osterkerze für ein Jahr neu. Deshalb ist auf Osterkerzen in Wachs neben Kreuzzeichen, Nägeln und den Buchstaben Alpha und Omega häufig die Jahreszahl angebracht. Sie kündet von der Hingabe des Christus für unsere Gottesferne und seiner Erhöhung, Auferweckung und Beglaubigung durch Gott. »Ich bin der Erste und der Letzte und der Lebendige. Ich war tot und siehe, ich bin lebendig von Ewigkeit zu Ewigkeit und habe die Schlüssel des Todes und der Hölle«, spricht Christus. (Offb 1, 17.18) Die Osterkerze bezeugt und verkündigt die Zuversicht in den auferstandenen Christus. Wo Osternachtfeiern begangen werden, wird sie in dieser Feier erstmals entzündet. Meist wird sie jedoch in methodistischen Ostergottesdiensten nach dem Osterruf »Christus ist auferstanden« und eventuell einem Chorlied wie »Christus, das Licht der Welt« angezündet. Von ihrem Feuer werden dann die Kerzen auf dem Abendmahlstisch entfacht. Nicht alle methodistischen Kirchengemeinden kennen die Osterkerze. Sie gilt als katholisches Brauchtum und findet erst in den letzten Jahren vermehrt Zuspruch. Ihr Gebrauch ist dementsprechend wenig reflektiert. Ich empfehle, die Osterkerze bei gottesdienstlichen Veranstaltungen vom jeweiligen

Osterfest bis zum Ewigkeitssonntag zu entzünden. Damit ist ein Bogen von Christi Auferstehung zum Fest der eigenen Auferstehung bzw. der Vollendung des Reiches Gottes beschrieben. Während des Advents bestimmt das Licht der Erwartung, bestimmen die Adventskerzen die Sonntagsfeiern. Das weihnachtliche Licht hat seine Zeit bis Epiphanias. Mit Vorfastenzeit und Passionszeit verbindet sich das Thema des Leidens und Sterbens Jesu; hier schweigt das Osterlicht, weil es doch erst wie eine Frucht und Folge dieser Zeit gesehen wird: »... ward gehorsam bis zum Tode, ja zum Tode am Kreuz. Darum hat ihn auch Gott erhöht ...!« (Phil 2, 8.9) In der Karwoche sind auch die Kerzen des Abendmahlstisches gelöscht.[13]

Die Kerzen sind es wert, bewusst angeschaut und bedacht zu werden. In der stillen Betrachtung können sie zum Ausgangspunkt werden, durch den Gott uns etwas wichtig werden lassen kann. Deshalb dürfen die verschiedenen symbolischen Bedeutungen auch nicht zu Gunsten einer (vermeintlich) richtigen eingeebnet werden. Auch diese Vielfalt hat Anteil an der Einheit.

2.3.5 Der Blumenschmuck auf dem Abendmahlstisch

Auf methodistischen Abendmahlstischen ist an fast allen Sonntagen des Jahres ein Blumenschmuck zu sehen. In der Adventszeit wird der Blumenschmuck durch den Adventskranz ersetzt. In der Weihnachtszeit ist es der Christbaum. Im Karfreitagsgottesdienst fehlen nicht nur die Kerzen, sondern auch der Blumenstrauß. Trauer, Leere, Tod werden so ausgedrückt. Auf manchen Abendmahlstischen wird am Karfreitag ein Christusdorn oder sonst ein Dornengestrüpp aufgestellt, um von Christi Leiden zu künden. Der Blumenschmuck auf dem Abendmahlstisch ist Symbol und nicht mit einem »Sträußchen auf dem Wohnzimmertisch« zu verwechseln. Er ist dem Opfer zuzurechnen. Er soll Gott erfreuen, die Farben, der Duft, das Arrangement, die Hingabe der Menschen, die diesen Strauß stellvertretend für die gesamte Gemeinde gepflückt, gebunden, gekauft, hingestellt und mit Tüchern dekoriert haben. Darum nimmt – weitgehend – diese Blumen niemand zu sich nach Hause. Sie bleiben und dürfen vorne verwelken. Manchmal werden Blumen entnommen, um die Freude an andere weiterzureichen: An Kranke, die während der Woche besucht werden; an Einsame, an Alte, an Jubilare, an Gäste im Gottesdienst ... Allein zu einem guten und uneigennützigen Zweck dürfen sie weitergegeben werden. Dieses trifft auch so auf den Erntedanktisch zu: Auch er ist ein Opfer und darum gehen nach dem Gottesdienst die Früchte als Dankgabe an Bedürftige oder an die Pastorin, so wie die alttestamentlichen Priester von den Opfern am Tempel nehmen durften. Somit sollte der Blumenstrauß in der vertikalen Bedeutungs- und Beziehungsebene wahrgenommen werden. Er ist eine Gabe an Gott, ein Dank, ein Lob, ein Ausdruck, wie die gesamte Schöpfung mit uns in die Freude über Gott einstimmt. (Ps 148) Deshalb darf beim Blumenschmuck Phantasie, Kreativität und Hingabe einfließen, das sollte sogar so sein. Er gehört dem Bereich der Kunst an. Durch die vertikale Bedeutungs- und Beziehungsebene sind lieblose »Topfpflanzen«, die man mal schnell vom Wohnzimmer für einen Tag auf den Tisch des Herrn stellt, ausgeschlossen. Diese Lieblosigkeit wird empfunden und bedauert. Dann ist es besser, wenn die Blumen einmal fehlen.

2.3.6 Die Behänge – Paramente oder Antependien

Rhythmus des Kirchenjahres

Mit Behängen, Paramenten oder Antependien werden die gestalteten Tücher an Abendmahlstisch und/oder Kanzel bezeichnet.[14] Durch Farben und Formen, Symbole und Metaphern stimmen sie auf den Rhythmus des Kirchenjahres ein. Sie signalisieren Zeiten und Feste. Die Behänge könnten ebenso unter »Die Zeit des Feierns« betrachtet und bedacht werden. Für das Raumerleben sind die Behänge jedoch ebenso wichtig und darum habe ich mich für die Eingliederung bei »Raum des Feierns« entschlossen.[15]

Wir wenden uns zuerst den Farben und ihren Zeiträumen zu. Dabei legen wir die großen »Räume« des Kirchenjahres dar und vernachlässigen einzelne Gedenktage an Apostel oder Märtyrer, da sie in den methodistischen Gemeinden meist nicht gesondert begangen werden.

Violett

Sie ist keine reine Farbe. Violett entsteht durch das Mischen von Rot und Blau zu gleichen Teilen. In dieser Farbe finden zwei Farben zusammen und ergeben eine neue, dritte. Dabei symbolisiert Rot das Blut, das Menschliche und Sterbliche; Blau weist auf Gott, den ewigen Herrn des Kosmos (Blau des Himmels). Beide kommen zusammen, Gott und Mensch. In welcher Kirchenjahreszeit sehen wir Violett? Als Farbe sehen wir violett in der Zeit des Advent. Es ist das Warten auf Christus, der wahrer Gott und wahrer Mensch ist.[16] So weist der violette Behang als erstes auf Christus. Als zweites deutet er auf uns Menschen. Wir öffnen uns in dieser Zeit, um Gott, seinem Wort und Geist, in uns Raum zu geben. So geschieht auch hier eine Einung, ein erneutes Eingehen: Gott füllt neu meinen »Lebensraum«. Rot und Blau kommen zusammen. Darum wird Violett auch die Farbe der Buße-, der Einkehr- und Fastenzeit genannt. Sie bestimmt ebenso die Passionszeit, von Aschermittwoch bis einschließlich Palmsonntag.

Weiss

ist neben Blau die Farbe Gottes. Weiß ist ja eigentlich keine Farbe, sondern vielmehr die Summe aller Farben, das Licht selbst. Das Licht ist Gottes Kleid (Ps 104, 2) und der Thron Gottes ist weiß in der Schau des Sehers Johannes (Offb 20, 11). »Weiß wie das Licht« waren die Kleider Jesu in der Verklärung auf dem Berg (Mt 17, 2). »Sein Gewand war weiß wie Schnee«, wird vom Engel der Auferstehung in Mt 28, 3 wie auch von Gott selbst in der Schau des Propheten Daniel (7, 9) erzählt. Weiß birgt die Ewigkeit, Gott selbst in sich. Die Summe allen Lichtes leitet zu Gott als dem Schöpfer allen Lebens, ja dem Leben selbst. Von Weiß geht Freude und Erhabenheit aus. Reinheit, Makellosigkeit und Offenheit spricht sich darin aus. Gewiss: Weiß fordert auch Abstand. Die Farbe Weiß schmückt das Tuch des Abendmahlstisches oder der Kanzel bei den Hoch-Zeiten oder Hoch-Festen. Die Farbe Weiß ist dem Christfest zugedacht. Von der Christvesper am 24. Dezember, bis zum letzten Sonntag nach Epiphanias kündet Weiß vom Erscheinen Gottes. Das Osterfest, die Auferstehung unseres Herrn, erstrahlt in weißem Glanz. Der österlichen Freudenzeit – bis zum Sonntag Exaudi (Sonntag vor Pfingsten) – ist Weiß vorbehalten sowie dem Sonntag Trinitatis und dem Ewigkeitssonntag. Die Farbe Weiß sehen wir also bei wichtigen Festen unseres Glaubens, den Festen des Christus. Sie erzählt von Gottes rettendem Handeln an uns.

Grün

spricht von Wachstum und Gedeihen. Es leitet uns zum Grünen und Gedeihen, Reifen und Frucht tragen auch für unser Leben in der Nachfolge Jesu. Es ist die Zeit der Vorfastenzeit und die Trinitatiszeit, die die Farbe Grün an den Behängen zeigt. Sie spricht mit den entsprechenden Texten und Themen die innere und die äußere Heiligung an. Die Früchte sind: Liebe, Freude, Friede, Geduld, Freundlichkeit, Güte, Treue, Sanftmut, Keuschheit. (Gal 5, 22f)

Rot

ist eine besondere Farbe. Wir assozieren die Glut der Liebe mit Rot. Die Revolution und der politische Umsturz haben eine rote Fahne gesetzt. Ganz ambivalent ist ihre Wirkung. Voll Kraft und Energie ist jene Farbe. Ihr wird mit Vorsicht oder Hingabe begegnet. Rot kann das Menschliche als Farbe des Blutes bedeuten. Rot erinnert an Opfer. Wir sehen diese Farbe an Pfingsten. Sie erzählt mit Apg 2 vom Erfüllt werden mit dem Geist Gottes. »Zungen zerteilt, wie von Feuer«, erzählt Lukas. Dann erfasste die Jünger Begeisterung und tiefes Vertrauen. Zu Freimut, zu Unerschrockenheit, zu Hingabe und Liebe leitete sie der Heilige Geist. Von dieser Liebe(-sglut), von der Kraft des Geistes verkündet die Farbe Rot; von unserer Hingabe und Liebe handelt sie ebenso. In methodistischen Kirchen könnten rote Tücher bei Gemeindefesten, Missionsfesten oder an bestimmten Sonntagen der Trinitatiszeit aufgehängt werden. Wenn von der Liebe Gottes besonders verkündigt wird wie am 3. Sonntag nach Trinitatis; wenn von der Nächstenliebe erzählt wird wie am 13. Sonntag nach Trinitatis, dann kann die Farbe Rot auch die Sinne mit zu diesem Inhalt leiten.

Schwarz

schließt den Kreis der liturgischen Farben. Schwarz ist als Behangfarbe dem Karfreitag gewidmet. Der Tod Jesu stellt die Jünger in den Evangelien buchstäblich vor das Nichts, das Aus, das Ende. Wir empfinden dies mit, auch wenn wir um den hellen, lichten Ostermorgen wissen. Schwarz erinnert uns nämlich daran, dass unser Leben dem leiblichen Tod, der Krankheit und den Schmerzen nicht enthoben ist. Nur über den Karfreitag wird es Ostern, verkündet das Schwarz. Unser Leben kennt »dunkle« Wegstrecken, die rabenschwarzen Nächte der Angst; ein »schwarzer Peter« findet sich plötzlich in unseren Karten; wir werden von anderen zum »schwarzen Schaf« erklärt oder können uns an einem dunklen, tiefen Abgrund befinden. In Schwarz drückt sich das Nichts, die Leere und die Traurigkeit aus. Schwarz gebietet Abstand und wirkt wie eine gefährliche Zone. Häufig wird der Abendmahlstisch in evangelisch-methodistischen Kirchen nicht schwarz behängt, sondern eher ohne Schmuck gelassen, um die Wirkung des Schwarz – nämlich das Nichts darzustellen.

Farben wirken sowohl bewusst als auch unbewusst. Mit diesen Ausführungen sollte versucht werden, Wirkung und Bedeutung etwas bewusst zu machen. Durch die Farbwirkungen wird ein Gottesdienst ebenso mitgestaltet – bewusst wie unbewusst. Ich mache Mut, die

Behänge gemäß dem Kirchenjahr zu wechseln, damit die Farben die Verkündigung und das Feiern mitgestalten können. Paramente sind eine Anschaffung, die eine Gemeinde auf Jahrzehnte hinaus tätigt. Selbst wo die finanziellen Mittel nicht vorhanden sind, können Tücher in den jeweiligen Farben aufgehängt werden.

Hier eine Übersicht zu den »Farbräumen«:[17]

Abschnitt des Kirchenjahres	Liturgische Farbe der Behänge
die Adventssonntage	Violett
das Christfest von Heiligabend bis zum letzten Sonntag nach Epiphanias	Weiß
die drei Sonntage vor der Fastenzeit	Grün
die Fasten- oder Passionszeit von Aschermittwoch bis Palmsonntag	Violett
Karfreitag	schwarz oder keine Behänge
die Osterfestzeit von Ostersonntag bis Sonntag Exaudi	Weiß
Pfingstsonntag	Rot
Trinitatissonntag	Weiß
die Sonntage nach Trinitatis	grün (wobei zu manchen Sonntagsthemen Rot möglich ist)
Ewigkeitssonntag	Weiß

Andere Symbole

Ältere Behänge zeigen häufig Symbole. Alpha und Omega für Christus, das Kreuz für seine Hingabe, Sonne für Gottes Güte, den (Regen-)Bogen als Bundeszeichen, das Lamm als die reine Hingabe Christi, Tropfen als Blutstropfen seines Todes und anderes mehr. Manchmal deutet sich auch eine biblische Geschichte an, die in diesem Farbzeitraum prägend ist. Neuere Paramente sind in der Regel vielschichtiger. Sie laden zur Meditation ein. Immer wieder darf Neues in ihnen entdeckt bzw. assoziert werden.

Wie werden in Ihrer Gemeinde die Behänge gewechselt? Welche Farben und Motive zeigen sie? An welchen Orten hängen sie? Mit welchen Bibelworten sind die Motive verbunden? Welche Empfindungen wecken die Paramente bei Ihnen?

Diesen Fragen mit einer Gruppe der Gemeinde an einem Abend nachzugehen, wäre gewiss spannend und würde sicher zu guten Eindrücken und Gesprächen führen. Das ließe sich anschließend in einem Gottesdienst weitergeben, vielleicht sogar als (Thema-) Predigt von mehreren Personen.

2.3.7 Die Kanzel

Von ihr wird die Lesung des Predigttextes vorgenommen und die Predigt gehalten. Manchmal wird das Fürbittgebet nach der Predigt von der Kanzel aus gesprochen, wenn die Betende die Predigerin selbst ist. Die Kanzel ist meist mit dem Abendmahlstisch in Holz und Bauart abgestimmt. Das heißt: Es gibt eine Verbindung zwischen der Verkündigung und dem Sakrament, dem Licht und dem Wort Gottes. Die Orte im Gottesdienstraum zeigen nicht so sehr unterschiedliche Inhalte, als vielmehr unterscheidbare Aktionen. Vor dem Abendmahlstisch lobe ich Gott; um ihn oder im Halbkreis vor ihm teile ich mit der Gemeinde die Sakramente; vor dem Tisch werden Freud und Leid in der Gemeinde geteilt und so auch immer unter Christi Kreuz; aber in der Predigt von der Kanzel aus wird die Aktion eine andere. Das Miteinander ist nun aufgehoben. Der Predigerin wird zugestanden – Kraft der Berufung durch Gott und die Bestätigung durch die Gemeinde – das Wort Gottes zu verkündigen. Das Wort Gottes ist ein Wort, das uns kritisch gegenüber treten darf und muss. Es soll uns nicht leichtfertig gerecht sprechen oder uns bestätigen, sondern darf »tun, wozu Gott es gesendet hat« (vgl. Jes 55, 11). Gottes Wort kann prophetische Ansprache sein, herausfordern, mahnen und beauftragen. Es kann trösten, ermuntern und auch vergewissern. Gott spricht uns Gnade, Vergebung und Annahme zu; er will unseren Dienst, sendet uns, ruft heraus und fordert unser Leben neu. Das ist ohne Zweifel eine ganz andere Aktion als das gemeinsame Beten und Loben. Hier gestattet die Gemeinde Gott etwas und das bedarf auch für die Pastorin oder Laienpredigerin eines anderen Ortes und eines Schutzraums. Die Kanzel ist zwar zur Gemeinde hin angeordnet, um zu zeigen, dass das Wort Gottes zu den Menschen kommen will und soll. Sie ist jedoch auch oft ein umbauter Raum, ein Schutzraum eben, der der Verkündigerin Schutz bietet. Denn das Vorhaben ist ungeheuerlich und fordert von Predigerin und Gottesdienstteilnehmerinnen viel. Das Wort muss doch erst zu Gottes Wort an die Predigerin werden, bevor sie es weitersagen und an die Gemeinde dolmetschen kann. Damit wird das Wort auch ein Teil von ihr, es wird zum Zeugnis und dies macht verletztlich. Wie kann die Gemeinde zwischen dem Menschenwort und Gotteswort unterscheiden? Auch sie lässt sich auf ein Wagnis ein, das einen anderen Ort nötig hat. Sie kennt meist die Verkündigerin. Morgen wird sie wieder im Bäckerladen stehen und Brot verkaufen. Morgen ist sie wieder die Pastorin, die in der Sitzung des Finanzausschusses mit dem

Verbindung zwischen Verkündigung und Sakrament

Kopf durch die Wand will. Die Kanzel ist eine Hilfe, dass dieses Wunder gelingt. Das Wunder besteht darin, dass Gottes Wort für die Predigerin zum Wort an sie wird. Aus dieser Betroffenheit und in ganzem Vertrauen spricht sie dieses Wort der Gemeinde als Wort Gottes zu. Sie spricht und doch ist es nicht ihr Wort. Gott spricht und doch durch ihren Mund. Die Kanzel hilft dazu und sendet die entsprechenden Signale. Sie kennzeichnet als Ort die Aktion. Häufig unterstützen dies bei älteren Kanzeln Einlassungen ins Holz oder die Behänge. Auf manchen ist zu lesen: »Dein Wort ist meines Fußes Leuchte«. (Ps 119, 105) Oder: »Eines ist not!« und erinnert an die hörende Maria aus Lk 10, 38-42. Sie wollen die Erwartungshaltung der Mitfeiernden prägen. Zudem weisen die eingelassenen Worte darauf hin, dass das zu Empfangende das Wort unseres Herrn und Gottes ist, kein Statement, keine Meinung, keine Reklame. Das wirkt umgekehrt auf die Verkündigerin, sich ihrer Verantwortung vor Gott bewusst zu sein. Sie hat einen Zuhörer mehr als für sie sichtbar ist.[18] Der Versuchung des »erhobenen Platzes« zu verfallen, ist nicht von der Hand zu weisen. Die Macht ist greifbar. Sich dessen bewusst zu sein, hilft ihr, um von Gott Demut und Bewahrung zu erbitten und auch mit der Gemeinde im Gespräch zu bleiben.

Welche Ausstrahlung hat die Kanzel in Ihrer Kirche? Wie empfinden Sie Material, Bauhöhe und Platz? Mit welcher Erwartungshaltung begegnen Sie der Verkündigung von Gottes Wort?

2.3.8 Die Orgel

Sie befindet sich im Gegensatz zu den meisten evangelischen und katholischen Kirchen nicht über dem Kirchenausgang auf einer Empore, sondern vorne. Auf der Empore leitet die Orgel den Gemeindegesang und bildet gleichzeitig mit den Stimmen eine Einheit. Beide richten sich vom Mittelschiff hin zum Altarraum und so zu Gott mit ihrem gemeinsamen Lob. Da die Orgel in methodistischen Gottesdiensträumen vorne ihren Platz hat, kommt ihr eine andere, nämlich symbolische Bedeutung zu. Die Orgel bildet mit Kanzel, Abendmahlstisch und Kreuz im Vorderbereich des Gottesdienstraumes ein Quartett. Sie steht symbolisch für das Gotteslob, das gesungene und das instrumentale. Symbolisch nenne ich ihre Wirkung zum Einen, weil der Gesang von Gemeinde, Chor oder Solisten wie auch andere Musikerinnen mit anderen Instrumenten das Gotteslob ausführen. Zum Anderen repräsentiert sie das Gotteslob, selbst wenn sie schweigt. Sprechen Kanzel, Kreuz und Abendmahlstisch von Gottes Zuwendung und Gnade, so will die Orgel von unserer Hingabe in Lob, im Tun und Lassen zeugen. Die Orgel steht sichtbar für die reiche musikalische Begabung, die Gott uns Methodisten anvertraut hat: Kräftiger Gemeindegesang, gemischte Chöre, Bläserchöre, Flötenchöre, Lobpreisbands, Ensembles, Kinderchöre und viele musikalische Gemeindegruppen.

In manchen Gemeinden sind Klaviere an die Stelle der Orgel getreten. Bedauerlich ist hierbei zu bemerken, dass auf das ästhetische Erscheinungsbild oft nicht geachtet wird. Die Pragmatik bestimmt oft allein. Aber auch ein Klavier im vorderen Bereich des Kirchenraumes hat symbolische Kraft, und wir sollten dies in Aussehen oder Verkleidung eines Instruments berücksichtigen.

2.3.9 Die Pflanzen im Gottesdienstraum

Topfpflanzen

In den meisten methodistischen Gotteshäusern stehen Topfpflanzen rechts oder links neben dem Abendmahlstisch. Wir sehen einen Gummibaum, einen Benjamini, einen Drachenbaum, eine Dattelpalme und anderes mehr. Sie erinnern an die Zimmerpflanzen in unseren Häusern und manchmal stammen sie auch von dort. Gottes Schöpfung repräsentieren sie und stimmen in das Gotteslob der ganzen Kreatur mit ein. Es lässt sich andererseits nicht verhehlen, dass sie aus der Entwicklung unserer Wohnzimmer hervorgegangen sind. Wie hier die tropischen und subtropischen Pflanzen aus Regenwäldern und Urlaubsgebieten Einzug hielten, wurden sie ebenso als »schönes Grün« in den Kirchenraum gestellt. Manche üppige Pflanze wurde bei der Einweihung von der ökumenischen Schwesterkirche oder der bürgerlichen Gemeindeverwaltung verehrt, wurde daraufhin geadelt und darf nun »immer vorne sein«. Sie merken: Es ist mir nicht gegeben, sie in die Symbolik des Frontbereiches aufzunehmen. Ihre Wirkung ist zwiespältig. Sie spricht von Schöpfungslob. Ihre Nähe zum Wohnzimmer strahlt jedoch nur Bürgerlichkeit aus. Sie sind nie Gegenstand einer Handlung. Sie stehen allein für das Auge, um Lebendigkeit zu suggerieren. Ich mache Mut, auf sie zu verzichten – wie schön sie auch sein mögen. Vielleicht finden sie im Foyer Platz. Aber für den Frontbereich haben sie keine Botschaft, die uns berühren könnte. Zudem wird der freie Raum uns nicht schaden. Weite hat sogar eher eine Aussagekraft: »Du stellst meine Füße auf weiten Raum!« (Ps 31, 9)

3. Wer – Die Personen des Feierns

Um uns diesem Betrachtungsfeld zu nähern, bitte ich Sie, eine der nun folgenden Fragen zu beantworten. Welche auf Sie zutrifft, entscheiden Sie:

Warum feiern Sie gerne Gottesdienst in Ihrer Gemeinde?

Oder: Was stört Sie an der Feier des Gottesdienstes in Ihrer Gemeinde?

.... ✍ **Übung**

....

....

Ich gebe einige Antworten auf die zweite Frage wieder, die mir schon begegnet sind:

- Die Musik ist nicht mein Geschmack.
- Die Predigt spricht mich nicht an.
- Es sind zu viele ältere Menschen und zu wenige Jugendliche da.
- Es ist alles so altmodisch, besonders die Bänke.
- Von meinen Freunden geht auch niemand in die Kirche.
- Ich singe nicht gerne.
- Ich verstehe nicht, wann ich was tun soll.
- Früher musste ich immer gehen und das hat es mir unlieb gemacht.

Erwartungen

Wenn Sie sich Ihre Antwort bzw. meine Äußerungen genauer anschauen, kann fast alles auf enttäuschte (oder erfüllte) Erwartungen als Gründe zurückgeführt werden. Unsere Erwartungen wurden erfüllt: Die Predigt spricht mich an; die Musik stimmt oder ich spiele gar selbst mit; ich verstehe, um was es in den liturgischen Teilen geht usw. Meine Erwartungen wurden enttäuscht: Die Musik ist mir zu altmodisch; die Zeit zu früh; die Menschen zu alt usw. Es lässt sich fragen, ob alle Erwartungen berechtigt sind bzw. wie die Erwartungen zu bewerten sind. Ich möchte mit Ihnen in der Annäherung erörtern, was der Gottesdienst ist, und auf diese Weise entdecken, was durch wen geschieht. Damit soll auch herausgestellt werden, welche Erwartungen an den Gottesdienst gestellt werden müssen und welche Priorität ihnen zukommt. Klar kann somit werden, welche Erwartungen der Gottesdienst vielleicht nicht erfüllen kann.

Gott dient uns Das Wort »Gottesdienst« weist uns in zwei Geschehnisse ein. Fragen wir nach der Bedeutung der Genetivverbindung jener beiden Worte Gott und Dienst, kann die Antwort einmal sein: Gott dient uns. Das meint den Dienst Gottes an uns Menschen in der Feier des Gottesdienstes. **Wir dienen Gott** Die Genetivverbindung kann auch bedeuten: Wir dienen Gott. Damit ist unser Dienst des Lobens und der Hingabe an Gott gemeint. Methodistisches Verständnis des Gottesdienstes kommt von der biblischen Erfahrung her, dass Gott uns zuvor dient und so unsere Antwort in Dank und Lob, Dienst und Hingabe erst möglich gemacht wird.[1] Damit ist gesagt, dass Gottes Gnade und Liebe – sein Dienen an uns – alles andere bedingt. Gott dient uns, indem uns sein Weg des Heils mit Israel und in Jesus Christus im biblischen Wort[2] und deren Auslegung zugesprochen wird. Gott dient uns, indem er uns als Einzelne wie als Gemeinde anspricht und segnet. Unser Dienst an Gott geschieht wie ein Reflex, eine Antwort, ein folgerichtiges Verhalten, eine unumgängliche Reaktion im Feiern und besteht darin, ihm die Ehre zu geben. Unser Dienst für Gott ist das Danken in Lied und Gebet. Wir dienen ihm in der Anbetung und Hingabe und indem wir ihm gestatten, unser Leben zu gestalten und uns in seinem Namen zu beauftragen. Somit ist der Gottesdienst zu allererst eine Begegnung mit dem dreieinigen Gott. Diese Begegnung geschieht für mich persönlich und auch für die versammelte Gemeinde. Aber der Gottesdienst ist auch eine Begegnung mit den Menschen, mit den Geschwistern der Gemeinde und ebenso den Gästen. Gott stellt uns als Glaubende und Suchende[3] zusammen. Er beauftragt uns nicht nur als Einzelne, sondern auch als Kirche Christi. Wir begegnen im Gottesdienst einander: Wir grüßen und nehmen **Begegnung** Anteil beim Hereinkommen. Wir geben in der Zeit der Gemeinschaft den Geschwistern Anteil an guten Führungen Gottes, stärken so einander den Glauben und geben den Suchenden ein Zeugnis von Gottes Güte. Wir teilen mit, wo Unterstützung und Fürbitte nötig ist, und treten für persönliche Anliegen oder für die Bedürfnisse einer Gemeindegruppe vor Gott ein. Wir verbinden uns zu einer Gemeinschaft der Betenden und Lobenden. Gemeinsam bitten wir Gott, dass er uns durch die Begegnung mit ihm im Gottesdienst prägt und unser Leben gestaltet. Die Art und Weise dieser Begegnungen – horizontal und vertikal: mit Gott und Menschen – geschieht durch Wort, Lied, Ritus, Geste, Bild, Raum, Spiel, Stille, Hören, Lachen, Nachdenken, Sprechen, Berühren, Schmecken, Bewegen … eben die ganze Bandbreite von Beziehungsmöglichkeiten. Ich will dies im Schaubild festhalten:

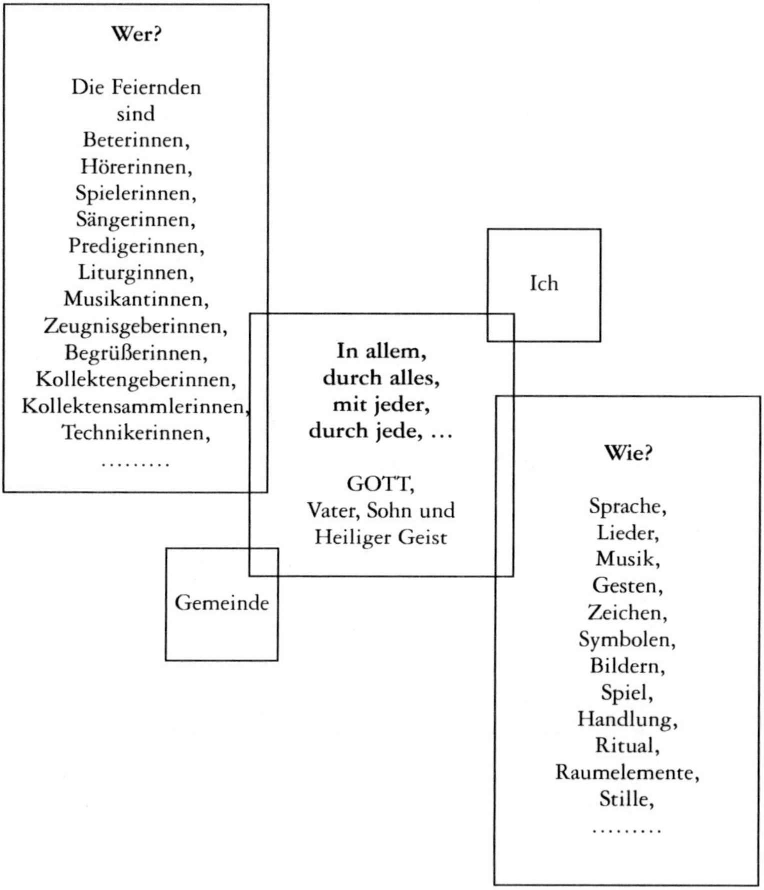

Ich will zur Ausgangsfrage zurückkommen. Warum feiere ich gerne Gottesdienst? Welche Erwartungen wurden erfüllt bzw. enttäuscht? Unsere Betrachtung über das Begegnungsgeschehen im Gottesdienst hinterfragt und klärt unsere Erwartungen. Gewiss können wir unter den Bänken im Gottesdienstraum leiden; kommen wir deshalb nicht mehr zum sonntäglichen Fest, dann geben wir dieser ästhetischen Frage ein großes Gewicht. Kommen wir gerne, weil unsere Freunde auch kommen, dann geben wir ihnen die Priorität. Gottesdienstliche Erwartungen richten sich zu allererst an Gott, dann an die Personen der Gemeinde. Die erste Erwartungspriorität hat Gottes Dienst an uns, dann unser Dienst an ihm, einzeln und gemeinsam. Hegen wir andere Erwartungen, muss der Gottesdienst uns notwendigerweise enttäuschen. Kommen wir nur, wenn unsere Musik gespielt wird, werden wir enttäuscht. Gewiss: Auch der Gottesdienst verändert sich, weil er von Menschen gestaltet wird. Uns mag manches mehr und anderes weniger gefallen; aber dass wir uns Gott öffnen und er uns berührt und anspricht, kann durch jedwede Form und Art geschehen. Wir machen uns dies bewusst, um den Gottesdienst nicht zur Geschmacksfrage werden zu lassen. Wir stellen uns dies vor Augen, um uns unserer Erwartungen bewusst zu werden. Oft scheinen Menschen erwartungslos in den Gottesdienst zu kommen und wundern sich, warum nichts Bewegendes geschieht. Es gilt die Ermutigung: Erwarte, dass Gott dich anspricht. Erwarte, dass er dir neue Erkenntnisse über ihn, über dich, über die Gemeinde, über deinen Dienst, über die Welt schenkt. Erwarte, dass er dich im Glauben und in der Heiligung prägt. Erwarte, dass dir jemand im, vor, nach dem Gottesdienst begegnet, für den du Wichtiges tun oder sagen kannst, der dich segnet, der dich erfreut oder für den du zur Freude heute wirst. Erwarte etwas von Gott und von den Menschen und sei offen, dass du gebraucht wirst.

Dieses Schenken und Empfangen soll nachfolgend vertieft werden, indem wir den Fokus auf die einzelnen Personen des Feierns richten.

3.1 Wir feiern Gott, wir feiern mit Gott, wir feiern vor Gott

Selbst wenn das »wir« in der Überschrift dominant an erster Stelle steht, ist es für den Gottesdienst gerade umgekehrt:

Du hast uns, Herr, gerufen und darum sind wir hier.
Wir sind jetzt deine Gäste und danken dir.
Du legst uns deine Worte und deine Taten vor.
Herr, öffne unsre Herzen und unser Ohr.
Herr, sammle die Gedanken und schick uns deinen Geist,
der uns das Hören lehrt und dir folgen heißt.

Dieses Lied EM 447 von Kurt Rommel weist uns ein: Gott ist der Einladende des Gottesdienstes, der Hausherr und Gastgeber. Das Bild des Gastgebers steht für das Fest, zu dem wir geladen sind; wir werden erwartet; für uns wird gesorgt. Gott hat sich auf uns gefreut, dürfen wir allzumenschlich sagen. Selbst um das Öffnen, das Verstehen und das Umsetzen des Gehörten in das Tun und Lassen im Alltag dürfen wir bitten. Uns empfängt Gottes Güte und unvergleichliche Gnade.[4]

Wenn wir in diesem Kapitel über die Personen des Feierns nachdenken und Gott dazu zählen, dann ist das ein unangemessenes Vorgehen. Es könnte den Eindruck vermitteln, ihn wie eine Person neben anderen zu betrachten. Richtig ist jedoch, dass er in allem und durch alles wirkt, spricht und segnet. Menschliches Wirken im Gottesdienst lässt sich vom göttlichen durch Worte unterscheiden, aber nicht trennen. Gott will uns durch das Lied, durch das Schriftwort, durch die Auslegung, durch den Kanzelbehang, durch die Stille, durch eine Begebenheit, durch ein Anspiel, durch ein Bild im Kirchenraum nahe kommen und mit seinem Heil beschenken.

Kommunikation mit Gott

Im Gottesdienst begegne ich Gott. Durch die gottesdienstlichen Gestaltungselemente kommuniziere ich mit Gott und Gott mit mir. Meine Erwartungen richten sich auf Gott. Ich will mich öffnen, um sein Wort an mich zu empfangen. Dass Gott mich beschenken möge, dass er mir begegnet, darum bitte ich. Darin besteht das Zentrum des christlichen Gottesdienstes. Hege ich diese Erwartung nicht, so ist die Veranstaltung ihres Grundes oder ihrer Pointe beraubt. Es mag zeit- oder entwicklungsbedingt für Menschen andere Prioritäten geben: Ich habe Freude an der Bläsermusik und komme nur, wenn der Posaunenchor spielt. Alle Freunde verabreden sich nach dem Gottesdienst und darum bin ich am Sonntagmorgen anwesend. Weicht diese Prioritätensetzung nicht der Sehnsucht, hier Gott zu begegnen, wird die Feier je länger, je mehr enttäuschen.

Als Beschenktem gibt mir der Gottesdienst Raum, mich über Gott zu freuen, ihn zu loben und mit ihm zu reden. Das Loblied will zu meinem Lob auf Gott werden. Wir stehen nicht nur als Gemeinde auf und reden mit Gott. Ich will mich vor Gott erheben, um ihm die Ehre zu geben. Ich will mit ihm reden und mache mir das Gebet eines anderen mit meinem Amen zueigen. Gottesdienst ist darum zuerst Gottesbegegnung.

3.2 Die Feiernden

Wenn der Gottesdienst Begegnung mit Gott ist, dann können die Menschen im Gottesdienst eines nicht sein: Zuschauer, Zuschauerinnen. Die Elemente des Gottesdienstes möchten den Dialog mit Gott, das Hören und Mitteilen, gestalten. Ebenso wollen sie Begegnung miteinander in einer gewissen Form ermöglichen. Ihr Ziel ist nicht, dass eine Show abläuft, gar mit einer Alleinunterhalterin, und ich anschließend sage, was sie gut gemacht hat und was verbesserungsfähig ist. Damit bin ich distanzierte Betrachterin, eben Zuschauerin.

Keine Passivität

Der Passivität der Gottesdienstteilnehmenden mag durch die Entwicklung zum Profitum in unserer Gesellschaft Vorschub geleistet worden sein. Die Sonntagsfeier gestaltet der Profi – nämlich die Pastorin – und zunehmend werden durch sie alle Teile des Gottesdienstes gestaltet. Mit der äußeren Passivität ist es nur noch ein kleiner Schritt zur inneren. Gerade das Gegenteil ist jedoch der Gottesdienst: Er ist Begegnung Einzelner und einer Gemeinde mit Gott und dieser Menschen untereinander. Diese Begegnung kann nur von allen – innerlich und äußerlich – gestaltet werden.[5] Sehr schön drückt dies Gottfried Schille im Lied EM 431 aus:

Feiert mit uns ein Fest vor dem Herrn mit Blumen und Kerzen,
in festlichen Kleidern, ja feiert mit uns ein Fest vor dem Herrn. …
Eine hat ein neues Lied, ein andrer bringt ein gutes Wort.
So reicht eine dem andern die Hand, reicht einer der andern die Hand.

Die Begegnung mit Gott gestaltet jede Feiernde in einem inneren Dialog. Die Einzelnen verbinden sich zu einer Gemeinschaft, um auf Gottes Ansprechen zu reagieren. Die Einsicht des Liedes von Gottfried Schille betrifft die Mitgestaltung und die Äußerungen im Gottesdienst. Sie setzt das paulinische Bild vom Leib voraus, wie es in Rö 12 oder 1 Kor 12 ausgeführt wird: Wie ein Leib braucht das Ganze der Gemeinde die Begabungen und Fähigkeiten der einzelnen Glieder, der einzelnen Geschwister. Das ist nicht nur unter der Woche in den verschiedenen Gruppen richtig. Das muss sich ebenso im Gottesdienst darlegen. Der Eine hat ein Wort, das anderen weiterhilft. Eine oder ein Chor hat ein Lied, das andere tröstet. Jemand kann andere im Gebet vor Gott tragen. Eine Person legt ein Bibelwort für das Christsein heute aus. Eine Frau leitet zur Stille an. Nun darf nicht der Eindruck entstehen, dass es das in unseren Gemeinden gar nicht gibt. Mit diesen Ausführungen ermutige ich, die Vielfalt der Begabungen und die Vielzahl der Glaubenserfahrungen in das Fest mit Gott einzubringen. Die Begegnung mit Gott will innerlich geführt werden und ist doch davon abhängig, dass andere diese anleiten. Der Gottesdienst wird ansprechender werden, wenn er von vielen Menschen gestaltet wird. Gewiss sind dafür Fähigkeiten nötig, seien sie vorhanden oder seien sie zu erlernen. Grundlegend gilt für alle Feiernden – ob sie gestalten oder nicht – dass es um die Begegnung mit Gott und untereinander geht und dass sie sich in dieser Sache von Gott leiten lassen.

Um einen Dienst bitte ich alle: Menschen, die im Gottesdienst für und mit anderen gestalten, brauchen Rückmeldung, besonders die

Dankbarkeit für ihren Dienst. Die Ermutigung ist eine wichtige Aufgabe.

3.3 Personen mit Gestaltungsdiensten im Gottesdienst

Personen, die im oder für den Gottesdienst gestalten, müssen sich von der Einsicht leiten lassen, dass sie zur Begegnung der Menschen mit Gott und untereinander helfen. Sie bitten Gott um sein Leiten bei ihrem Dienst. Dass sie mit ihrem Tun den anderen dienen wollen, ist eine weitere wichtige Haltung. Ins Negative gewendet meint dies: Es geht nicht um Selbstdarstellung, nicht um Lob heischen, nicht um ein Forum für sich. Wer gestaltet, dient. Wer im Gottesdienst dient, sucht connexio, Verbindung zu schaffen durch sein Handeln und Lassen, Reden und Schweigen. So sind alle, die im oder für das Sonntagsfest mitarbeiten, Raumgestalter; sie gestalten den Raum dieser Begegnungen. Gewiss gibt es neben diesen Einsichten noch die Fähigkeiten. Die werden bei den einzelnen Gestaltungsbereichen entfaltet.

3.3.1 Der Raum- und Blumendienst

Dieser Dienst gehört zum Gottesdienst. Die Menschen, die ihn tun, treten beim Gottesdienst als Mitgestaltende selten in Erscheinung. Wir bemerken diesen Beitrag vielleicht erst, wenn das Gegenteil eintritt: Gerümpel breitet sich im Raum aus, niedergebrannte Kerzen werden nicht erneuert, welke Blumen zieren den Abendmahlstisch, Keksbrösel und alte Gottesdienstprogramme »verschönern« die Stühle … Für ein Fest schmücken wir den Raum, sorgen für Sauberkeit, um uns wohl zu fühlen. Wie jeder Dienst geschieht auch dieser Gott zur Ehre, ein Gottesdienst eben. Und er geschieht den Menschen der Gemeinde zur Freude. Dieser Beitrag lässt den Gottesdienst am Sonntagmorgen mit gelingen.

Im sonntäglichen Fest loben wir Gott nicht nur im Gebet und Lied. Ihm zum Lob platzieren die Geschwister des Blumendienstes Blumen, Gräser, Gehölz und/oder Tücher.[6] Immer ist es ein geistlicher Dienst. An unserer Stelle bringen diese Geschwister ein Gotteslob dar. Das Lob der Schöpfung bildet es ab und wir stimmen mit unserem Lob ein. Phantasie, Farbgefühl und Liebe zu Blumen und Gräsern machen die Begabung dieser Dienstgruppe aus.

Liturgin, Pastorin oder andere dürfen gerne den Blick der Feiernden auf die Blumen als Lob lenken, sich freuen an der Freundlichkeit des Raumes und den Geschwistern für ihren Dienst danken.

3.3.2 Der Begrüßungsdienst

Als ich die ersten Male als Jugendlicher in die Evangelisch-methodistische Kirche meines Heimatortes zum Gottesdienst ging, fiel mir jener Herr an der Tür überaus angenehm auf. Freundlich reichte er mir die Hand und wünschte mir einen guten Morgen. Das Gesangbuch übergab er mir und lächelte mich an. Das ist mir heute noch in Erinnerung. Ich wusste: Ich war willkommen. Hier darf ich sein. Ich wurde beachtet. Ab dem zweiten Mal sprach mich der Mann am Eingang mit Namen an. Es glich einer Aufnahme in die Gemeinschaft des Gottesdienstes. Bis heute bin ich der Überzeugung, dass es diesem Menschen zu verdanken ist, dass ich zum nächsten Gottesdienst wieder kam, und zum nächsten usw. Deshalb messe ich diesem Dienst eine große Bedeutung zu. Er beinhaltet eine organisatorische Seite: Meist geben diese Geschwister nicht nur das Gesangbuch weiter, sondern stecken vorher die Lieder auf, schalten die Übertragungsanlage ein, entzünden die Kerzen. Für ältere Geschwister legen sie die Bändchen bei den zu singenden Liedern im Gesangbuch ein. Falls nötig, sorgen sie für gute Luft, indem Türen und Fenster geöffnet werden. Dieser Dienst hat neben der organisatorischen eine verkündigende Seite: Durch die Begrüßung, durch die freundlichen und einladenden Worte verkündigen sie den Hereinkommenden: Du bist gerne gesehen. Willkommen und erwartet darfst du dich wissen. Immer ist es ein Hinweis auf den wahren Gastgeber des Gottesdienstes; von Gott sind wir erwartet und er freut sich über die Gemeinschaft und Begegnung mit uns. Ich meine, dass dieser Dienst zu einem Merkmal und einer Besonderheit unseres Feierns gehört. Freundlichkeit ist die gefragte Begabung für diesen Dienst. Besonders für Gäste oder Menschen, die zum ersten Mal zum Gottesdienst kommen, ist dieser erste Eindruck entscheidend. Manche Geschwister im Begrüßungsdienst nehmen nach dem Gottesdienst Kontakt mit den Gästen auf. Schlicht fragen sie: »Sie sind heute zu Besuch oder das erste Mal bei uns? Haben Sie sich wohl gefühlt?« Auf diese Weise entsteht ein erstes Kennenlernen. Dafür ist die Begabung der Kontaktfreudigkeit nötig. Auch die Geschwister im Begrüßungsdienst freuen sich auf Gemeindeglieder, mit denen sie vertraut oder gar befreundet sind. Dieses »Opfer« zu bringen, auf ein Gespräch mit Bekannten zu verzichten und auf Gäste zu zugehen, erfordert eine geistliche Haltung. Um solch eine Fähigkeit und um Gottes Leitung darf gebetet werden. Es bedarf der Geistesgegenwart, damit z. B. Gäste, die neu zugezogen sind, mit Gemeindegliedern in der Nachbarschaft bekanntgemacht werden; damit Su-

Hinweis auf Gott

chende auf Gruppen und Kreise aufmerksam gemacht werden, die ihnen Gemeinschaft oder Anschluss ermöglichen. Wie oben gesagt: Ein wichtiger Dienst, der manchmal auch Überwindung und Mut erfordert. Und: Es kommt gewiss viel Dank zurück für diesen Brückenbauerdienst.

Herr Jesus,
schenke mir Freundlichkeit für alle Menschen, die heute kommen.
Lass mich deine Güte ausstrahlen.
Gib mir gute Worte, die Menschen willkommen heißen.
Gib mir die Kraft, auf Gäste und Suchende zuzugehen.
Dein Heiliger Geist leite mich in meinem Dienst.
Amen

3.3.3 Der liturgische Dienst

Geistliches Leiten

Unter liturgischem Dienst verstehe ich das geistliche Leiten im Gottesdienst. Im weitesten Sinne gehört dazu auch die Verkündigung und der Gesang; ich will beides an dieser Stelle jedoch ausnehmen. Das geistliche Leiten geschieht im Eröffnen, Beten, Bibellesen, symbolischen Handeln und Kommunizieren. An verschiedenen liturgischen Bereichen können verschiedene Geschwister gestalten und dienen:

a) Im ersten Teil des Gottesdienstes, wo Gott durch sein Wort verherrlicht wird und wir ihn darüber loben

Wer diesen Teil mitgestaltet, hat einen schönen und besonderen Dienst. Es gilt die Größe Gottes in den Schriftworten den anderen zu »verkündigen«. Die Verkündigung hat das erklärte Ziel, in das Danken, Loben und Anbeten zu führen. Das Leiten und Anleiten ist gefragt und eine wichtige, erlernbare Begabung für diesen Dienst. Dazu ist eine ekstatische Fähigkeit nötig; die Fähigkeit also, aus sich heraus gehen zu können. Durch Stimme und Gesten leite ich die Gemeinde zum Hören und Antworten. Ich verweise auf das Kapitel 4, das Einsicht zum Verstehen dieses Bereiches gibt. Ich verweise weiter auf Kapitel 5.2 bis 5.6, welche die Gestaltung dieser liturgischen Teile zum Thema haben.

b) Die Zeit der Gemeinschaft leiten

Begegnung zwischen den Menschen

Auch die Zeit der Gemeinschaft benötigt Leitung. Die Begegnung auf der horizontalen Ebene – also zwischen den Menschen – ist eine Gestaltungsaufgabe. Sie geht über das hinaus, dass jemand einige

Veranstaltungen aus dem Gemeindebrief lesen kann. Die Zeit der Gemeinschaft zu gestalten, setzt Einsicht in seine Wichtigkeit voraus. Es soll eine Plattform sein, um Freud und Leid, Lob und Fürbitte zu teilen. Das will einfühlsam gestaltet sein. Gerade dann, wenn mit Schmerz oder Trauer umgegangen wird, ist das ein geistliches Leiten. Aber auch bei frohmachenden Erfahrungen mit Gott muss eine Person die Empfindungen aufnehmen und verbalisieren können. Bei der Leitung dieses liturgischen Bereichs benötigen wir Sensibilität im Umgang mit Gefühlen sowie Spontaneität. In unseren Gottesdiensten ist es bisher wenig geübt, für diesen Bereich eine Person um die Gestaltung zu bitten. Für lohnend halte ich es dennoch. Ein wichtiges Charakteristikum unserer Gottesdienste ist die anteilnehmende Gemeinschaft; sie geschieht vor und nach dem Gottesdienst und hat einen Platz an dieser Stelle im Feiern. Es bedarf einer bewussten Gestaltung wie in Kapitel 5.7 ausgeführt. So kann Glaubensstärkung geschehen, die wir nie für möglich hielten. Das Zeugnis oder der Erfahrungsbericht über Gottes Helfen, Heilen, Führen … bewirkt solch eine Stärkung. So kann Solidarität im Gebet entstehen, weil wir von Fragen und schweren Wegen einzelner Geschwister oder Gruppen hören; auch dieses lässt unseren Glauben und unsere Liebe in die Tiefe wachsen. Wer sich in diesen Dienst stellen lässt, wird gerne Rückmeldung entgegennehmen. Im Gegensatz zu anderen Gestaltungsaufgaben wissen wir immer nur einen Teil der Anliegen, die kommuniziert werden. Überraschendes kann passieren, das uns hilflos macht oder freudig berührt. Seine Gefühle für die anderen in Worte zu fassen, ist deshalb wichtig zu lernen.

c) Das Gebet nach der Predigt

Diesen Dienst gab es früher spontan. Die Predigerin sagte nach der Verkündigung: »Ich bitte das Schwester/Bruder … uns im Gebet leitet.« Oder: »Es mögen bitte noch zwei oder drei mit uns beten.« Verstehen Sie mich nicht falsch: Ich will nicht sagen, dass früher alles besser war. Damals gab es auch Gemeinden, in denen nach der Predigt immer dieselbe Person, dieselben Personen gebetet haben. Dennoch: Es sollte eher die Ausnahme sein, dass die Verkündigerin das Gebet nach der Predigt spricht. Tritt uns in der Ansprache doch Gottes Zuspruch oder sein Anspruch entgegen und darauf sollten die Hörenden antworten. Natürlich ist auch die Pastorin oder die Laienpredigerin Hörende. Die Betroffenheit als Hörende liegt bei ihr zeitlich stärker in der Vorbereitung der Predigt. Der Charakter der Antwort auf Gottes Wort kommt unmittelbarer durch eine Person aus der Zuhörerschaft zur Geltung. Das kann auch vorbereitet geschehen: Eine Person erklärt sich dazu bereit. Wechselnde Personen beten mit und für die anderen als Betroffene von Gottes Anreden. Eine wichtige Voraussetzung ist die Fähigkeit, frei beten zu können. Die Verkündigerin mag einen Predigtaufriss als Hörhilfe bereitstellen, aber die Reaktion auf das Gehörte muss frei umgesetzt werden. Diese Fähigkeit kann geschult werden wie die Einsicht in Aufbau und Ausdruck im öffentlichen Beten. Damit soll nicht gesagt werden: Nur wenn es perfekt ist, ist es gut. Gut ist es schon im Ansatz, weil jemand mit und für die anderen vor Gott tritt. Eine Person sollte jedoch eine gewisse Sicherheit gewinnen, damit dieser Dienst nicht ängstigt. Ich mache zu diesem Dienst Mut. Wenn das Gebet nach der Predigt durch Menschen unter der Kanzel gesprochen wird, gewinnt unser Feiern.

d) Der Segnungsdienst

Vielleicht werden Sie stutzen: Ist das nicht eine Domäne der Pastorin? Nein, ist es nicht. Es ist ein liturgischer Dienst wie andere auch. Weil Gott seine Gnade und Nähe verheißt, dürfen wir das im Segen vollmächtig zusprechen. Auch darin kann eine Person ihre Begabung erkennen und sich üben, ihre Fähigkeit in den Dienst für Gott und Gemeinde zu stellen. Der Segnungsdienst kann auch – wie unter Kapitel 5.13 ausgeführt – in der Handauflegung vor dem gemeinschaftlichen Segen geschehen. Es ist meine Erfahrung, dass Menschen für bestimmte Wege, Situationen oder Notlagen dankbar Gottes Segen durch Handauflegung empfangen. Die Vergewisserung ist in dieser Segnungsart betonter, obwohl qualitativ kein Unterschied besteht. Dieser Segnungsdienst kann durch eine Person vollzogen werden. Wo immer möglich, halte ich zwei Personen für hilfreich. Niemals soll das Augenmerk von Gott als Spender seiner Gnade und Zuwendung auf den segnenden Menschen gelenkt werden; das wird eingeschränkt, wenn zwei die Hände auflegen. Es kann ein biblischer Segen – siehe Kapitel 5.13 – gesprochen werden. Auch ein persönliches Segenswort, wenn die Person und ihr Anliegen bekannt sind, ist möglich. Letzteres erfordert allerdings Geistesgegenwart und Kraft.

Ich schließe den Abschnitt mit einem Vorbereitungsgebet für diese liturgischen Dienste ab:

In deinem Namen, Herr, lass mich wirken;
angetan mit deiner Kraft, getragen von deinem Geist.
Für dich, für die Menschen will ich dienen.

Zu dir, zueinander will ich leiten,
damit Menschen dich und einander als Schwestern und Brüder erfahren.
Segne mich und setze mich zum Segen. Amen

3.3.4 Der musikalische Dienst

Musik hat Dienstcharakter

Die Musik – wie alles andere auch – hat in unseren Gottesdiensten Dienstcharakter und so sind die Musikerinnen Diensttuende. Das mag sich für manche von selbst verstehen. Damit möchte ich betonen, dass die Musik nicht um ihrer selbst willen geschieht, sondern einen Dienst ausrichtet. Die Musikerinnen gestalten in der Art ihrer Begabung – der Musik – Begegnung und Beziehung. Sie sind Kommunikatoren. Die nonverbale Musik kann im Gottesdienst Gefühle leiten. Sie öffnet, beruhigt, erzeugt Spannung, wirkt Annahme oder kann auch negative Stimmungen wie Niedergeschlagenheit oder Aggression hervorbringen. Sie stärkt, unterstreicht oder dämpft das Geschehen oder das Gesagte. Die Musikerin tritt mit dem musikalischen Beitrag in die Kommunikation der Menschen im Gottesdienst und zwischen diesen mit Gott ein. Deshalb ist für diesen Dienst Sensibilität wichtig. Der musikalische Dienst ist ebenso ein geistlicher. Er leitet wie eben dargelegt. Ebenso verkündigt die Musik, besonders wenn es sich um Musik durch einen Chor, eine Band oder eine Solistin handelt. Die Einsicht in die Wirkung der Musik ist grundlegend für die Gestaltung. Die Bereitschaft, diese Kommunikation zur Auferbauung herzustellen, ist ebenso eine Voraussetzung für den Dienst, so wie die musikalische Begabung selbst. Um es noch einmal zu betonen: Das Augenmerk der Musikerin darf nicht nur auf die Musik als solche gerichtet sein. Es geht nicht in erster Linie darum, ein schönes Lied vorzutragen. Es geht darum, Menschen von Gott zu verkündigen oder Menschen in die Begegnung mit Gott zu leiten. Der gottesdienstliche Beitrag ist nicht dann gelungen, wenn es möglichst vielstimmig und virtuos vorgetragen ist; er ist zu seinem Ziel gekommen, wenn er gewirkt hat, was die Absicht gewesen ist. Die Musik weist nicht auf sich selbst oder zelebriert sich nicht selbst, sondern nimmt eine Funktion in Verkündigung, Gotteslob und gottesdienstlicher Leitung ein.[7] Mit dieser Beschreibung ist der musikalische Dienst in das Miteinander aller Dienste in der Sonntagsfeier eingeordnet. Um zu leiten oder Inhalte aufzunehmen, müssen die verschiedenen Dienste voneinander wissen.

Wir haben in den Charakter dieses Dienstes eingewiesen; nun soll betont werden, dass die musikalische Gabe vielgestaltig ist. Wir unterschieden bereits in Vokal- und Instrumentalmusik. Ein Lied im

Gottesdienst kann durch Chöre – Männer, Frauen, Kinder, »gemischt« und solistisch – dargebracht werden. Musik wird auf Schlag-, Tasten-, Blas-, Blech- , Holz- oder elektronischen Instrumenten gespielt. Musik wird zur christlichen Musik, indem sie im Blick auf Gott dargebracht wird in der oben beschriebenen Einsicht. Der Gottesdienst ist offen für alle musikalischen Begabungen und jede Instrumentenart. Es gilt: »... dient einander, ein jeder mit der Gabe, die er empfangen hat, ...; wenn jemand dient, dass er's tue aus der Kraft, die Gott gewährt, damit in allen Dingen Gott gepriesen werde durch Jesus Christus. Sein ist die Ehre und Gewalt von Ewigkeit zu Ewigkeit! Amen.« (1 Petr 4, 10.11b) Gewiss gibt es musikalische oder instrumentale Vorlieben bei jeder Person und in jeder Generation. Diese Einsicht müssen wir uns bewusst machen, damit sie uns nicht zur Missachtung der Vielfalt verleitet. Vielmehr ermutige ich zum Einbringen jeder musikalischen Gabe in den Gottesdienst. Ebenso darf uns der Grad der Fertigkeit nicht bestimmen. Das einstimmige Lied auf der Blockflöte zu Gottes Ehre und den Menschen zur Freude und Andacht vorgetragen, hat Platz im Sonntagsfest wie ein achtstimmiges Instrumentalstück des Posaunenchors. Die Kunstfertigkeit oder der Schwierigkeitsgrad eines Liedes oder eines Musikstückes ist kein Maßstab, ob es gut genug ist für den Gottesdienst. Natürlich ist für Gott nur das Beste gut genug. Ich bestimme das Wort »gut« nicht als Qualitätsausdruck, sondern fasse es als Wort der Zuwendung wie »Güte« und damit bewerte ich die Absicht höher. Wenn ein Beitrag in Zuwendung zu Gott und zu den Menschen geschieht, wenn er Gott die Ehre gibt und Menschen von Gottes Liebe singt und spielt, dann ist er gut für den Gottesdienst. Dieses Kriterium soll sowohl die Musikerinnen wie auch die Mitfeiernden prägen. So mancher Chor singt nicht, weil er nur zweistimmig singen kann. So manche Klavierspielerin bringt sich nicht ein, weil sie nicht so gut spielen kann wie eine andere Person in der Gemeinde. Das ist bedauerlich. Diene mit der Gabe, die dir Gott gegeben hat, und vergrabe deine Talente nicht. Manchmal führt die Nichtbeachtung dieses Kriteriums zum Kritisieren; weil ein Beitrag Fehler aufwies, wurde es jemandem »peinlich«. Auch solch eine Kritik ist bedauerlich. Gerade die Mitwirkenden im Gottesdienst benötigen die »vorlaufende« Dankbarkeit aller Mitfeiernden.

Am Ende soll die Ermutigung und die Dankbarkeit stehen. Es ist gut, wenn viele sich in den musikalischen Dienst einbringen. Die Vielfalt und Kreativität ist ein Lob auf unseren Gott.

Lasst in eurer Mitte Psalmen, Hymnen und Lieder erklingen,
wie der Geist sie eingibt.
Singt und jubelt aus vollem Herzen zum Lob des Herrn!
Sagt Gott, dem Vater, jederzeit Dank für alles im Namen Jesu Christi,
unseres Herrn! (Eph 5, 19-20 EÜ)

3.3.5 Der Predigtdienst

Personen im Predigtdienst versehen einen wunderbaren und gleichzeitig spannungsreichen Dienst. Das Wunderbare besteht darin, dass in evangelischen oder freikirchlichen Gemeinden die Predigt hohes Ansehen genießt. Dass Gottes Wort in das Leben der Einzelnen wie der Gemeinde hinein ausgelegt wird, wird als Dienst dankbar honoriert. Jede Christin, jede Gemeinde benötigt die Impulse und die Wegweisung durch die Heilige Schrift, um Gottes Weg zu erkennen und im Glauben zu wachsen. Die Predigt gehört zu den Gnadenmitteln in der Evangelisch-methodistischen Kirche, also zu Kanälen wie Gottes Gnade Menschen erreicht. Gleichzeitig ist dieser Dienst spannungsreich. Egal, ob eine Person Pastorin, Laienpredigerin oder Predigthelferin ist, ist sie Teil der Gemeinde und steht doch in der Verkündigung der Gemeinde gegenüber. Das beschreibt nicht nur den Ort der Predigt, die Kanzel, sondern auch die innere Position. Die Verkündigerin legt einen biblischen Text, ein geistliches oder ethisches Thema für die Menschen im Gottesdienst aus. In der Predigt bezieht sie offen Position zu einem Sachverhalt, ermuntert, ermahnt, tröstet, korrigiert, weist Schuld auf, zeigt Handlungsfelder oder Handlungsweisen auf. Manches hören Menschen dankbar wie Trost, Ermutigung oder Bestätigung ihres Tuns. Anderes macht den Hörerinnen Mühe, wenn von Schuld gesprochen wird, wenn negative Konsequenzen ihres Tuns aufgezeigt werden oder wenn Korrektur nach biblischer Erkenntnis nötig ist. Dann erleben Predigerinnen, dass dieser Dienst eine Spannung auslöst. Wie kann ich den anderen sagen, was zu tun ist? Wie kann ich darlegen, was nach diesem Bibelwort für einzelne wie für die Gemeinde Gottes Willen ist?

Die Predigt gehört zu den Gnadenmitteln

Berufung

Gerade die Erfahrung dieser Spannung hilft verstehen, dass für diesen Dienst eine Berufung unerlässlich ist. Eine Person im Verkündigungsdienst muss sich von Gott für diesen Dienst berufen wissen. Berufung entsteht durch das Entdecken der Begabung oder/und durch die Ermutigung von anderen Geschwistern in der Gemeinde zu diesem Dienst. Sie führt zur inneren Gewissheit, dass Gott mich so zum Segen für seine Kirche setzen will. Die Berufung wird durch die Gemeinde bestätigt. Das geschieht in der Ermutigung durch einzelne, das offenbart sich in der Zustimmung durch Gemeindeversammlung, Bezirkskonferenz oder wie bei Pastorinnen oder Laienpredigerinnen durch Gremien der Konferenz bzw. der Konferenz selbst. Das trägt dem wichtigen Dienst der Auslegung der Bibel Rechenschaft, aber ebenso der spannungsvollen Situation. Diese Spannung ist nur auszuhalten, wenn die Gemeinde bzw. die Kirche sich diesem Dienst durch diese Person bewusst geöffnet hat. Solches geschieht durch die Bestätigung der Berufung. Mit der Bestätigung öffnet sich die Gemeinde und Kirche für das Wort ihres Herrn, das durch diese Predigerin geschieht. Sie sagen zu, der Predigerin geschwisterliche Begleitung zu gewähren wie auch in der Fürbitte ihren Dienst zu unterstützen. Das ist ungeheuer wichtig. Kein Dienst ist ohne Anfechtung, so auch der Predigtdienst nicht. Leicht kann eine Person sich für höher als die anderen erachten, nur weil die Kanzel leicht erhöht ist. Leicht kann das Reden von oben herab geschehen und die eigene Schwachheit oder Begrenztheit wird übersehen. Darum ist dieser Dienst in die Gemeinschaft eingebettet: In die Gemeinschaft mit anderen Pastorinnen, mit der Pastorin vor Ort und in die Gemeinschaft der leitenden Geschwister der Bezirkskonferenz. Dort darf Ermutigung ausgesprochen werden. Sachliche Anfragen dürfen an die Personen im Verkündigungsdienst gestellt werden. In der Bezirkskonferenz wird der Dienst bedankt, hier kann er ausgewertet werden. Dies hilft, die Spannung anzunehmen, die dieser Dienst in sich birgt.

Und eine weitere Einsicht hilft für diesen Dienst: Das Wort, das ich verkündigen darf, ist auch das Wort für mich. Während ich mich durch diesen Dienst zum Dolmetscher[8] zwischen Gott und Menschen mache, gehöre ich zuerst auf die Seite der Menschen. Mein Wort verschmilzt nicht mit Gottes Wort. Vielmehr richtet Gott sein Wort auch an mich. Die Predigerin redet als eine, die ebenso durch die Heilige Schrift ermahnt, getröstet, korrigiert oder beschenkt wurde. Das auf der Kanzel zu sagen, ist eine wichtige Brücke zu den Zuhörerinnen. Gerade wenn eine Predigerin erzählen kann, was dieser biblische Abschnitt bei ihr ausgelöst hat und so ihre Person zur Verfügung stellt, hilft dies zur Annahme, zur Erkenntnis und für den Übermittlungsprozess.

Nach der Ordnung der Evangelisch-methodistischen Kirche geschieht der auslegende Verkündigungsdienst[9] durch Pastorinnen, Laienpredigerinnen und Predigthelferinnen. Der Verkündigungsdienst von Pastorinnen ist als vollzeitliche Aufgabe für die Kirche geordnet, die beiden anderen als Dienst von Personen, die einem ande-

Laienpredigerin und Predigthelfer

ren Beruf als dem der Pastorin nachgehen. Gerade in dieser Ordnung liegt nun auch die spezifische Ausprägung des Verkündigungsdienstes der jeweiligen Personen. Dem vollzeitlichen Dienst geht die theologische Ausbildung voraus. Die Erkenntnisse durch das Schriftstudium, die Reflexion des Glaubens und der Geschichte der Kirche fließen durch die Verkündigung der Pastorin als besondere Gabe für den Aufbau der Gemeinde ein. Laienpredigerin und Predigthelfer leben in einem anderen beruflichen Umfeld, stehen den Fragen der Zeitgenossen oder auch der Auseinandersetzung mit anderen religiösen Auffassungen näher und bringen dies als eine besondere Gabe in den Dienst der Verkündigung ein. Ich wollte damit das je Besondere akzentuieren. Natürlich ist eine Pastorin ebenso im Gespräch mit Zeitgenossen und spürt, wo Fragen oder Vorbehalte, wo Bedürfnisse oder Strömungen Menschen heute prägen. Natürlich lernt eine Person in der Ausbildung zur Laienpredigerin eine vertiefte Kenntnis der Bibel, das theologische Reflektieren bzw. praktisch-theologische Erkenntnisse in Theorie und Praxis kennen. Beide besonderen Stärken bereichern die Verkündigung und damit das geistliche Wachsen einer Gemeinde sowie Einzelner. Das Ziel ist ja die Auferbauung[10] – ein altes, aber doch treffendes Wort – der Gemeinde. Damit ist das Selbstverständnis der Personen im Predigtdienst angesprochen: Was sie sagen, möge die Menschen zum Glauben leiten und in der Heiligung stärken.

Eine große Hilfe für Personen im Verkündigungsdienst ist die Einbettung in eine Gruppe der Gemeinde. Das kann eine Dienstgruppe wie Chor oder ein Hauskreis sein. Hier finden sich vertraute Menschen, die vor oder nach der Predigt qualifizierte Rückmeldung geben können. Die Rückmeldung ist für den Dienst nötig. Sie kann in dieser Weise von der Bezirkskonferenz nicht geleistet werden. Personen im Predigtdienst können auch vor dem Gottesdienst eine vertraute Person – oder gerade nicht – ansprechen und bitten: »Bitte gib mir nach dem Gottesdienst Rückmeldung, was Dich in der Predigt angesprochen oder fragend gemacht hat!« Solch eine Offenheit lässt diesen Dienst mehr und mehr in die Tiefe wachsen und ein Segen für die Gemeinde sein.

Über allem Gesagten ist es Gott, der durch die Verkündigung den Weg zu den Menschen sucht. Sein Geist will uns in den Vorbereitungen leiten, im Erkennen, und in der Darlegung. Das soll nicht gleichgültig machen, sondern öffnen für Gottes Leiten. Darum wird eine Predigt aus dem Gespräch mit Gott geboren.

Ich freue mich über dein Wort, wie Einer, der reiche Beute macht.
Herr, beschenke mich durch dein Wort,
stärke meinen Glauben, meine Hoffnung, meine Liebe.
Lass mich wachsen in der Nachfolge.
Als Beschenkter und Gesättigter, Herr,
gib mir Sinn und Mut, um dein Wort mit anderen zu teilen,
um sie an meiner Freude teilhaben zu lassen,
auf dass wir gemeinsam deine Liebe preisen.
Amen

3.3.6 Der Kollektendienst

Zeichenhafte Hingabe

In der Evangelisch-methodistischen Kirche wird die Kollekte oder das Opfer im Gottesdienst eingesammelt. In anderen Kirchen befinden sich am Ausgang Opferstöcke und die Gemeinde legt ihre Gaben beim Hereinkommen oder Hinausgehen ein. Die Kollekte gehört zu den rituellen Handlungen: Sie ist die persönliche, zeichenhafte Hingabe jedes Einzelnen im Gottesdienst. Das Ritual ist unter 5.12 beschrieben und der Sinn dargelegt. Um die Kollekte zu sammeln, gehen Körbchen oder ein sogenannter Klingelbeutel durch die Reihen. Jede legt ihre Münze oder ihren Geldschein ein und reicht das Kollektengefäß weiter. Dazu sind ein oder mehrere Personen – je nach Größe der gottesdienstlichen Gemeinde – nötig. Die Personen im Kollektendienst holen die Körbe vom Abendmahlstisch oder sie werden ihnen von der Pastorin vorne ausgehändigt. Sie geben die Körbchen in die Reihen; wo nötig nehmen sie diese wieder in Empfang, um sie in die nächste Reihe zu reichen. Mit den Augen nehmen sie die Menschen wahr, denen der Korb gereicht wird; was sie nicht beachten, ist die Münze oder der Schein, welche(r) eingelegt wird. Ein besonderer Akt ist das Darbringen. Indem sie die Kollekte oder das Opfer bewusst unter das Kreuz stellen, bringen sie diese Gaben Christus dar. Im Verständnis dieses Rituals tragen sie die Geber vor Christus und gleichzeitig die finanzielle Gaben, die für Gottes Sache in Gemeinde und Welt dargebracht werden. Das ist ein würdevoller Akt und dieser sollte unter Gebet geschehen:

Herr Jesus Christus, du bist der Geber aller guten Gaben.
Dir gehört unser Leben. Segne Gaben und Geber. Amen

Natürlich kann auch ein freies Gebet gesagt werden. Auf keinen Fall sollte alles schnell gehen müssen. Wer diesen Dienst tut, benötigt

Gelassenheit. Gerade dann, wenn einmal das Lied, welches zum Sammeln gesungen wird, bereits zuende ist. Alle sind still und gedulden sich, bis die Kollekte dargebracht ist. Die Zeit für ein bewusstes Gebet beim Darbringen ist so wichtig wie das bewusste Einlegen der Gaben der Mitfeiernden. Hier geschieht nichts anderes als Hingabe, Dank, Fürbitte und Anbetung.

3.3.7 Impulse zu einem gelingenden Miteinander des Feierns

a) Es ist gut sich abzusprechen

Es ist immer wieder angeklungen: Die verschiedenen Mitwirkenden im Gottesdienst sollten sich absprechen. Die thematische Ausrichtung des Gottesdienstes, zeitliche Erfordernisse oder auch die Übergänge machen es nötig, dass wir voneinander wissen. Gerade wenn viele mitgestalten, ist die Kenntnis um so wichtiger. Menschen werden es der Sonntagsfeier abspüren, ob die einzelnen Elemente in ein Ganzes gehören oder ob nur jede ihren Teil einbringt. Natürlich kann nicht vor jedem Gottesdienst ein Treffen mit allen Beteiligten stattfinden. Ein gemeinsam vorbereiteter Gottesdienst im Vierteljahr könnte allerdings viel bewirken. Er schafft Vertrautheit und Verständnis. Das Treffen hilft, vom anderen her zu denken und zu verstehen. Nicht immer ist musikalisch möglich, was eine Person im liturgischen Dienst sich vorstellt. Nicht immer sind die »Signale« klar, die eine Liturgin der Organistin geben sollte. Das kann exemplarisch besprochen werden und wird in die folgenden Gottesdienste wirken.

Hilfreich ist für jeden Gottesdienst, wenn die mitwirkenden Personen fünfzehn Minuten vor Beginn da sind. So können Rückfragen gestellt oder Informationen gegeben werden.

b) Eine gottesdienstliche Kleiderordnung ...

... gibt es nicht. Unsere Kirche in Deutschland kennt weder liturgische Gewänder noch ein Amtskleid für Hauptamtliche. Ebenso ist keine Kleiderordnung für sonstige Dienste definiert. Gewiss: Es gibt die unausgesprochene Kleidervorschrift. Damit meine ich nicht die »gutbürgerliche« oder die »alternative« oder welche Etiketten sonst noch vergeben werden können. Was ich meine: Ziehe Dich festlich an, denn wir dürfen Gott begegnen. Ich suche meine Kleidung für die Begegnung mit Gott. Jede wisse sich ihrem Geschmack und Stil verpflichtet. Keine soll ihre Kleidung danach auswählen, dass sie es den anderen recht macht. Keine muss sich verbiegen, wenn sie zur Gemeinde kommt. Und in solchen Äußerlichkeiten sollte sie es schon gar nicht tun. Es muss gesagt werden, dass unser ästhetisches Empfinden durch wahre Welten getrennt ist; lasst euch dadurch aber nicht in der Gemeinschaft trennen. Ein kleine Regel kann helfen: Denkt immer voneinander das Gute. Die andere macht sich schön auf ihre Art. Oder sie will Gott mit ihrer Kleidung herausfordern: »Herr, nimmst Du mich wirklich so an, wie ich bin?« Werden Sie zu einer Botin Gottes und nehmen Sie die andere an, so wie sie ist. Es ist sicher beachtenswert, wenn wir uns klarmachen, dass Jugendliche und Teenies ihre Identität auch dadurch finden, indem sie mit ihrer Kleidung erst einmal Abstand zur Erwachsenenwelt deutlich machen. Erwachsene sollten sich daran nicht aufhalten, sondern um so mehr Jugendliche durch Ernstnehmen und Wertschätzen in ihrer Identitätsfindung unterstützen.

Kleidung für die Begegnung mit Gott

Natürlich darf über Kleidung gesprochen werden. Es ist wichtig, das Denken und Empfinden der anderen zu verstehen, um das Gute voneinander zu denken. Wir werden vielleicht entdecken, dass jüngere Menschen viel natürlicher mit intensiven Farben umgehen als ältere. Wir werden vielleicht entdecken, dass die ältere Generation gerne schwarz trägt, weil schwarz von früher her die festliche Farbe ist – sie ist auch früher die kostbarere gewesen, da das Färben von Schwarz teurer war. Solche Einsichten helfen, um einander zu verstehen. Wichtig ist die grundlegende Einsicht: In der Kleidung gibt es kein Richtig und Falsch, sondern nur den Respekt vor dem Stil des anderen. »Nehmt einander an wie Christus euch angenommen hat zu Gottes Lob!«; anderes als diese Worte des Apostel Paulus aus Rö 15, 7 lässt sich kaum sagen. Für Personen, die im Gottesdienst leiten, sieht unsere Agende einen Warnhinweis vor: »Gottesdienste sind festliche Anlässe. Für ihre Leitung ist eine angemessene Kleidung geboten, die nicht die Aufmerksamkeit in störender Weise auf sich zieht.«[11] Gemeint ist eine Kleidung, die bewusst provozieren soll. Sie würde neben dem liturgischen Dienst einen Kontrapunkt setzen, weil sich dadurch eine Person in die Aufmerksamkeit begeben will. Manchmal kann eine Kleidung auch unbedacht gewählt sein und die Hilfestellung einer Vertrauensperson ist gefragt. Das darf aber nie kleinbürgerliche Entrüstung hervorbringen oder gar zum Gerede nach dem Gottesdienst führen. Dieser Agendepassus rechtfertigt auch keine Kleidervorschrift. Er ist vielmehr eine Grenzziehung, um den Dienst in guter Weise gelingen zu lassen.

c) Die Sprache im Gottesdienst

Es verdient schon besondere Beachtung, dass die Glaubensartikel der

Methodistischen Kirche[12] in Artikel XV klarlegen: »Es steht in offenbarem Widerspruch mit dem Worte Gottes, wie auch mit dem Gebrauch der Urkirche, bei dem öffentlichen Gebet in der Kirche oder bei Verwaltung der Sakramente eine dem Volke unverständliche Sprache zu gebrauchen.« Historisch mag die lateinische Messe Anlass dazu gegeben haben. Heute stellt sie eine Verpflichtung dar. Im Gottesdienst soll so geredet werden, dass es Menschen verstehen. Damit ist für mein Dafürhalten zuerst die Wahl der Worte gemeint. Es gibt den Sprachgebrauch, der voller Fremdwörter und Amerikanismen ist und die ein Teil der Menschen nicht verstehen kann. Es gibt den Sprachgebrauch, der nur mit biblisch oder kirchlich geprägten Worten um sich wirft und von kirchlich unsozialisierten Menschen nicht im Ansatz verstanden wird. Es ist zum Zweiten der Erfahrungsinhalt mit der Verständlichkeit mit gesehen. Worte leben von Erfahrung. Ich kann das Wort Sünde benutzen und werde merken, dass selbst viele christlich aufgewachsene Menschen mit diesem Wort nur wenig verbinden. Viele setzen es mit verbotener Sexualität gleich. Damit ist dieses Wort allerdings nicht mehr vermittlungsfähig. So muss es entweder immer wieder erklärt oder durch ein gleichbedeutendes Wort ersetzt werden. Beide Wege sind denkbar, ja sollten sogar parallel beschritten werden.[13]

Verständlichkeit

Für die gottesdienstliche Sprache sollten wir Mühe verwenden. Alle, die durch Sprache im Gottesdienst mitwirken, mögen sich zwei Grundsätze zu eigen machen:

Ich rede in einfachen Worten.
Ich rede in kurzen Sätzen.

Diese zwei kleinen Regeln helfen, um von fast allen Menschen verstanden zu werden. Gegenwärtig setzt sich das Modell der Kinderuniversitäten durch. Wissenschaftler erlegen sich ähnliche Grundsätze auf. Sie leitet sogar die Maxime: Was Kindern nicht einfach erklärt werden kann, ist vom Lehrenden noch nicht verstanden. Mit den oben genannten Grundsätzen ist ein bestimmter Hintergrund verbunden: Wir sollten im Gottesdienst so reden, dass Menschen mühelos verstehen, denn dies entspricht der Zuwendung Gottes. Es gilt mancher sprachlichen Ästhetik bewusst abzusagen, weil die Sprach- und Wortspiele die Bildung mancher Menschen überfordern. Es gilt, manchem gelehrten Wirken in Predigten den Rücken zu kehren und dem einfachen und lebensnahen Wort und Vergleich den Vorzug zu geben. Überhaupt dürfen Bilder, Vergleiche und Erfahrungen vermehrt in Gebeten, Ansagen oder Predigten verwendet werden. Einfache Worte, kurze Sätze und das Evangelium als Inhalt – es dürfte keine unverständlichen Gottesdienste mehr geben.

4. Was – Der methodistische Gottesdienst in seiner Grundform – sein Aufbau und Charakter

4.1 Der Gottesdienst – ein Schatz der gesamten Christenheit

Gottesdiensttraditionen

Der Gottesdienst als Fest der Gemeinde verbindet alle Kirchen und Gemeinschaften in allen Ländern miteinander. Schon immer haben verschiedene Gottesdiensttraditionen sich wechselseitig beeinflusst. Dies gilt auch bereits für die Anfänge der Christenheit. Der christliche Gottesdienst in den ersten Gemeinden nahm seine Elemente vom Synagogengottesdienst. Natürlich erfuhren sie eine Verwandlung, weil sie Formen für den neuen Inhalt wurden. Daneben prägten die Gemeinden mit der Feier des Herrenmahls und dem Verlesen der Briefe von Aposteln oder anderen Amtsträgern zu späterer Zeit eine eigene Tradition. Die protestantische Tradition basiert auf dem Messformular der römisch-katholischen Kirche. Sie prägte dieses durch die Wertschätzung und Betonung des Schriftwortes und seiner Auslegung um und fand in den spätmittelalterlichen Prädikantengottesdiensten eine liturgische Grundform für den reformatorischen Gottesdienst in manchen Teilen Deutschlands.[1]

Auch die methodistische Gottesdiensttradition nimmt Vorhandenes auf und prägt neu. Für unsere kurze Betrachtung beginnen wir bei den Anfängen in England. Die methodistische Bewegung unter den Brüdern John und Charles Wesley suchte Menschen zum Glauben zu rufen und in der Heiligung anzuleiten. »Das Ziel … war, der anglikanischen Kirche wieder neue Kraft und neues Leben zuzuführen …«[2] Sie hielten alle Mitglieder zur regelmäßigen Feier des Gottesdienstes mit Abendmahl in der anglikanischen Kirche an. Daneben fanden gottesdienstliche Versammlungen zur Unterweisung, Gemeinschaftspflege oder mit evangelistischer Ausrichtung unter der Woche, am Sonntagnachmittag oder Sonntagabend statt. Bei diesen Gottesdiensten stand die Predigt im Mittelpunkt. »Es gab in wesleyanischen Gemeinschaften freie Gottesdienstformen, die ihr Vorbild in den Feldpredigten und in den Dissenter-Gottesdiensten hatten. Ihr Ablauf folgte meist dem Schema: Lied – Stegreifgebet des Predigers – Lied – Predigt – Lied – Gebet – Segen.«[3] Gerade das Singen und die Liederdichtung darf als wichtiges Element gesehen werden, da der Gesang im anglikanischen Gottesdienst bis auf wenige kurze Hymnen und Psalmverse nicht gepflegt wurde.[4] Viele Mitglieder der Methodisten lernten gottesdienstliches Feiern erst bei den Versammlungen kennen. Ob Klassversammlung, evangelistischer Gottesdienst, Wachnächte oder Liebesfeste, häufig prägte eine kurze Liturgie in Form von Liedern, freiem Gebet, einer Schriftlesung (manchmal mit persönlichem Zeugnis), Gebetsgemeinschaft und Segen die Zusammenkunft. So wurden die Methodisten in England durch das Feiern des Gottesdienstes in der anglikanischen Kirche mit einem hochkirchlichen, stark an der katholischen Messe orientierten Gottesdienst sowie im Gemeinschaftsleben durch einen freien Liturgiestil geprägt, der in der Wortverkündigung seinen Schwerpunkt hatte. Es verwundert darum auch nicht, dass John Wesley 1784 den Methodisten in Nordamerika für den Sonntagsgottesdienst einen leicht überarbeiteten Gottesdienstablauf des Book of Common Prayer der anglikanischen Kirche zusandte. Danach sollte die Grundform des methodistischen Gottesdienstes in der neuen Welt zunächst der anglikanische Abendmahlsgottesdienst sein. Jedoch wurde durch die Situation der Mission bald dem freieren Typus der Vorzug eingeräumt. Allein bei Feiern mit Sakramenten oder anderen Riten wurde auf das Gottesdienstbuch von Wesley zurückgegriffen.[5]

Für die missionarische Situation in Deutschland eignete sich der freiere Gottesdiensttypus ebenfalls stärker, weil die Methodisten in den Anfängen die Sakramente – auch das Abendmahl – aufgrund des Vorrangs der Landeskirchen nicht austeilen durften.[6]

Aufnahme von katholisch-reformatorischen Gottesdienst-traditionen

Wir sehen, dass von den Anfängen in England bis heute die Aufnahme von katholisch-reformatorischen Gottesdiensttraditionen unser Feiern prägt. Das ist eine wichtige Einsicht in die Verbundenheit unter den Christen. Deshalb verwundert es nicht, in den verschiedenen Kirchen große Ähnlichkeiten in den Elementen des Gottesdienstes zu entdecken. Darüber dürfen wir uns freuen und es als Ausdruck unserer gemeinsamen Christuszugehörigkeit wahrnehmen. Wir finden in allen christlichen Gottesdiensten das Lesen aus der Heiligen Schrift, das Gebet, die Verkündigung des Evangeliums von Jesus Christus, die Anrufung und Segnung im Namen des dreieinigen Gottes. Ich meine auch sagen zu können, dass die große

Grundstruktur des Gottesdienstes in allen Kirchen dieselbe ist: Die eine Seite bildet Gottes Zuspruch und Anspruch an den Menschen in Schrift, Verkündigung, Mahlgemeinschaft und symbolischen Handlungen; auf der anderen Seite geschieht das Antworten des Menschen in Dank, Lob, Anbetung und Hingabe. Neben gemeinsamer Grundstruktur und übereinstimmenden Elementen gibt es wie oben gesagt das Besondere, das je Eigene einer jeden liturgischen Tradition. Das Besondere gilt es wie das Gemeinsame zu entdecken, zu gestalten und schätzen zu lernen. Der Gottesdienst in der Evangelisch-methodistischen Kirche hat einen besonderen Charakter. In ihm drücken sich Frömmigkeitspraxis und Theologie der Methodisten aus.

4.2 Die mit der Vereinigung von 1968 geschaffene Grundform des evangelisch-methodistischen Gottesdienstes in Deutschland

Die Vereinigung von Bischöflicher Methodistenkirche und Evangelischer Gemeinschaft stellte für beide Kirchen eine Herausforderung dar. Verbunden im gleichen Ziel und der gemeinsamen methodistischen Prägung galt es vieles neu zu ordnen, um die Kräfte für die Mission in Deutschland zu bündeln. Die Unterschiede in der Liturgie des Gottesdienstes wurden durch Kompromissbereitschaft zu der uns heute geläufigen Ordnung gestaltet. Dies soll durch das folgende Schaubild gezeigt werden:[7]

Ordnungen des Sonntagsgottesdienstes (öffentlichen Gottesdienstes) in der …

Bischöflichen Methodistenkirche	Evangelischen Gemeinschaft	Evangelisch-methodistischen Kirche 1968/1991
Vorspiel*	Vorspiel	Vorspiel
Grußwort des Pastors*	Trinitarische Eröffnung und biblisches Grußwort durch den Prediger (s)	Trinitarische Eröffnung und biblisches Grußwort (s)
Gesang der Gemeinde (s)	Eingangslied der Gemeinde	Gemeindelied
Apostolisches Glaubensbekenntnis*		
Schriftlesung aus dem Alten Testament	Alttestamentliche Schriftlesung (s) durch Prediger	Alttestamentliche Schriftlesung

	Lobpreisung durch Gemeinde (s)	Lobpreis: Ehr sei dem Vater (auch: Kyrie/Anruf oder andere Lobgesänge (1991))
Schriftlesung aus dem Neuen Testament	Neutestamentliche Schriftlesung (s) durch Prediger	Neutestamentliche Schriftlesung
	Halleluja oder Kyriegesang (Passionszeit) (s) durch Gemeinde	Lobpreis: Halleluja (oder auch andere Lobgesänge, bezogen auf das Kirchenjahr (1991))
Gebet und Vater unser (s)	Gebet (s)	Gebet (auch Glaubensbekenntnis möglich) (s)
Bekenntnis- oder Anbetungslied (s)	Chor- oder Gemeindelied	Anbetungslied (s)
Bekanntmachungen		Bekanntgaben Zeit der Gemeinschaft mit Fürbitten (1991)
Einsammeln des Dankopfers (bei leisem Orgelspiel)		
Gemeinde- oder Chorlied		Chorlied (oder Gemeinde)
Predigt	Predigt	Predigt
	Predigtstrophe durch Chor oder Gemeinde gesungen	
Gebet	Gebet und Vater unser	Gebet und Herrengebet (s)
	Bekanntgaben	
Lied der Gemeinde	Schlusslied der Gemeinde und Sammlung der Opfergaben	Gemeindelied und Sammlung der Opfergaben
Segensspruch	Segen ohne Amen (s)	Segen (s)
	Dreifacher Amen-Gesang der Gemeinde (s)	Amen der Gemeinde (s)
Schlusslied	Nachspiel oder Ausgangsstrophe	Ausgangsstrophe (seit 1991 wahlfrei) (s)
		Nachspiel
Erklärung der Zeichen: * kann entfallen (s) die Gemeinde steht (1991) Veränderung durch die neue Agende von 1991		

Die Gegenüberstellung lässt erkennen, wo liturgische Stücke anders platziert oder anders gestaltet wurden. Folgende Unterschiede seien uns vor Augen geführt:

Im Gottesdienst der Bischöflichen Methodistenkirche (MK) war die Sammlung der Opfergaben vor der Predigt; bei der Evangelischen Gemeinschaft (EG) geschah sie nach der Predigt. Die MK stand beim

Eingangslied, die EG saß. Die EG stand bei den Schriftlesungen und Lobgesängen bis zum Gebet; die MK saß bei den Bibellesungen, stand beim Gebet und kannte ein Anbetungs- oder Bekenntnislied nach dem ersten Gebet, das stehend gesungen wurde. Die MK platzierte die Bekanntgaben vor der Predigt, die EG danach. Aus beiden liturgischen Formen gestaltete die Vereinigung einen neuen, gemeinsamen Gottesdienstablauf. Einzelnem aus beiden Traditionen wurde jeweils der Vorzug gegeben. Was entstand, darf für mein Dafürhalten ein liturgisches Meisterwerk genannt werden. Die entstandene Liturgie beinhaltet ein Profil und einen tiefen theologischen Ausdruck dessen, was uns als methodististische Christen und Kirche ausmacht. Dieses möchte ich in einer nächsten Betrachtung entdecken.

4.3 Den Charakter unseres Gottesdienstes verstehen

Wort und Antwort

Wenn wir den Charakter oder das Profil unseres Gottesdienstes verstehen wollen, dann helfen uns Fragen. Was geschieht in welcher Weise, wann, wo und zwischen wem?

Dabei können wir ein erstes Schema in unserer Gottesdienstform erkennen: Angesprochen durch Gott und die Antwort des Menschen. Dieses Schema transportiert die biblische Theologie, dass allem Suchen des Menschen das Einladen Gottes vorausgeht, dass Gott sein Wort des Heils und der Liebe an den Menschen richtet und so die Antwort zur Liebe und zum Ergreifen des Heils ermöglicht. Sie steckt in der Liturgie jeder Kirche[8], ist aber in der methodistischen besonders betont. Der **Charakter von Wort und Antwort** ist auch für die Gemeinschaft der Feiernden erkennbar; das Mitteilen hat diese Form sogar wechselseitig: Von der Gemeinde zum Einzelnen und vom Einzelnen zur Gesamtheit der Gemeinde.

Neben diesem Gestaltungsmuster lässt sich noch ein weiteres erkennen, das den besonderen Charakter des methodistischen Gottesdienstes ausmacht. In der Handreichung »Berufen – Beschenkt – Beauftragt – Das evangelisch-methodistische Verständnis von Kirche« ist es so ausgedrückt: »Zum Gottesdienst der Gemeinde kommen die Suchenden und die Glaubenden, die Angefochtenen und die ihres Heils Gewissen, die Belasteten und die Befreiten zusammen, um Gott und ihren Brüdern und Schwestern zu begegnen. Die <u>Verkündigung des Wortes Gottes</u> und die <u>Gemeinschaft</u> stärken den Glauben, vermitteln Hoffnung und Mut und lassen den weiteren Weg der Nachfolge erkennen. Die <u>Anbetung Gottes und das Feiern seiner Wohl-</u>

taten sind wichtige Teile des Gottesdienstes am Sonntag, dem Auferstehungstag Christi.«[9] Im Original sind die Worte nicht unterstrichen. Ich habe durch die Unterstreichung die **Geschehnisse** im methodistischen Gottesdienst zeigen wollen. Ich will die Geschehnisse dem Ablauf des Gottesdienstes zuordnen:

Der methodistische Gottesdienstablauf in Geschehensbereiche unterteilt
1. Geschehensbereich: Verherrlichung Gottes durch sein Wort und unsere Antwort in Dank, Lob und Anbetung
Vorspiel
Trinitarische Eröffnung und biblische Grußwort (s)
Danklied der Gemeinde
Alttestamentliche Schriftlesung
Lobpreis: Ehr sei dem Vater (auch: Kyrie/Anruf oder andere Lobgesänge)
Neutestamentliche Schriftlesung
Lobpreis: Halleluja (oder auch andere Lobgesänge)
Gebet (auch Glaubensbekenntnis möglich) (s)
Anbetungslied (s)
2. Geschehensbereich: Gemeinschaft und unser Weg als Gemeinde
Bekanntgaben Zeit der Gemeinschaft mit Fürbitten (1991)
3. Geschehensbereich: Gottes Zuspruch und Anspruch und unsere Antwort in Dank, Beugung, Bitte, Fürbitte und Hingabe
Chorlied (oder Gemeinde)
Predigt
Gebet und Herrengebet (Unser Vater) (s)
Gemeindelied und Sammlung der Opfergaben
Segen (s)
Amen der Gemeinde (s)
Ausgangsstrophe (seit 1991 wahlfrei) (s)
Nachspiel
(s) = die Gemeinde steht

Diese Geschehensbereiche zeichnen unserer Gottesdienst aus und sind in Art und Folge einmalig. Nicht umsonst habe ich den Ausdruck »Bereich« gewählt. Der Geschehensbereich soll als abgegrenzter »Zeit-Raum« verstanden werden. Dies verdeutlicht sich noch besser, wenn ich in der Aktionsform ausdrücke, was in den Bereichen im Gottesdienst geschehen soll:

1. **Bereich:** »Wir hören von Gottes Liebe, Güte und Freundlichkeit. Im ersten und im zweiten Bund erwies er sie seinen Geschöpfen und Kindern. Das führt uns zur Freude und zum Staunen. Darum loben und preisen wir unseren Gott über seiner Liebe, Güte und Freundlichkeit.«

2. **Bereich:** »Freude und Leid teilen wir; was für unseren Weg als Gemeinde wichtig ist, kommt nun zu Wort. Dabei sind es die Einzelnen, die Gruppe, der Kreis und die Gemeinde als Ganzes, die unsere Aufmerksamkeit, unsere Mitfreude und unsere Fürbitte wünschen.«

3. **Bereich:** »Gott selbst kommt in seinem Wort auf uns zu. Er ermutigt uns, seine Wege zu gehen. Er schenkt uns neu sein Heil. Dankbar empfangen wir sein Wort an uns, seine Ermahnung, seine Ermutigung und sein Heil. Neu stellen wir uns mit allem, was wir sind, und haben für ihn und sein Reich zur Verfügung.«

Häufig wird nach dem »roten Faden« eines Gottesdienstes gefragt. Oft empfinden Menschen einen Bruch zwischen dem ersten und dritten Bereich, der durch die Platzierung der »Zeit der Gemeinschaft« verursacht ist. Manchmal setzen Gemeinden die »Zeit der Gemeinschaft« deshalb ganz nach hinten oder vorne, um sie »weg« zu haben. Manchmal verbannen Gemeinden die Kollekte auf das Nachspiel, um keine »Geldgeschäfte« bei einem Lied zu verrichten. All dies entfällt, wenn wir uns die Theorie unseres Gottesdienstablaufes vor Augen führen. Es sind Bereiche, die beginnen und enden. Der 1. Bereich endet mit dem Anbetungslied und dann ist die Zeit, Gott zu loben und zu preisen, zuende. Es ist ein Zeit-Raum und anschließend wechseln wir in den nächsten Zeit-Raum, nämlich die »Zeit der Gemeinschaft«. Die Erwartung eines durchgängigen Spannungsbogens stellt eine unangemessene Forderung an das Schema unseres Gottesdienstes. Vielmehr versuche ich mit diesen Ausführungen den Charakter unserer Liturgie zu deuten und meine, dass wir darin ein großartiges Angebot haben, um Gott angemessen zu feiern. Ich will es noch mit kürzeren und griffigeren Überschriften benennen sowie es mit Gesten versehen:

Was geschieht im Gottesdienst?	Veranschaulichung durch Gesten mit den Händen
1. Zeit-Raum, um Gott zu loben und preisen	1. Die Hände sind empfangend und erhebend nach oben gereckt
2. Zeit-Raum, um voneinander zu hören und Anteil zu nehmen	2. Die Hände werden nach rechts und links gereicht
3. Zeit-Raum, um auf Gott zu hören und sich ihm neu zu schenken	3. Die Hände werden zu einer Schale vor der Körpermitte geformt, empfangend und sich gebend

Diese drei Zeit-Räume – Gott loben und preisen, Gemeinschaft erleben und Gottes Wort hören und sich hingeben – lassen sich auch an den drei großen Gegenständen und Symbolen des vorderen Bereichs im Gottesdienstraum erkennen:

- Die **Orgel** steht für das Gotteslob,
- der **Abendmahlstisch** für die Gemeinschaft und
- die **Kanzel** für die Verkündigung des Gottes Wortes.

Gerade das Schema der drei Zeit-Räume macht das Besondere unseres Gottesdienstablaufes aus, das ein gutes Vorbild für alle freikirchlichen Liturgien sein kann. Dieses Schema zu erkennen, gibt erst die Möglichkeit, angemessen und in Freiheit zu gestalten. Gott hat uns trotz der Wirren der Vereinigung und auf dem zweifelhaften Weg der Kompromisse eine Art des Feierns geschenkt, deren wir fröhlich und für die wir immer neu dankbar sein dürfen.[10]

4.4 Ausblick

»Zeit-Räume«

Ob bewusst oder weniger bewusst folgen neuere Gottesdienstformen mehrheitlich dem Schema der »Zeit-Räume«. Dies identifiziert der Sprachgebrauch: »Nun haben wir eine Zeit der Anbetung!« und dann folgen Lob- und Dankgesänge. Dabei ist das Gefühl, einen etwas anderen Gottesdienst zu feiern, häufig nur durch das neuere Liedgut begründet. Manchmal ist die Art der Ansagen eher locker moderiert als liturgisch getragen formuliert. Manchmal ist das Gerüst der Liturgie von der agierenden Person getragen, während in unserer Liturgie der Wechsel zwischen Gottes Größe und Liebe und unserer Freude und unserem Dank die Anbetungszeit bestimmt. Ich will damit sagen, dass die Art einer wie oben beschriebenen neueren Gestaltung nicht ein Verlassen unserer methodistischen Gottesdiensttradition ist; wird ein Gottesdienst in »Zeit-Räumen« zelebriert, hat er ein methodistisches Grundmuster. Andererseits ist unsere Liturgie nicht »heilsnotwendig« und wird vielleicht irgendwann durch Ausschüsse oder Gemeindeneuerungen umgestaltet werden – wer weiß. Dann ist es mein Versuch zu zeigen, was unser schönes Erbe ist, was Gott uns in unserer Geschichte zu seinem Lob anvertraut hat. Wer den Sinn dieser Liturgie versteht, kann ihren Wert oder Unwert für unsere Zeit ermessen. Ein Urteil vermag ich nicht zu fällen. Mir gibt unsere Liturgie viele Gestaltungsmöglichkeiten, weil sie nicht als ein festgelegter Weg verfasst ist, sondern Zeiten und Räume öffnet und schließt. Ihr Rhythmus in Ruf und Antwort lässt sich leicht in der Gemeinde als Bewegung im Gottesdienst vermitteln. Unsere Liturgie öffnet einen Raum gemeinsamen Lobens, Anteilnehmens und Hörens, weil alle im Gottesdienst in diese Aktionen einbezogen werden. Es läuft kein heiliges Schauspiel ab, das ich beobachten kann und einen heiligen Schauer mitnehme. Methodisten feiern Begegnung mit Gott und miteinander. Selig bist du, wenn du weißt, was du tust; nur Verstehende vermögen mit Freude zu gestalten.

5. Wie – Der methodistische Gottesdienst – seine Elemente verstehen und gestalten

Der Gottesdienst beginnt liturgisch erst mit dem Vorspiel. Ich will an dieser Stelle drei »Vorbereitungen« nennen, die für viele Gottesdienstteilnehmerinnen wie das Vorspiel eine Hinführung bedeuten: a) Eine Gebetsgemeinschaft, b) Das Begrüßen von Freunden, Gemeindegliedern und Gästen und c) Das stille Beten.

a) Eine Gebetsgemeinschaft vor dem Gottesdienst

Ein Netz der Erwartung

Sie wird nicht und wurde auch nicht in allen methodistischen Gemeinden praktiziert. Und: Zum Gebet haben sich häufig ältere Geschwister getroffen, deren eigene Kinder bereits groß und die in der Durchführung des Gottesdienstes nicht verantwortlich waren. Diese trafen und treffen sich 20 Minuten vor Beginn der Feier, um Gott für das Hören auf sein Wort, um Segen für Verkündigerin, Sängerinnen, Musikerinnen und Liturginnen zu erbitten. Sie bitten ebenso für Gäste und für Menschen im Gottesdienst, bei denen ein öffentliches »Ja« zu Gottes Liebe noch aussteht. Diese Gebetsgemeinschaft ist ein Dienst wie der Chor- oder Predigtdienst. Sie spannen ein Netz der

Erwartung auf Gottes Wirken – an sich und an anderen. Durch das Gebet kommt zur Sprache, was Menschen im sonntäglichen Fest tun können und was allein von Gott erbeten werden kann.

Wo eine Gebetsgemeinschaft nicht möglich oder geübt ist, darf die Fürbitte und Öffnung im stillen Gebet, in Gebetskreisen unter der Woche oder auch in anderen Dienstgruppen geschehen. Nicht wie, sondern dass dies geschieht, ist wichtig.

b) Das Begrüßen von Freunden, Gemeindegliedern und Gästen

Gemeinschaft ist nicht erst im Gottesdienst erfahrbar, sondern bereits beim Hereinkommen. Das zeichnet das gemeindliche Miteinander der methodistischen Christen aus und darf als Markenzeichen gewertet werden. Viele kommen 15 oder gar 20 Minuten vor Beginn des Gottesdienstes. Im Foyer oder Gottesdienstraum werden Bekannte, Freunde oder auch Gäste begrüßt. Die Menschen haben sich vorgefreut, diese oder jene heute im Gottesdienst zu sehen. Sie tauschen aus, was ihnen wichtig ist, dem anderen mitzuteilen. Wiedersehensfreude kann sich in spontanen Umarmungen ausdrücken. Sind Gäste im Gottesdienst, gehen einzelne auf sie zu. Eine kurze Vorstellung und ein freundlicher Händedruck soll Willkommen und Einbeziehen in die gemeindliche Gemeinschaft ausdrücken. Ein ausführlicheres Kennenlernen und Gespräch ist eher nach dem Gottesdienst dran. Neben dem persönlichen und spontanen Begrüßen gibt es in methodistischen Gemeinden den wichtigen Begrüßungsdienst. Er wird von verschiedenen Geschwistern – meist aller Altersgruppen – getan. Der Begrüßungsdienst ist von der Einsicht getragen, dass bereits durch den freundlichen Händedruck und das Reichen eines Gesangbuches zwei wichtige Botschaften ausgesandt werden: Die erste Botschaft drückt dem Begrüßten aus: Du bist von Gott beachtet! Die zweite: Du bist in der Gemeinschaft der Glaubenden herzlich willkommen! Dieser Dienst bereitet wie das persönliche Grüßen und Freuen auf die Gemeinschaft im Gottesdienst vor. Sie mündet in die Zeit der Gemeinschaft ein, in der auch freudige oder traurige Anliegen von Einzelnen Raum und Anteilnahme finden.

c) Das stille Gebet vor dem Gottesdienst

Haben Menschen im Gottesdienstraum Platz genommen, schlagen sie meist die Lieder auf, die auf der Liedtafel für die Feier stehen und versehen die Seite mit einem farbigen »Bändel«. So finden sie die zu singenden Lieder beim Feiern sofort. Die letzten Augenblicke vor dem Gottesdienstbeginn gehören einem stillen Gebet im Sitzen. Ich bete zu Gott und bitte ihn, dass er mich durch den Gottesdienst berührt. Mein Gebet ist mit offenen Händen zu vergleichen, die bereit sind zu empfangen, was Gott schenkt. Ich öffne mich Gott, mache mich sensibel für das Hören und Tun, das Aufnehmen und Beherzigen. Im stillen Gebet darf ich Gott auch meine persönlichen Erwartungen sagen: Wo ich Hilfe brauche, wo ich seinen Rat suche, wo ich in Fragen, Ängsten und Belastungen gefangen bin und Erlösung erbitte. Ich stelle mich im Gebet auf das Feiern ein und sage Gott, auf was ich mich nun freue: Auf das gemeinsame Loben, auf die Zeit des Nachdenkens, auf sein Wort, auf die Gemeinschaft, auf seinen Segen für die neue Woche … Das kann durch ein persönliches oder ein vorgeformtes Gebet geschehen:

Herr, ich freue mich, dass ich dich im Gottesdienst loben und preisen kann. Ich danke dir für deine Nähe, für dein Führen, für deine Hilfe in der vergangenen Woche. Danke für die Gemeinschaft jetzt. Ich freue mich heute besonders auf ……… (Namen). Herr, präge durch dein Wort mein Vertrauen und meine Liebe. Stärke mich in der Nachfolge. Du weißt, dass ich besonders unter den Anforderungen meiner Arbeit leide. Hilf mir! Mache mich durch deinen Geist zur Begegnung mit dir und anderen bereit. Segne alle heute. Amen[1]

Wenn solche allgemeinen und persönlichen Erwartungen im Gebet vor Gott gebracht wurden, ist das eine wichtige Voraussetzung für das Empfangen. Sonst trifft mich vielleicht ein Wort wie zufällig oder ich bin mir nicht im klaren, was heute im Gottesdienst geschehen wird. Und: Wir dürfen für andere bitten: Wir bitten für alle, die im Gottesdienst gestalten. Wir bitten für einzelne, die Rat, Trost, Vertrauen … nötig haben. Meist reichen einige Augenblicke nicht. Wer sich so für den Gottesdienst »rüstet«, wird bewusster empfangen und die Gemeinschaft mit Gott und den Menschen konkreter erfahren.

5.1 Das Vorspiel

1. Wir versuchen zu verstehen

Musik gibt Botschaften weiter

Liturgisch beginnt der Gottesdienst mit dem Vorspiel.[1] Die Musik eröffnet das gottesdienstliche Fest. Meist ist das Vorspiel ein Instrumentalstück auf Orgel, Klavier, Blechblas-, Holzblas- oder elektronischen Instrumenten. Manchmal singt der Chor ein Lied oder die Gemeinde singt. Ob nun Vokalmusik oder Instrumentalmusik, der Musik kommt eine wichtige Bedeutung an dieser Stelle und überhaupt im Gottesdienst zu. Die Musik nimmt neben der Rede den größten Raum in der Liturgie ein. Sie stimmt in Anlass oder Prägung des Gottesdienstes ein. Dies geschieht nonverbal. Die Tonhöhe, Tondauer, Tonstärke und Tonfarbe spricht unmittelbar unsere Psyche an[2] und vermittelt Stimmungen. Wird ein Instrumentalstück zu Gehör gebracht, dem ein Lied zugrunde liegt, spielt die Musik – falls der Text bekannt ist – die geistliche Botschaft den Mitfeiernden fast verbal zu. Ist ein Musikstück bekannt, hat es einen Sitz in der Geschichte der Kirche oder Gemeinde. Dann weckt es Erinnerungen, stellt Situationen der Vergangenheit vor Augen und der musikalische Verkündigungsinhalt erweitert sich. Die Musik gibt Botschaften weiter: Sie wendet sich an die Menschen im Gottesdienst. Ihre Botschaft kann sich an Gott richten und stellvertretend für die Gemeinde loben, klagen, beten, bitten oder bekennen. Und: Musik ist die Art und Weise, in der die Gemeinde ihren Glauben ausdrückt, vor Gott tritt oder einander Gottes Wort weitersagt, nämlich im Gesang. »Gottesdienstliche Musik ist primär funktionale Musik, d. h. sie hat im Ablauf eine ziemlich genau zugewiesene Aufgabe und einen präzisen Sinn.«[3] Sie dient – wie die Sprache – und will etwas erreichen, bewirken und vermitteln. Beim Vorspiel wirkt sie äußerlich und innerlich sammelnd und richtet die Anwesenden auf das Feiern mit und vor Gott aus. Sie kann Gefühle auf den bevorstehenden Gottesdienst wecken. Über Gefühle vermittelt sie Inhalte und ist damit Verkündigung, die in den Raum des Glaubens führt. Diesen Möglichkeiten und dieser großen Wertschätzung der Musik im Gottesdienst entspricht der dienende und sorgende Umgang mit ihr. Bei der Wahl der Musik wollen die Wirkung und der bezweckte Sinn für die Verkündigung oder das Gotteslob immer bedacht sein. Leicht kann wie bei Worten Manipulation entstehen. Dann ist der gemeinsame Dienst verraten. Dazu ist die Information und Abstimmung der Musikerinnen, Liturginnen und Predigerinnen wichtig und bewahrt davor. Dies führt uns zur Gestaltung.

2. Wir gestalten

Schlüsselstellung

Dem ersten Musikstück des Gottesdienstes kommt eine Schlüsselstellung zu: Es wirkt überaus prägend für den gesamten Gottesdienst. Das gilt besonders für die Emotionen. Es will mit Bedacht gewählt werden. Der Charakter des Gottesdienstes sollte durch die Musikerin oder Chorleiterin beachtet werden: Jeder Gottesdienst ist ein Osterfest. Dank, Lob und Freude sind unsere Reaktionen darauf. Sind wir allerdings in der Passionszeit, bestimmen auch Anteilnahme am

Leiden Jesu unsere Ausrichtung. Den Höhepunkt der Passionszeit stellen Palmsonntag, die Karwoche und darin vor allem der Karfreitag dar. Die Adventszeit mit ihrer Erwartung und Sehnsucht birgt ebenso Erfordernisse an die Musik. Diese Emotionen wollen aufgenommen und geleitet werden.

Für die Wahl des Vorspiels braucht die Musikerin oder Chorleiterin die Liturgie von der Predigerin. So kann sie die gewählten Gemeindelieder und Bibeltexte vorher durchlesen. Dabei gewinnt sie einen Eindruck über den Inhalt des Lobens, das Ziel der Verkündigung und den Charakter des Gottesdienstes. Nun kann sie durch Wahl eines passenden Musikstückes sich in das Ganze hinein geben. Die Mitfeiernden erleben das Vorspiel so als Hinführung. Die von der Musik erzeugte Stimmung wird durch die Bibelabschnitte, Gebete und Worte aufgenommen. Organisch fügt sich im Erleben der Mitfeiernden eines ins andere und sie können sich in den Fluss von Gedanken und Gefühlen verstehend einfinden.

Auch das Umgekehrte ist in der Planung des Gottesdienstes möglich: Die Organistin oder der Bläserchor übt ein besonderes Stück. Die Predigerin nimmt den Charakter des Musikstückes auf und setzt ihn inhaltlich und emotional in den Elementen des Gottesdienstes weiter um.

Inhaltliche Abstimmungen

Neben diesen inhaltlichen Abstimmungen darf aber die allgemeine Wirkung nicht untergehen: Die Musik kann beruhigen und damit verkündigen: Hier, vor Gott, darfst du geborgen sein. Sie spricht von Freude, weil Christus auferstanden ist. Sie weist auf Gottes Erhabenheit und Macht und bereitet so schon das Amen auf das Votum vor. Die Musik wirkt erlösend, erleichternd, weil ich alle Sorge auf ihn legen kann; gerade das darf im Gottesdienst geschehen. Die Musik vermag zu beschwingen und zu erheben, was sich anschließend in der Zeit des Lobens und Dankens eine Bahn bricht. Traurigkeit, Nachdenklichkeit oder melancholische Stimmung kann ihre Wirkung sein, wenn es vom Kirchenjahr oder aus aktuellem Anlass angesagt ist.

Die Wirkung der Musik will darum wohl bedacht werden. Der Dienst der Musik sollte wie jeder Dienst im Gottesdienst im Blick auf Gott und die Teilnehmenden gestaltet werden. Steht kein Liedtext im Hintergrund, ist die Reflexion der beabsichtigten Stimmungen oder/und Erinnerungen maßgeblich. Die Wirkung ist in jedem Fall das Kriterium bei der Auswahl. Nicht der Name des Komponisten, nicht »Hauptsache, es ist modern!« sind hinreichende Gesichtspunkte für die Auswahl. Die Musik dient und darum ist es unnötig, sie durch den Komponisten zu rechtfertigen. Ebenso will im Blick auf die Wirkung der Musik bedacht werden, dass Musik der Gewöhnung und Vermittlung bedarf, um sie zu verstehen. Manchmal kann es nötig werden, dass eine Musikrichtung von ihrer Ausdrucksart erlernt werden muss – ähnlich der Sprache. Jede Generation definiert sich über Musik. Jede Generation »hat« ihre Musik. Jeder musikalische Stil – von Klassik bis Rock 'n Roll – darf Gott die Ehre geben. Mit allen Arten von Instrumenten – um mit Psalm 150 zu sprechen: Von Orgel bis Trommel, Oboe bis Synthesizer –, soll Gott gelobt werden. Da im Gottesdienst verschiedene Generationen zusammen sind, gibt es verschiedene musikalische Vorlieben. Wie in allen Dingen der Gemeinde ist auch im Blick auf die Musik die Akzeptanz und Wertschätzung dieser Vielfalt wichtig. »Es gibt nicht die eine Musik, die alle erreicht.«[4] Darum ist Vermittlung und Verständnis nötig. Das gilt für die Älteren, denen der Zugang zu elektronischen Instrumenten ermöglicht werden muss. Das gilt für die Jüngeren, denen mancher Choral und manches Lied aus dem Mittelalter wie ein Buch mit sieben Siegeln vorkommt. Es muss Gelegenheiten geben, wo diese Vermittlung geschieht. Sie kann nicht beim Vorspiel erreicht werden, weil Worte dazu nötig sind. Das Lied nach der Zeit der Gemeinschaft ist ein guter Ort. Bei der Vermittlung sollten Verstehenshilfen zur Interpretation gegeben werden. Es kann helfen, aus der Abfassungszeit, vom Liederdichter und dem Abfassungsziel zu erzählen. Fast wichtiger ist jedoch, dass jemand berichtet, wie dieses Lied oder dieses Musikstück in ihr Leben hinein gesprochen hat, transparent wurde für Gottes Wirken und Reden. Oft ist dies der Schlüssel, damit einer anderen diese Musik nahe kommt, obwohl sie ungewohnt oder fremd ist. Meist sind Personen ein wichtiger Zugang.

Übung

Kleine Übung mit Herrn Testit

Mit einer Übung soll dieser Abschnitt enden. Er richtet sich mehr an die Musikerinnen und will die Umsetzung von Stimmungen und Erinnerungen durch die Vokal- oder Instrumentalmusik ansprechen. Bitte finden Sie Lieder oder Musikstücke, die folgendes ausdrücken:

- Geborgenheit bei Gott
- Seine Liebe gilt mir
- Gott hat mich errettet und befreit
- Zuversicht
- Hoffnung
- Trotz gegen Schweres
- Gottes Hilfe erwarten

- Sich freuen an seiner Macht
- Ihn loben als Schöpfer
- Frieden unter den Menschen erhoffen
- Anteilnahme an Christi Kreuzestod
- Seine Schöpfung bewahren

Gerne dürfen Sie hier auch Stimmungen und Erinnerungen ergänzen, die Sie für wichtig für das Vorspiel im Gottesdienst halten. So machen Sie sich bewusst, was Sie den anderen schenken und verkündigen möchten – und das bei nächster Gelegenheit sogar tun.

Die Musik ist eine Bewegerin und Regentin des menschlichen Herzens.
Nichts auf Erden ist kräftiger,
die Traurigen fröhlich und die Verzagten herzhaft zu machen;
die Hochmütigen zur Demut zu reizen; Hass und Neid zu mindern.
Martin Luther

5.2 Das Votum, das biblische Grußwort und die Begrüßung

1. Wir versuchen zu verstehen

Votum

Nachdem uns die Musik oder ein Lied bedeutet hat, nun in die Gemeinschaft mit Gott und mit Geschwistern einzutauchen, macht das Votum unmissverständlich klar, um welchen Gott und um welche Gemeinschaft von Geschwistern es sich hier handelt. Wie das Vorzeichen vor einer Klammer in der Mathematik identifiziert es nicht den Wert im Sinne von Plus oder Minus, sondern den Charakter des folgenden: Wer wird verkündigt? Wen loben und preisen wir? Wen suchen wir? Zu wem beten wir? Das Votum lautet:

»Im Namen Gottes, des Vaters und des Sohnes und des Heiligen Geistes!«

Nicht umsonst steht das Ausrufungszeichen am Satzende des Votums; es ruft aus. Es ruft in Richtung der Menschen: Vor diesem dreieinigen Gott, dem Gott des ersten und neuen Bundes, dem Gott, der in Jesus Christus Mensch geworden ist, dem Gott, der im Heiligen Geist gegenwärtig ist, vor diesem Gott stehen wir – jetzt. Das Votum meint mit anderen Worten ausgedrückt: Alles was nun geschieht, geschieht in seinem Namen. Wir rechnen mit seiner Gegenwart. Wir hoffen, von ihm berührt zu werden. Und wir bitten, dass unser Beten und Loben, Singen und Klagen ihn berührt. Dieser Teil des Votums versteht sich wie eine erste Klammer und der Segen als die zweite Klammer;

manchmal wird es ausgesprochen oder es wird nur gedacht, aber hinter jedem Segenswort steht die Wendung »So segne dich der gnädige Gott, der Vater, der Sohn und der Heilige Geist!« Das neutestamentliche Segenswort nach 2 Kor 13, 13 spricht es aus: »Die Gnade unseres Herrn Jesus Christus und die Liebe Gottes und die Gemeinschaft des Heiligen Geistes sei mit dir!« So verstanden ist die Nennung des dreieinigen Gottes im Votum wie eine Hand, die in einen Raum hineinführt. Wir könnten es auch so umschreiben: Sie führt in eine Gegenwart ein, die durch Christi Verheißung »Wo zwei oder drei in meinem Namen beisammen sind, da bin ich mitten unter ihnen« (Mt 18, 20) zugesprochen wird. Keine möge nun denken: Ah, Vor- und Nachspiel fallen aus dieser Rahmung raus! Formal könnte jemand so denken. Es verhält sich jedoch umgekehrt: Das Votum identifiziert natürlich ebenso nach hinten, bzw. beim Segen auf das Nachspiel. So wie es für den Raum identifizierend wirkt. Als die Kirche geweiht wurde, geschah dies im Namen des dreieinigen Gottes.

Fragen wir, wo uns solch eine Wendung noch begegnet, dann fallen uns zwei Orte ein: Zum einen das Lob oder die Anbetung, zum anderen die Taufe.[1]

In einem Text aus der Orthodoxen Kirche heißt es:

Meine Hoffnung ist der Vater,
meine Zuflucht ist der Sohn,
mein Obdach ist der Heilige Geist.
Heilige Dreifaltigkeit, Ehre sei Dir! Amen

Viele Lobworte oder auch Lobgesänge enthalten die Nennung Gottes in seiner Dreifaltigkeit, wie wir es dem Neuen Testament entnehmen. Sie folgen der Nähe und dem Handeln Gottes in der Erfahrung Gottes als Vater, als Herr Jesus Christus und als Heiliger Geist. Werden alttestamentliche Psalmworte als Preisung gesprochen, werden sie gerne mit dem Gloria Patri abgeschlossen, also mit den Worten »Ehre sei dem Vater und dem Sohn und dem Heiligen Geist«, wie wir es aus verschiedenen Liturgietraditionen kennen. So bricht sich im Hören des Votums bereits das unfassliche Geheimnis des Wesens Gottes eine Bahn. Jene unerforschliche Erhabenheit, die sich nur im Lobpreis anbeten und bestaunen lässt, wird als erstes Wort genannt und damit bekannt. Der Lobpreis Gottes wird assoziert und ist das erste Wort des Gottesdienstes.

Der andere Ort ist die Taufe. Wir sind »auf den Namen Gottes des Vaters und des Sohnes und des Heiligen Geistes« (Mt 28, 19) getauft worden. Wir erinnern uns an den Zuspruch des Heils und, wenn wir es angenommen haben, an das Glück Gottes Töchter und Söhne sein zu dürfen. Es schwingt die Freude mit, herausgerufen[2] zu sein aus der Todesverstrickung, hineingerufen zu sein in die Gemeinschaft mit Gott und den Seinen. Es schwingt die Sehnsucht mit, dass unsere wirkliche »Heimat im Himmel ist« (Phil 3, 20) und wir in Geduld auf diese Erfüllung warten.

Mit dem Votum den Gottesdienst »eröffnen« bedeutet, dass die Feierenden auf die vertikale Beziehung angesprochen werden. Die Anwesenden gewahren die Nähe des dreieinigen Gottes, öffnen sich ihm, seinem Geist, seinem Wort. Sie öffnen sich ihm, um ihr Leben zu »äußern« in Lob und Dank, Klage und Bitte.

Der biblische Gruß

An das Votum schließt sich der biblische Gruß an. Während das Votum die Feiernden zusammenführt, weist der biblische Gruß auf den besonderen Inhalt des Gottesdienstes. Er greift auf die Verkündigung, die im ersten oder im dritten Geschehensbereich der Sonntagsfeier sein wird. Der biblische Gruß setzt ein Signal, dass Gott mit seinem Zuspruch oder seinem Anspruch uns nahe kommen wird. Dieser Anspruch Gottes geschieht nicht diktatorisch. Er ist zwar von Gott gestellt, will aber von den Feiernden angenommen sein. »Ja, so ist es«, Gott darf seinen Anspruch auf mich erheben. »Ja, so ist es«, allein durch Gottes Gnade und Segen kann mein Leben gelingen. Deshalb sprechen wir nach dem biblischen Gruß das Amen. Damit geschieht ebenso persönliche Öffnung und frohe Erwartung, dass Gott durch sein Wort und seinen Geist Lebensausrichtung schenken wird. Nicht umsonst ist es ein Wort der Bibel, das das Geschehen ansagt. Es steht – wie der gesamte Gottesdienst – in der Ausrichtung dessen, was wir als Bekenntnis des Glaubens bei der Aufnahme in die Gliedschaft gesprochen haben: »Erkennst du die Heilige Schrift Alten und Neuen Testaments als die uns von Gott gegebene Grundlage deines Glaubens und Lebens an?«[3]

Diese von Gott gegebene Grundlage wird mit dem biblischen Gruß transparent gemacht und findet sich in der Auslegung des biblischen Wortes wieder. Kein geistliches Gedicht, kein christliches Lied vermag das zu ersetzen, da beide von der Heiligen Schrift oder der christlichen Erfahrung ausgehen und damit nachgeordnet sind.

Gruß der Liturgin

Daran schließt der persönliche Gruß der Liturgin des Gottesdienstes an. Nun ändert sich die Beziehungsrichtung. Kommen in Votum und biblischem Gruß die vertikale Ebene zum Tragen, so wechseln die

Feiernden mit der Begrüßung in die horizontale. Mit den persönlichen Worten wird die Beziehung derer angesprochen, die hier zum Gottesdienst versammelt sind. Für die Gemeinde macht es transparent: Wir sind Schwestern und Brüder in der Nachfolge und verbinden uns zum Gotteslob und Hören. Alle Gäste wissen sich gesehen und aufgenommen. Der Gottesdienst ist ein Geschehen, das Auswirkungen für das Miteinander in der Gemeinde hat. Es gewinnt die Beziehung zu Gott Gestalt, aber auch das Leben der Gemeinde. Dabei ist zu beachten, dass diese Beziehung durch Gott gestiftet und gegeben ist; sie muss nicht durch die Sprecherin geschaffen werden. Die Begrüßung kann dies ansprechen, für dieses Miteinander öffnen, zur Wahrnehmung anleiten, aber nicht stiften. So ist auch Gott letztlich der Gastgeber im Gottesdienst, nicht die Liturgin oder die Pastorin. Die persönliche Begrüßung steht darum auch nicht vor dem Votum, um genau dem Rechenschaft zu tragen. So drückt sich aus, dass unser Gemeindeleben von Gottes Leben umschlossen ist. Wir sind da hinein aufgenommen, »denn in ihm leben, weben und sind wir!« (Apg 17, 28) Aus diesem Grund ist die Zeit der Gemeinschaft kein Fremdkörper im Gottesdienst. In ihr drückt sich jene horizontale, die geschwisterliche Beziehung aus, die von der vertikalen, der Gottesbeziehung umschlossen ist.

2. Wir gestalten

Ich werde mit einer kleinen Übung beginnen. Sie stellt einige »Eröffnungen« in knapper Weise vor. Bitte tragen Sie in die freie Zeile ein, was für Sie gegen diese Eröffnung spricht. Danach werde ich positiv zum Gestalten anleiten. Am Ende meiner Anleitung gehen sie die Eröffnungen von Herrn Testit noch einmal durch.

Übung ✍ Herr Testit probt die Eröffnung:

a) »Ich bitte alle, denen es möglich ist, nun aufzustehen. So. Wir feiern unseren Gottesdienst im Namen Gottes des Vaters und …!«

....

....

b) »Ich freue mich, dass Sie alle da sind. Im Namen Gottes des Vaters und …!«

....

....

c) »Wir grüßen uns heute am vorletzten Sonntag des Kirchenjahres mit dem Wochenspruch aus 2 Kor 5, 10: Wir müssen alle offenbar werden vor dem Richterstuhl Christi ...«

....

....

d) »Ich grüße Sie im Namen des dreieinigen Gottes, des Vaters und des Sohnes ...«

....

....

e) (Die Gemeinde steht von alleine auf) »Im Namen unseres Herrn Jesus Christus. Guten Morgen alle miteinander. Trotz herrlichen Wetters sind Sie gekommen ...«

....

....

Die folgenden Gestaltungshinweise sind als Ansprache an diejenigen gehalten, die im liturgischen Dienst den Gottesdienst eröffnen. Alle anderen bitte ich, die Hinweise für ihr Mitwirken zu übersetzten.

Gehen Sie erst nach vorne, wenn das Vorspiel zu Ende ist. Nicht beim letzten Takt, und schon gar nicht früher. Die Gemeinde hört dem Vorspiel (hoffentlich) gerne zu und danach braucht es einen kleinen, bewussten Übergang, um das Kommende geistesgegenwärtig zu tun bzw. durch das Amen zu akzeptieren. Des Weiteren ist diese Zäsur auch der Zeitraum, den die Mitfeiernden zum Aufstehen brauchen.

Stehen Sie vor dem Abendmahlstisch und in direkter Flucht vor dem Kreuz. Das hat eine besondere Wirkung. Die Gründe unterscheide ich in dramaturgische und inhaltliche. Der inhaltliche Grund: Wenn der Gemeinde in der Eröffnung der dreieinige Gott angesagt wird, dann geschieht dies nach dem Wort der Bibel, die auf dem Abendmahlstisch – also direkt hinter Ihnen – liegt. Der dramaturgische Grund: Wenn Sie die Eröffnung sprechen, sieht die Gemeinde in direkter Flucht hinter Ihnen das Zeichen unserer Gotteserkenntnis, das Kreuz. Somit werden diese Zeichen eine Hilfe, dass die bei der Eröffnung gesprochenen Worte über die sprechende Person hinausweisen. Sie sagen Gott an und das tun beide Symbole ebenso, Schrift und Kreuz.

Die Gemeinde sollte spätestens aufgestanden sein, wenn Sie sich ihr vom Sakralbereich zuwenden. Ist das in Ihrer Gemeinde noch nicht Tradition, dann ist es ein einfaches, das der Gemeinde zu sagen. Die Gemeinde steht auf, um Gott die Ehre zu geben. Wenn das Votum und damit eine Form des Lobpreises gesprochen wird, ist die Ehrerbietung des Aufstehens in unserer Kultur die entsprechende Form. Manchmal sagen Pastorinnen: »Wir müssen doch an die alten oder behinderten Menschen denken. Es schließt sie doch aus, wenn wir etwas wünschen, was sie offenkundig nicht tun können.« Die Fürsorge ist ehrenhaft und geschwisterlich. Aber ich halte diese Art der Rücksichtnahme für nicht angebracht. Zum einen kann mit Worten sehr einfach gedeutet werden, dass wer nicht aufstehen kann, dies innerlich vollziehen möge – und diese Menschen werden das innerlich vollziehen, weil es ihnen ein Bedürfnis ist. Zum anderen würden diese Menschen es nie akzeptieren, dass man um ihretwillen Gott gegenüber auf einen äußerlichen Ritus des Ehrens verzichtet; wo wir ihnen dies so erzählen würden, würde diese Tatsache sie belasten. Noch einmal: Erläutern Sie ein oder zwei Mal der Gemeinde, dass sie bei der Eröffnung aufstehen soll, und dann geschieht es automatisch. Versuchen Sie auf eine Handbewegung zu verzichten, wenn diese Regel eingeführt ist. Gewähren Sie etwas Zeit. Die Aufstehenden animieren die Mitfeiernden, bei denen die Regel noch nicht in Fleisch und Blut übergegangen ist.

Beginnen Sie die Eröffnung mit dem Votum. Das Votum meint die Nennung des dreieinigen Gottes. Es ist wie oben ausgeführt Bekenntnis und Lob. Niemals sollte auf das Votum verzichtet werden, da es identifiziert. Sehr wohl – und das ist eine Frage des Gestaltungswillens der Liturgin – kann die Form variiert werden. Ob sie an jedem Sonntag gleich gesprochen oder variiert wird, über ein »Besser oder Schlechter« ist schwer zu entscheiden. Ich will Variationsformen nennen:

»Im Namen Gottes des Vaters und des Sohnes und des Heiligen Geistes!«

»Dieser Gottesdienst geschieht im Namen Gottes des Vaters und des Sohnes und des Heiligen Geistes!«

»Im Namen des Vaters, der uns geschaffen hat;
im Namen Jesu Christi, der uns erlöst hat;
im Namen des Heiligen Geistes, der uns begabt und leitet.«

»Ein Geist und ein Leib,
ein Herr und ein Glaube,
ein Gott und Vater aller, der da ist über allen und durch alle und in allen.« (Eph 4, 4ff)

»Im Namen unseres Herrn Jesus Christus, der mit Gott und dem Heiligen Geist herrscht in alle Ewigkeit, feiern wir Gottesdienst!«

Für besondere Festtage oder Festgottesdienste lässt sich das Votum auch in »Bekenntnis und Antwort« – anders gesagt: als Responsorium – gestalten. Ich möchte hier ein österliches und ein allgemeines Beispiel geben:

Liturgin: »Christus ist auferstanden!«
Mitfeiernde: »Der Herr ist wahrhaftig auferstanden!«
Liturgin: »Der Herr ist auferstanden und hat die Schlüssel der Hölle und des Todes!«
Mitfeiernde: »Halleluja!«
Liturgin: »Dem dreieinigen Gott, dem Vater, Sohn und Heiligem Geist sei Ehre und Anbetung in der Gemeinde!« (Ein Lobpreis, eine Doxologie könnte folgen ...)

Liturgin: »Der mütterliche und väterliche Gott begegnet uns jetzt.«
Mitfeiernde: »Dir, Gott, vertrauen wir!«
Liturgin: »Christus, unser Herr und Befreier aus Sünde und Tod begegnet uns jetzt!«
Mitfeiernde: »Dir, Herr, gehört unser Leben!«
Liturgin: »Gott, der Heilige Geist, Geist des Lebens und der Freude begegnet uns jetzt!«
Mitfeiernde: »Du, guter Geist, begeistere uns zu Liebe und Dienst!«

Das Votum kann auch als Variationsform gesungen werden. Das Lied »Wir sind hier zusammen in Jesu Namen« (EM 432) ist ein gesungenes Votum mit dem deutlichen Akzent des Lobpreises.

An das Votum schließt sich der biblische Gruß an. Er bezieht sich auf das Thema der Verkündigung. Dieses Thema ist entweder durch das Kirchenjahr bestimmt oder durch das besondere Anliegen der Predigerin. Das besondere Anliegen kann sich aus kasualen Gründen ergeben (Taufe, Abendmahl, Segnung) oder wenn sich ein Thema durch gemeindliche, politische oder sonstige Gegebenheiten aufdrängt. Die Agende gibt der Kirchenjahreszeit entsprechende Grußworte zur Auswahl auf den Seiten 33 bis 43. Wählt die Liturgin den biblischen Gruß zu genau diesem Sonntag im Kirchenjahr, findet sich dieser im Losungsbuch der Herrnhuter Brüdergemeine oder im Liturgischen Kalender des Evangelischen Gesangbuchs – ich betone: Beides sind unverzichtbare Begleiter für alle, die im Gottesdienst gestalten. Der biblische Gruß schließt sich mit einer kurzen Atempause an das Votum an. Ist es ein Wort von unserem Herrn aus den Evangelien, kann es mit den Worten »Christus spricht« eingeführt werden. Erst nach dem biblischen Gruß wird das Amen gesprochen. Es gehört noch zu der vertikalen Beziehung, also zu der Beziehung zwischen Gott und Mensch im Gottesdienstgeschehen. Das Amen ist auch das Zeichen, dass die Gemeinde sich setzt. Denn nun kommt die horizontale Beziehung, also die Beziehung zu den Geschwistern und zu denen gehört auch die Liturgin. Und da wir Geschwister sind, ist das Stehen als Ehrerbietung nicht angesagt.

Eine kurze Zwischenbemerkung: Nie sollten diese beiden Ebenen miteinander vermischt werden. Die vertikale Ebene spricht die Beziehung zu Gott an. Das geschieht im Votum und im biblischen Gruß. Die horizontale Ebene geschieht in der nun folgenden Begrüßung und spricht die Gemeinschaft der Gemeinde an. Vermischt jemand diese beiden, führt das zu Irritationen. Bei den Mitfeiernden kommt Befremden auf.[4] Besonders dann ist es sehr irritierend, wenn jemand zuerst eine persönliche Begrüßung voranstellt, während der die Mitfeiernden vor der Liturgin stehen. Das ist irgendwie peinlich.[5]

Nachdem sich die Gemeinde gesetzt hat, folgt die persönliche Begrüßung. Sie sollte nicht »schwafeln«, um einfach etwas zu sagen. Belanglosigkeiten wie »Schön, dass Sie da sind« oder »Gut, dass Sie den Weg hierher gefunden haben!« schaffen keine Verbindung. Die Worte sollten ehrlich sein; sonst ist es besser nur »Ich heiße Sie willkommen und wünsche uns Gottes Segen für das Feiern!« zu sagen. Wenn es ein Thema gibt, ist es an dieser Stelle zu nennen. Gäste können nun begrüßt und herzlich willkommen geheißen werden. Ein persönliches Zeugnis – soweit es zum Charakter oder Thema des Gottesdienstes passt – kann hier genannt werden; ansonsten hat ein Zeugnis eher in der Zeit der Gemeinschaft seinen Platz.

»Ein Maß für die Begrüßung/Eröffnung ist, ob ich sie auswendig sprechen kann.«[6] Das betont den Charakter der Zuwendung. Es ist ein Ziel, ohne Ringbuch die Eröffnung und Begrüßung sprechen zu können. Jedes Ablesen oder jede »Verzettelung« trägt ab.[7] Das ist jedoch keine Anforderung, sondern vielmehr eine Zielvorstellung. Es lohnt sich das Votum, den biblischen Gruß und die Begrüßung auswendig zu können. Das heißt vor allem für die Begrüßung: So kurz und einfach und transparent wie möglich. Zuviel des Guten ist vom Bösen. Und die Predigt hat einen anderen Ort.[8]

Denken Sie daran, dass es sein kann, dass die am Schreibtisch erdachte oder niedergeschriebene Begrüßung nicht mehr passen möchte, wenn Sie vorne stehen. Es sind Personen im Gottesdienst, die Sie nicht erwartet haben. Ein plötzlicher Todesfall, der Ihnen gesagt wird, wirft alles durcheinander. Eine Nachricht im Rundfunk am Sonntagmorgen macht betroffen und belässt Sie nicht in der geplanten Spur. So etwas kann und darf sein. Manchmal können Sie dies so artikulieren. Manchmal hilft ein Rückzug auf kurze »Sätze«, um uns zu schützen. Solche kurzen Begrüßungssätze können sein:

»Willkommen im Haus Gottes. Gott ist da, wir sind da. Das genügt.«[9]

»Öffnen wollen wir uns vor Gott. Unser Dank und Lob möge ihn ehren. Unsere Bitten sein Herz erreichen.«

»Es ist ein Vorrecht, Gottes Wort im Loben und in der Verkündigung teilen zu dürfen. Gott sei Dank. Gott möge unser Feiern segnen.«

Es empfiehlt sich, ein kleines Repertoire an »Notworten« für die Begrüßung im Predigtordner parat zu haben. Manchmal können solche Irritationen urplötzlich entstehen. Dann ist es gut zu wissen, wo man Hilfe erhalten kann. Nicht, dass Gott Ihnen nicht beisteht; aber soviel an Ihnen ist, können Sie Vorsorge treffen. Auch das ist ein Segen.

So, nun bitte ich Sie noch einmal die Übung mit Herrn Testit zu lesen. Hat sich Ihr spontaner Eindruck erhärtet? Würden Sie anders urteilen?

5.3 Das Eingangslied

1. Wir versuchen zu verstehen

Akzente setzen

Wir haben bei der Betrachtung der gottesdienstlichen Eröffnung gesehen, dass das Votum sowohl identifizierenden als auch preisenden Charakter hat. Das nun folgende erste Lied kann beide Akzente setzen. Es identifiziert, was im Gottesdienst geschieht: Was dürfen wir erwarten? Was will Gott schenken? Wer ist Gastgeber? Das Lied hilft uns so in die Begegnung mit Gott oder miteinander zu finden. Es hat eine öffnende Wirkung wie auch das Votum. Das Eingangslied kann aber auch den Akzent auf das Gotteslob legen, das durch die folgenden Lesungen und Lobgesänge, das Gebet und die Anbetung Raum gewinnt. Es eröffnet damit den lobenden Teil, meist mit einem Dank an Gott. Bei manchen Liedern können die Akzente auch ineinander greifen.

Übung ✍ Um unsere Aufmerksamkeit für die Gestaltung etwas zu schulen, wird Herr Testit eine kleine »Augenschule« mit Ihnen durchführen. Er wird Liedstrophen – ganz oder teilweise – zitieren und bitte schreiben Sie
eine »1« für ein Lied dessen Akzent die Identifizierung, und damit die Öffnung, ist,
eine »2« für die Ausrichtung auf Dank und Lob und
eine »3« für eine sonstige, thematische Ausrichtung eines Liedes. Es geht los:

- »Du hast uns, Herr, gerufen und darum sind wir hier. Wir sind jetzt deine Gäste ...« (EM 447)
- »Dankt dem Herrn mit frohem Mut, er ist freundlich, er ist gut ...« (EM 6)
- »Gelobt sei deine Treu, die jeden Morgen neu uns in den Mantel deiner Liebe ...« (EM 95)
- »Ich warte, Herr, in deinem Haus: Sei du mir freundlich nah. Du teilst in Brot und Wein dich aus und bist im Wort selbst da.« (EM 433)
- »Der du die Zeit in Händen hast, Herr, nimm auch dieses Jahres Last ...« (EM 104)
- »O Gott, sei gelobt für die Liebe im Sohn, der am Kreuz für uns starb und dann aufstieg zum Thron .... sei gepriesen! Herr, segne uns jetzt!« (EM 41)
- »Tut mir auf die schöne Pforte, führt in Gottes Haus mich ein; ach wie wird an diesem Orte meine Seele fröhlich sein ...« (EM 434)
- »Hell strahlt die Sonne, der Tag ist erwacht ... Herr, ich lobe dich, denn du erwärmst auch mich; dein Licht ist für mich da. Halleluja!« (EM 615)
- »Brunn allen Heils, dich ehren wir und öffnen unsern Mund vor dir; aus deiner Gottheit Heiligtum dein hoher Segen auf uns komm!« (EM 44)

- »Feiert mit uns ein Fest vor dem Herrn mit Blumen und Kerzen, in festlichen Kleidern, ja, feiert mit uns ein Fest vor dem Herrn!« (EM 431)

Ich will hoffen, dass Sie nicht mit Stirnrunzeln hier angekommen sind. Wenn ja, dann könnte das daher rühren, dass Sie nicht immer sicher zwischen dem einen und anderen Akzent unterscheiden konnten. Seien Sie beruhigt: Bei manchen lassen sich auch zwei Ausrichtungen feststellen wie zum Beispiel bei dem Lied EM 41.

Neben diesen grundlegenden Akzentuierungen kann auch das biblische Grußwort die Liedwahl beim Eingangsgesang bestimmen. Das biblische Grußwort ist ja so gewählt, dass es durch die Schriftlesungen oder durch die Predigt aufgenommen wird. Steht es mit dem Thema der Schriftlesungen in einem Zusammenhang, dann bestimmt es auch die Art der Lobgesänge. So kann das Thema des Gotteslobs im ersten Geschehensbereich des Gottesdienstes auch das Eingangslied mit einbeziehen. Natürlich darf es nicht ein rein thematisches Lied sein, sondern sich im Dank, im Lob und in der Freude über Gott befinden. Der Grund des Dankens kann das Thema sein.

2. Wir gestalten

Ansage eines Liedes

Wir wenden unseren Blick – vor der Liedwahl – auf die Ansage eines Liedes im Gottesdienst. Die Leitung im Gottesdienst durch eine Liturgin ist eine geistliche Aufgabe. Geistliche Leitung verzichtet auf »technische« Informationen. Die geistliche Ausdrucksweise sagt an, was wir mit dem nun folgenden Lied tun wollen: Gott danken, ihn loben über ... Die Ansage des Liedes will unsere innere Ausrichtung prägen und deshalb singen wir das Lied: Gottesgemeinschaft, er ist Gastgeber, du bist erwartet ...; und dieses drückt sich dann im Lied aus.

Aber: Was ist unter einer technischen Information bei der Liedansage zu verstehen? Es ist die nüchterne Nennung in der Weise: »Wir singen nun 447«. Oder: »Wir singen nun das Lied 447 in unserem Gesangbuch«! Dies ist für mein Dafürhalten ganz – das meint im Gottesdienst überhaupt – zu vermeiden.[1] Die Liedtafel zeigt an, welches das erste Lied ist und eine Liedtafel sollte auch die zu singenden Verse des Liedes anzeigen. Geistliche Rede und technische Informationen schließen sich aus; im Gottesdienst soll es so weit wie möglich um geistliche Dinge gehen. Ich möchte dies einmal gewagt illustrieren: Geistliche und technische Rede verhalten sich ungefähr so, wie wenn ein Partner beim innigen Kuss zu seiner Geliebten sagt:

Übrigens, hast du dein Deo beim Supermarkt um die Ecke gekauft? Sie dürfen gewiss sein, dass die Erotik und die Schönheit des Augenblicks wie weggefegt sind. So auch im Gottesdienst. Das oben genannte Lied EM 447 kann in geistlicher Weise zum Beispiel so angesagt werden: »Gott lädt uns ein und will uns nun beschenken. Sein Wort will uns prägen, sein Vorbild uns vor Augen stehen, sein Geist uns Neues wichtig werden lassen; dies drücken wir aus, wenn wir singen »Du hast uns, Herr, gerufen und darum sind wir hier«.

Bei einem Lob- und Danklied kann die innere Hinführung zum Beispiel so durch Worte gewiesen werden: »Über Gottes freundliche Fürsorge lasst uns staunen und ihm danken. Sei Lob und Ehr dem höchsten Gut, dem Vater aller Güte.« (EM 3). Manche wünscht sich auf Hinführungen ganz zu verzichten. Für mich sind diese kurzen Hinführungen wie Voreinstellungen, die helfen, sich emotional und kognitiv einzufinden. Das persönliche Moment dessen, was es zu erwarten gilt, wird angeregt und ein Mensch öffnet sich dem Wort, dem Lied und somit der Begegnung mit Gott. Damit wird der Ablauf der Feier aus der Gefahr genommen, als »Hofzeremoniell bei einem Herrscher«[2] abzulaufen, das ohne Belang für Menschen ist, da ihnen nur die Rolle der Beobachterin zukommt. Gleichzeitig möchte ich die geistliche Hinführung auch auf die andere Seite hin abgrenzen: Sie darf nicht zu einer Art »Moderation einer TV-Show« werden: Diese ist eine Ansage des Folgenden, die durch Nettigkeiten und Gefälligkeiten Interesse weckt.

Ein Weiteres: Ich beobachte, dass gerne nur ausgewählte Strophen gesungen werden. Hinter jedem Lied steht eine Absicht des Dichters. Jedoch soll das Lied nun dem Duktus des Gottesdienstes dienen, den eine Spätere mit der Gemeinde feiern will. Wir sollten uns Rechenschaft geben, warum wir eine Strophe oder mehrere auslassen wollen. Ist uns dies bewusst, dann tun wir es mit ruhigem Gewissen. Bedenkenswert ist jedoch, dass die Liederdichter oft einen inneren Weg mit einem Lied beschreiben, eine Abhandlung und manchmal sogar ein biblisches Drama. Dieses zu unterbrechen, führt zum Scheitern und zur Unverständlichkeit des Liedes. Allein, dass ein Lied sieben Strophen hat, ist noch kein Grund einige Strophen auszulassen. Wenn es gewählt wird und zum gottesdienstlichen Duktus passt, dann kann ein Hinweis auf den Inhalt oder die Dramaturgie helfen und die Freude für das ganze Lied durchaus wecken.

Wo suchen wir nach einem entsprechenden Lied für den Gottesdiensteingang. Das Gesangbuch hilft uns, ein entsprechendes Eingangslied zu finden.

<table>
<tr><th>Lieder nach Sachgruppen</th><th>Ausrichtung der Lieder</th><th>Liednummern</th></tr>
<tr><td>Seite 12f</td><td>Lob und Dank</td><td>1-28 u. a.</td></tr>
<tr><td>Seite 31</td><td>sich öffnen, Eröffnung und Identifizierung</td><td>431-449 u. a.</td></tr>
<tr><td>Seite 39</td><td>Lob und Dank in Morgenliedern</td><td>600-620 u. a.</td></tr>
<tr><td colspan="3">Das Inhaltsverzeichnis auf Seite 10-11 hilft, um Lieder mit Dank und thematischer Ausrichtung wie Kirchenjahresthemen, biblischen Themen oder kirchlichen Handlungen (Taufe, Abendmahl, Trauung usw.) zu finden.</td></tr>
</table>

5.4 Die Schriftlesungen und Gesänge

1. **Wir versuchen zu verstehen**

Ich vergegenwärtige, was ich in Kapitel 4.3 als innere Bewegung des folgenden Parts des Gottesdienstes gedeutet habe: In den Bibelworten wird uns der dreieinige Gott in seiner liebenden Zuwendung »verkündigt« und dies lädt uns zu Dank, Lob und Anbetung ein. Das unverfügbare Wort Gottes bringt uns Gott nahe und unsere Antwort darauf kann nur die Erhebung Gottes sein. Denn immer hat der Gottesdienst am Sonntag, dem Auferstehungstag Jesu, den Charakter eines Osterfestes: Im Auferstandenen erweist Gott seine Macht gegen Sünde, Teufel und Tod. Diese Hoffnung muss sich widerspiegeln, selbst wenn wir einen Klage- oder Trauergottesdienst, wenn wir einen Fürbitt- oder Friedensgottesdienst gestalten; alles steht unter dem Horizont der Hoffnung, dass Gottes Sieg alles Todbringende überwindet.

Die Grundform sieht folgende Bewegung in »Wort – Antwort« vor:

Die Schriftlesungen:

Altes Testament und Neues Testament

Sie werden den beiden Testamenten entnommen; dem Alten und dem Neuen. Selbst wenn wir Altes Testament und Neues Testament sagen, haben wir gedanklich den Bund Gottes mit Israel oder mit Christus vor Augen und keine Wertung. Wenn wir im Gottesdienst aus beiden Zeugnissen, aus beiden Testamenten Gott verkündigen, drücke wir die Einheit der Heilsgeschichte aus. Wir bezeugen damit den »roten Faden« Gottes, der in immer neuer Weise die Menschen in die Gemeinschaft einlädt. Im christlichen Gottesdienst ist die Geschichte des Falls, die Erwählung Abrahams und des Volks Israels, Zerstreuung und Sammlung der Israeliten, die Herrlichkeit Gottes in Christus und die Gabe des Heiligen Geistes und der Gemeinde an jedem Sonntag lebendig, indem aus beiden Testamenten gelesen und Gott darüber gepriesen wird. Damit wird für Gott das anschaulich gemacht, was der Hebräerbrief über Christus sagt: »Gott (Jesus Christus) gestern und heute und derselbe auch in Ewigkeit!« (Hebr 13, 8) Es kommt die innere Bewegung der Heilsgeschichte zum Ausdruck, wie Gott mit allen Mitteln und in ganzer Kreativität die Menschen und seine Schöpfung in der Gemeinschaft mit ihm hält; das ist unser ganzes Glück; denn »der Herr verstößt sein Volk nicht, um seines großen Namens willen« (1. Samuel 12, 22) und sein großer Name ist Liebe (1 Joh 4, 16); das ist unser Trost und unsere Zuversicht!

Klage?

Wie steht es nun mit der Klage? Hat sie keinen Platz in unserem Gottesdienst, da auf eine Klage nicht mit einem Gotteslob, einer Doxologie geantwortet werden kann?

Sehr wohl hat die Klage Platz in unserem Gottesdienst und auch in der Eingangsliturgie. Von der Bewegung unseres Gottesdienstes ist der Ort für die Klage besser im Fürbittgebet nach der Predigt zu suchen; aber auch im Eingangsteil kann sie unter besonderen Gesichtspunkten gut verortet werden. Das ist dann zum Beispiel der Fall, wenn ein Unglück oder ein Krieg uns ereilt hat; wenn eine Katastrophe oder eine Tragödie über die Gemeinde hereingebrochen ist. Dennoch merken wir bei der Aufzählung, dass dies eher die Ausnahme bilden wird (hoffentlich). In der Passionszeit wird das Mitleiden mit Christus und der Schöpfung angesprochen. Die Lesungen werden uns dann nicht zu einem Lobgesang leiten, sondern zu einem Bittgesang. Die Schriftlesungen sind dann Räumen vergleichbar, in die wir uns mit unserer Klage fallen lassen können und sollen. Die Antwort auf die Schriftworte sind nicht Lobgesänge als vielmehr »Kyrie-Rufe« (Herr, erbarme dich), die – in der österlichen Glaubensausrichtung – zuversichtlich mit der Erhörung und Solidarität Gottes im Leid rechnen. Diese Bewegung gleicht der Abbildung in vielen Psalmen, wo die Psalmbeter ihre Not schildern und doch in der zweiten Hälfte des Gebets in den Dank für die Hilfe Gottes einstimmen, selbst wenn die reale Erfahrung noch aussteht. (Psalm 13, 22, 28, 31, 35 u. a.) So drückt sich die Zuversicht aus und kann durch das Gebet und den anschließenden Dank in unserem liturgischen Ablauf ausgedrückt werden.

Können die Lesungen nicht so ausgesucht werden, dass sie zum Predigtthema passen? Natürlich und uneingeschränkt ja! Oft dienen sie aber der Predigt als »Textressource« und sind damit verzweckt. Ihnen wird der Charakter der Hinführung zum Lob genommen. Geht beides ineinander, dann ist das wunderbar. Der Charakter der Verherrlichung Gottes scheint mir aber unabdingbar zu sein. Ich fände es einen großen Verlust, das Gotteslob aus Predigterwägungen für den Lesungsteil zu »opfern« und eine Rechtfertigung will mir nur schwer einleuchten. Der Verlust ist mir größer als ein (vermeintlicher) wie auch immer gearteter Gewinn im Gottesdienst. Zudem: Was will ich feiern, wenn nicht Gott? Sollte es aber keine Feier sein, dann ist es wohl ein »lernzielorientierer Gottesdienst« [1] oder ein Vortrag zu einem wichtigen Thema! Dafür eignet sich allerdings eine Vortragsveranstaltung besser.

Die Gesänge:

In unserer Gottesdienstordnung ist vorgesehen, dass die Gemeinde nach den Lesungen mit »Lobpreis, Anruf oder Lobgesang« antwortet. Was ist darunter zu verstehen?[2]

Danken

Am leichtesten verstehen wir, wenn wir die Worte »Dank und Anbetung« noch hinzunehmen. Wenn wir Gott **danken**, dann haben wir etwas Konkretes erfahren. Wir danken für seine Hilfe oder danken ihm für Bewahrung. Der Dank stellt die Beziehung zwischen Gabe und Geber her. Wir danken Gott für die konkrete Freundlichkeit und Güte, die er uns erwiesen hat oder noch erweisen wird. Das Danken geschieht im Vertrauen. Die Haltung der Dankbarkeit ist charakteristisch für die, die Gott vertrauen.

Lob

Aus Dank wird **Lob** oder Lobpreis, wenn ich über der einzelnen Gabe Gottes die generelle Freundlichkeit Gottes in den Blick nehme. Von der einzelnen Erfahrung zum Wesen und Wirken Gottes zu finden, das hat das Loben oder der Lobpreis oder Lobgesang zum Inhalt. In der Bibel kann dies mit Singen, Tanzen, Jauchzen, Jubeln,

Rühmen und Ehren ausgedrückt werden. Deshalb sind lobpreisen, lobsingen oder loben nur Ausdrücke für dieselbe Sache. Die Freude über Gott ist das Gefühl, das sich einstellen darf. Im Lobpreis wird spürbar, was das Wort Ekstase aussagt: Ich trete aus mir heraus auf

Anbetung

Gott zu. Von hier ist der Übergang zur Anbetung der nächste Schritt. Die Anbetung ist die Sprache der Liebe[3]: »Herr, mein Gott, du bist sehr herrlich, du bist schön ...« Wir sagen Gott, wie sehr wir über ihn staunen, ihn ehren und lieben. Wen ich anbete, dem gehört mein Leben. Darum will Gott alleine angebetet sein und keine anderen Götter. (Psalm 81, 10; 5. Mose 5, 7-10; u. a.) Wir sagen sogar unter uns: Das ist meine »Angebetete«. Allein die Anbetung darf die Intimität mit Gott suchen, weil sie aus der Liebe erwächst und darum nicht ungehörig Zugriff auf ihn nimmt. »Die Hände heben« oder »Gott erheben« drückt die Anbetung aus. Wir machen Gott bei uns groß, weil ihm dies in seiner Herrlichkeit und Ewigkeit zukommt. Die Worte oder Melodien der Anbetung sind bedächtig. Sie drücke Sehnsucht nach Gott aus. Sie können bis zum staunenden Schweigen führen, wie es Gerhard Tersteegen dichtet: »Gott ist gegenwärtig! Lasset uns anbeten und in Ehrfurcht vor ihn treten. Gott ist in der Mitte! Alles in uns schweige und sich innigst vor ihm beuge.« Für den Lobpreis und die Anbetung wird auch das Wort »Doxologie« gebraucht; das Grundwort ist das griechische Wort »doxa«, was wir mit Herrlichkeit wiedergeben können. Doxologie kann mit Lobpreisung oder Verherrlichung Gottes übersetzt werden.[4]

So haben wir versucht, Unterscheidungen zwischen Dank, Lob und Anbetung zu treffen und doch gesehen, wie sie zueinander gehören und eines aus dem anderen entspringt.

»Anruf«

Nun fehlt in unserer Verstehensbetrachtung noch der »**Anruf**«. Er ist ein Bittruf um Gottes Erbarmen. Meist ist an das »Kyrie eleison« oder eine andere Form des »Herr Jesus Christus, erbarme dich unser« gedacht. Dabei wird ein Zweifaches in diesem Bittruf getan: Zum einen wird Jesus als der Christus, der Herr, der Sohn Gottes bekennend angerufen. Er ist der Barmherzige, der Erbarmer. Das Evangelium Gottes wird laut. Zuversicht der Erhörung schwingt mit, wenn der Herr aller Herren angerufen wird. Zum zweiten tritt der Mensch und die Gemeinde in ihrer Angewiesenheit vor Gott[5]. Der Bittruf hat seinen Platz, wenn in der Schriftlesung der Mensch mit seinem eigenen Versagen und seiner Erlösungsbedürftigkeit konfrontiert wird. In der Passions- und Fastenzeit wird dies der Fall sein. Dies geschieht inhaltlich, wenn wir die Zehn Gebote als Beichtspiegel sprechen oder in der Lesung hören. Natürlich können die Zehn

Gebote auch dankbar gehört werden und wir Gott darüber mit »Ehr sei dem Vater und dem Sohn« loben und preisen. Für mich gehört der Anruf oder das Kyrie zuerst in den Abendmahlsgottesdienst oder in die Passions- und Fastenzeit, wenn der gesamte Gottesdienst in oben genannter Weise gestaltet wird.

2. Wir gestalten

Bei der Gestaltung stellen wir uns folgende Fragen:

a) Wie wähle ich oder wo finde ich die Lesungen?

Losungsbuch

Eine Laienpredigerin stöhnte im Gespräch und erzählte: »Und wenn ich dann zufrieden die Predigt erarbeitet habe, steht die Liturgie wie ein Berg vor mir! Ich wälze die Konkordanz und finde keine befriedigenden Lesungstexte!« Das Gespräch hat im weiteren deutlich gemacht, dass sie nach Texten gesucht hat, die zum Thema der Predigt passen sollten. Wir machen uns bewusst, dass dieser Teil des Gottesdienst mit »Verherrlichung Gottes durch sein Wort und unsere Antwort in Dank, Lob und Anbetung« überschrieben ist. Streng genommen kann dieser Teil unverbunden neben den anderen stehen. Er hat seinen Wert nicht in der Tatsache, dass alle Teile des Gottesdienstes durch Thema oder Stichwörter wie aus einem Guss erscheinen. Es ist schön, wenn diese Schriftworte in Beziehung zum Predigtthema oder Predigtziel stehen. Gelungen, wenn es das Anliegen des Kirchenjahres teilt und aufnimmt. Aber die erste Gestaltungsausrichtung ist, Gott zu verherrlichen in Wort und Lied. Dies wird durch das Eingangslied oder durch die alttestamentliche Lesung eröffnet und endet mit der Anbetung. Dann kommt ein Neues, nämlich die Zeit der Gemeinschaft. Gottes Herrlichkeit und Liebe zu loben, kann für sich stehen und steht nach meiner Deutung für sich. Das ist selbst dann so, wenn es thematisch verbunden ist. Suchen wir unter dieser oben genannten Überschrift nach Bibelabschnitten, dann werden wir merken, dass viele Texte von Gott, Christus und Gottes Geist erzählen oder von seinem segnenden und Heil stiftenden Handeln. Manche Texte bedürfen es nur, unter diesem Blickwinkel gelesen zu werden. Eine unschätzbare Hilfe ist das Losungsbuch der Herrnhuter Brüdergemeinde. Die vorgeschlagenen Bibelabschnitte bei jedem Sonntag verbinden sich mit dem Anliegen des Kirchenjahres. Diese werden durch die Evangelische Leseordnung vom Evangeliumsabschnitt für diesen Sonntag bestimmt. Damit ist eine thematische Zuordnung gegeben, die sich auch im Wochenspruch ausdrückt. Nicht immer passt der Wochenpsalm zum Anliegen dieser Leseordnung, da hier zwei verschiedene Traditionen »zu Buche schlagen«. So werden neben dem durch (Pr.) gekennzeichneten Predigttext der Evangelischen Ordnung meist zwei neutestamentliche und ein altestamentlicher Bibelabschnitt angegeben. Da diese in den kommenden Jahren ebenso Predigttexte werden, sind es Texte, die die gute Nachricht Gottes für uns enthalten; denn in der Predigtordnung ist kein Geschlechtsregister, kein Gerichtswort über die Pharisäer wie Mt 23, kein Psalm 137, der mit den Worten endet: »Selig, der deine Kinder nimmt und sie am Felsen zerschmettert!« – Verstehen Sie mich nicht falsch: Ich meine nicht, dass das unwichtige biblische Worte sind. Aber da der Sonntagsgottesdienst am Auferstehungstag Jesu den Charakter eines Osterfestes hat, werden solche Texte keinen Platz darin haben. Sie haben ihren Platz im Bibelgespräch oder im gemeindlichen Unterricht.

Evangelisches Gesangbuch (EG)

Wer das Losungsbuch für seine persönliche Besinnung nicht hat, wird im Evangelischen Gesangbuch (EG) auf den Seiten 1513-1536 unter der Überschrift »Liturgischer Kalender« über die Lese- und Predigtabschnitte sowie das Kirchenjahr sehr ausführlich informiert. Sieben bis acht Bibeltexte sowie ein Lied aus dem Evangelischen Gesangbuch werden angegeben, die in einer thematischen Nähe zum Wochenspruch stehen bzw zum Feiern im Rhythmus des Christusjahres.

b) Wo finden wir Lieder, die auf die Lesungen unseren Lobpreis enthalten?

Wir begeben uns am sichersten auf die Seite 12 unseres Gesangbuches unter der Überschrift »Lieder nach Sachgruppen«. Auf Seite 12 finden wir lob(-preis)ende Lieder oder Singsprüche. Ebenso werden uns unter »Gottes Wesen und Wirken«, Seite 13f, neben thematischen auch doxologische Gesänge gezeigt. Die klassischen Lobgesänge ersehen wir auf Seite 32f »Liturgische Gesänge«; Gloria, Gloria patri, Halleluja, Kyrie und andere.

c) Helfen zum Hören hinführende Worte?

Wie im vorigen Kapitel beschrieben, halte ich Überleitungen für hilfreich. Sie identifizieren die Absicht oder das Ziel des Folgenden. Der Bibelabschnitt hat eine Absicht. Ich kann sie durch entsprechende Lesebetonung deutlich machen. Ich bekräftige sie durch Ein- und Ausleitung. Die Worte sollten geistliche Inhalte transportieren und dürfen durch persönliche oder allgemeine Erfahrung ausgedrückt werden. Was sich verbietet, ist eine technische oder vereinnahmende Rede. Auch die Liturgin hat mit den Bibelabschnitten bereits eine

»Geschichte« durch die Vorbereitung erlebt. Die Worte sind durch sie hindurchgegangen und bewegten sie vor allen anderen, aber nun eben auch für alle anderen im Gottesdienst.[6]

Gewiss wird die Anschaulichkeit erhöht, wenn wir Herrn Testit bitten, dies für uns an einem konkreten Beispiel zu erarbeiten. Gesagt, getan: Herr Testit wird als Liturg den Lobpreisteil des Gottesdienstes mitgestalten. Er übernimmt die beiden Lesungen und anschließenden Gesänge.

Übung

Herr Testit gestaltet den Lobpreisteil im Gottesdienst am 8. Sonntag nach Trinitatis mit. Die Pastorin gibt ihm folgenden Gottesdienstablauf:
Vorspiel / Präludium
Votum und Wochenspruch: Eph 5, 8b.9
Danklied: Lobe den Herren EM 83, 1-5
AT-Lesung: Jes 2, 1-5
Lobpreis: Ehr sei dem Vater EM 463
NT-Lesung: Joh 9, 1-7
Lobpreis: Halleluja EM 466
Dankgebet
Anbetung: Dir, Gott, sei die Ehre EM 24, 1-4
Bekanntgaben – Zeit der Gemeinschaft
Chorlied
Predigt über Eph 5, 8b-14
Liedstrophe: Du bist das Licht, von Gott gesendet EM 326, 1
Fürbittgebet und Unser Vater
Kollekte und Lied: Du bist die Macht, du bist die Stärke EM 326, 2-5
Sendung und Segen
Nachspiel / Postludium

Herr Testit betet zu allererst. Gott soll ihn durch sein Wort ansprechen. Dann liest er den Wochenspruch und den Predigttext, liest die Lesungsabschnitte und schaut sich die Lieder an. Alles liest er durch – ja die Lieder singt er sogar –, um einen Gesamteindruck von der Bewegung des Gottesdienstes zu erhalten. Dabei spürt er wie die Metapher »Licht« alles durchwirkt und bestimmt. »Lebt als Kinder des Lichts; die Frucht des Lichts ist lauter Güte und Gerechtigkeit und Wahrheit«, lautet der Wochenspruch aus Epheser 5. Sehr stark wirkt der Imperativ, die Aufforderung »Lebt als Kinder des Lichts!«. Kinder des Lichtes sind wir, weil wir durch Christus, dem Licht der Welt

(Joh 8, 12) zu Gottes Kinder geworden sind. (Joh 1, 12) Wir sollen sein, was wir sind. Ein Anstoß zu sozialer Heiligung scheint das Thema des Sonntags zu sein.

Herr Testit schaut sich den AT-Lesungstext aus Jes 2, 1-5 an:

»2,1 Dies ist's, was Jesaja, der Sohn des Amoz, geschaut hat über Juda und Jerusalem: 2,2 Es wird zur letzten Zeit der Berg, da des HERRN Haus ist, fest stehen, höher als alle Berge und über alle Hügel erhaben, und alle Heiden werden herzulaufen, 2,3 und viele Völker werden hingehen und sagen: *Kommt, lasst uns auf den Berg des HERRN gehen, zum Hause des Gottes Jakobs, dass er uns lehre seine Wege und wir wandeln auf seinen Steigen!* Denn von Zion wird Weisung ausgehen und des HERRN Wort von Jerusalem. 2,4 Und er wird richten unter den Heiden und zurechtweisen viele Völker. *Da werden sie ihre Schwerter zu Pflugscharen und ihre Spieße zu Sicheln machen. Denn es wird kein Volk wider das andere das Schwert erheben, und sie werden hinfort nicht mehr lernen, Krieg zu führen. 2,5 Kommt nun, ihr vom Hause Jakob, lasst uns wandeln im Licht des HERRN!*

Herr Testit fragt sich nun, über was Gott durch »Ehr sei dem Vater ...« gelobt wird angesichts der Bibellesung: Es ist großartig, dass Gott eine Zukunft des Friedens plant. Gott antwortet auf die tiefe Sehnsucht nach Sicherheit und Vertrauen. Menschen lernen nicht mehr das Kriegführen. Das ist das Licht des Herrn. Im Wissen und Vertrauen auf diese Zukunft sollen wir heute leben und handeln. So lädt uns Gott zu Vertrauen und Gewaltlosigkeit ein. Gott selbst ist ein Gott des Friedens. Darüber loben wir ihn.

Herr Testit unterstreicht nun in seiner Bibel die Aussagen, die Gott als den Gott des Friedens herausstellen (im Text gesperrt geschrieben).

Herr Testit fragt sich nun, ob eine Hinführung das Anliegen der Lesung noch deutlicher werden lässt und das heißt auch den nachfolgenden Lobpreis. Er formuliert folgende Hinführung: »Wir können uns eine Welt ohne Krieg nicht vorstellen. Wir können uns kein Bild machen, wie das ist, wenn alle Völker und Nationen sich an Gott orientieren. Wir denken: Gewalt und Ausbeutung sind Naturgesetze. Aber Gott hat für seine Welt und uns Menschen eine ganz, ganz andere Zukunft vor Augen. Auf diese dürfen wir heute schon zuleben und uns darüber freuen. Wir hören den Propheten Jes, Kapitel 2: ...«.

Weiter überlegt Herr Testit: Liegt nach dieser Lesung den Mitfeiernden das Lob auf Gott auf den Lippen? Bedarf es einer »Ermunterung«? Herr Testit schreibt sich als Überleitung zum »Ehr sei dem Vater …« die Worte auf: »Unseren Herrn und Gott lasst uns loben, der solches für uns Menschen plant!« In Gedanken sieht er schon die Organistin in die Tasten greifen und das Gloria Patri erschallt durch die Gemeinde.

Desgleichen betrachtet Herr Testit den Textabschnitt aus dem Johannesevangelium 9, 1-7, um ihn für die Schriftlesung aufzubereiten:

9,1 Und Jesus ging vorüber und sah einen Menschen, der blind ge-
boren war. 9,2 Und seine Jünger fragten ihn und sprachen: Meister,
wer hat gesündigt, dieser oder seine Eltern, dass er blind geboren ist?
9,3 Jesus antwortete: Es hat weder dieser gesündigt noch seine El-
tern, sondern *es sollen die Werke Gottes offenbar werden an
ihm.* 9,4 Wir müssen die Werke dessen wirken, der mich gesandt
hat, solange es Tag ist; es kommt die Nacht, da niemand wirken
kann. 9,5 *Solange ich in der Welt bin, bin ich das Licht der
Welt.* 9,6 Als er das gesagt hatte, spuckte er auf die Erde, machte
daraus einen Brei und strich den Brei auf die Augen des Blinden. 9,7
Und er sprach zu ihm: Geh zum Teich Siloah – das heißt übersetzt:
gesandt – und wasche dich! Da ging er hin und wusch sich und kam
sehend wieder.

Herr Testit geht die Fragen wie bei der alttestamentlichen Lesung durch, unterstreicht in seiner Bibel die Passagen, die herausstellen, worüber Gott gelobt und gepriesen wird. (siehe oben) Als Hinführung zur Lesung schreibt er nieder: »Christus ist das Licht der Welt. Er ist mein Licht. Durch ihn fällt Licht in meine Dunkelheit. Ich lese Joh 9 …«. Herr Testit nimmt sich vor die letzten beiden Worte »sehend wieder« betont und gewichtig zu sprechen und mit einem »Halleluja« (d. h. Gelobt sei Jahwe/Gott) die Lesung abschließen und damit gleichzeitig den Lobpreis anzusagen.

Herr Testit spricht Lesungen und Hinführungen noch ein bis zwei Mal vor dem Sonntag. Die Unterstreichungen sind ihm dabei Betonungssignale. Da er nun in den Texten »wohnt«, kann er bei der Sonntagsfeier besser aus sich herausgehen.

Die Vorbereitung sieht zusammengefasst folgenden Weg vor: Beten → das Ganze erfassen → Hinführungen überlegen → wohnen in den Texten → Betonung üben → aus sich herausgehen

Negativliste Nun möchte ich aber auch eine »kleine Negativliste« anführen:

Ich möchte umgekehrt sagen, was sich bei der Mitarbeit oder Vorbereitung der Texte und Loblieder für den Gottesdienst verbietet:

- dass ich sie nur aus thematischen Gründen wähle, ohne mir Rechenschaft darüber zu geben, worüber Gott in den Lesungen zu loben und preisen ist.
- dass ich aus Tradition immer »Ehr sei dem Vater« und »Halleluja« singen lasse und keine Verbindung zu den Textlesungen suche bzw beides aufeinander abstimme.
- dass ich die Schriftlesung nicht vorher »erarbeite«, sondern sie halt im Gottesdienst lese, denn das habe ich ja in der Schule gelernt.
- dass ich vor der Gemeinde den zu lesenden Schrifttext erst »suchen« muss, es gar für mich und andere noch einmal laut sage und mit peinlichem Blättern beschäftigt bin.

Ich halte fest: Wer die Schriftlesungen und den Lobgesang im Gottesdienst gestaltet, ist eine Verkündigerin. Sie verkündigt Gott, und leitet die Gemeinde zum Gotteslob an. Das ist ein Amt. Manche nennen diese Personen auch Lobpreisleiterin, um Amt und Aufgabe zu betonen. Wohlgemerkt: Es ist etwas sehr Schönes, über Gott zu staunen und andere zu diesem Staunen anzuleiten.

d) Welche Bibelübersetzung wähle ich?

Revidierte Lutherbibel Unsere Ordnung sieht unter § 403 vor, dass in der Regel die revidierte Lutherbibel im Gottesdienst zu verwenden ist.[7] »In der Regel« bedeutet zweierlei: Einerseits wird die revidierte Lutherübersetzung in der Kraft ihrer Sprache wertgeschätzt; sie ist auch mir wichtig. Natürlich darf nicht verschwiegen werden, dass diese sprachliche Kraft von manchen Menschen nur mit Mühe und Konzentration erfasst werden kann. Das führt zu einem zweiten: »In der Regel« sagt auch aus, dass sich die Liturgin bzw Pastorin Rechenschaft darüber zu geben hat, welche Übersetzung sie in diesem Gottesdienst, mit diesen Menschen, zu dieser Zeit wählt. Dass Jugendliche zu einer Übersetzung wie »Hoffnung für alle« einen leichteren Zugang haben, ist auch ein wichtiger Gesichtspunkt.[8] Die Person, die den Gottesdienst vorbereitet hat, sollte in jedem Fall einer Liturgin sagen, wenn eine andere Übersetzung als die Lutherübersetzung gewünscht ist. Auch die Bibel auf dem Abendmahlstisch sollte ein revidierte Lutherübersetzung sein. Aus ihr darf gelesen werden, sie ist nicht nur Symbol.[10] Leider scheinen manche Gemeinden Stolz zu sein, eine sehr alte Bibel auf dem Abendmahlstisch zu haben. Der gute Gedanke ist sicher, dass dieses Wort verlässlich ist, unwandelbar und fest die Liebe und Güte Gottes, keinem Zeitgeist, keiner Mode unterworfen, weil der lebendige Gott selbst das Wort ist. Doch es wird auch ausgesagt: Die Bibel ist alt und verstaubt – und das ist sie dort vorne wirklich manchmal auch – und hat keine Relevanz für mein Leben. Dies wird noch verstärkt, wenn niemals daraus gelesen wird. Aber die Bibel auf dem Abendmahlstisch ist nicht abgelegt, sondern sie liegt für den Gottesdienstgebrauch dort. Selbst wenn nicht an jedem Sonntag daraus gelesen wird, weil manchen Liturginnen und Pastorinnen das Buch zu schwer ist. Ich plädiere aber dafür, diese Bibel immer wieder zum liturgischen Gebrauch zu verwenden, damit die Relevanz und Aktualität deutlich gemacht wird. Noch zwei letzte Gedanken: Achten Sie bitte auf die Ästhetik! Eine Senfkornbibel zu verwenden, wirkt schlicht lächerlich nach der Art »Gottes Wort light«! Schon manche musste plötzlich ihre Brille aufsetzen, weil sie bei den gottesdienstlichen Lichtverhältnissen die Senfkornbuchstaben nicht entziffern konnte. Geschieht dies während der Lesung, wird das die Gedanken vom Inhalt wegführen oder gar alles lächerlich erscheinen lassen. Und: Gehen Sie mit dem »Wort des Lebens« achtsam um! Wenn jemand nach der Lesung die Bibel auf den Boden legt, um im Ringbuch die Gottesdienstabfolge zu suchen oder sie zwischen die Knie klemmt, um das zu tun, so tut das der Achtung und dem Lobpreis einen großen Abbruch. Nicht der Steifheit rede ich das Wort, sondern der Achtung, der Würde und dem »integeren« Umgang.

e) Von welchem Ort lese ich?

Vor dem Abendmahlstisch

In der Regel stehe ich vor dem Abendmahlstisch. Allein die Predigt hat einen anderen Ort. Sie geschieht in einer anderen Art von Begegnung. Sie ist Verkündigung, die prophetisch-kritisch sein kann und das wird durch den anderen und meist erhobenen Ort deutlich. Dieses Wort empfangen wir, ohne es immer gleich uns ganz zu eigen machen zu können. Dieses Wort kann manchmal eine andere Antwort als den Lobpreis fordern. Auch muss der Predigerin ein gewisser Schutz zugestanden werden. Sie kann bei mancher Predigt nicht offen vor der Gemeinde stehen. Zudem unterstreicht die Kanzel die Ambivalenz von Menschenwort und Gotteswort in der Verkündigung.

Ambivalenz

So halten wir fest: Die Lesungen und Lobgesänge geschehen in der Regel vor dem Abendmahlstisch. Hier ist auch die Bibel des Abendmahlstisches in »Reichweite«. Der Abendmahlstisch kann zur Ablage des Ordners dienen. Es empfiehlt sich, in diesem »Raum« beim Abendmahlstisch zu bleiben; manche fühlt sich versucht, bei einem mehrstrophigen Loblied in der ersten Reihe Platz zu nehmen. Dies entspringt der Scheu, ohne Tätigkeit vorne ungeschützt zu stehen. Manchmal mag das Empfinden diesen Platzwechsel begründen, dass wir uns zum Lobpreis in die Gemeinde eingliedern wollen. Der Platzwechsel bringt jedoch mehr Unruhe, als dem Lob und der Anbetung gut tut. Als Leiter des Lobpreisteils kann ich auf Unvorhergesehenes leichter reagieren, wenn ich vorne stehen bleibe. Es scheint mir besser, an der Überwindung der Scheu zu arbeiten.

Wenn wir oben sagten »in der Regel vor dem Abendmahlstisch« weist dies auf das hin, dass auch anderes nötig werden kann. Dies kann zum Beispiel bei einer dramaturgischen Gestaltung der Schriftworte sein. Die Dramaturgie hilft Verstehen und nimmt Einfluss auf den Ort des Lesens. Ich will dies an Beispielen von alttestamentlichen Lesungen erläutern:

Altestamentliche Schriftlesung aus Psalm 107 und Psalm 121

Der Psalm 121 legt Gottes Hilfsbereitschaft und Behüten in schöner Weise dar. Der Psalm 107 erzählt, wie Menschen Gottes Helfen und Retten erfuhren und werden durch den Psalmbeter zum Lob und Dank ermuntert. Beide können ineinander gefügt werden unter dem Aspekt von Verheißung, Zuspruch (Psalm 121) und Zeugnis (Psalm 107).

Psalm 121	**Psalm 107**
Verse 1-2	
	Verse 4-9
Verse 3-4	
	Verse 10-16
Verse 5-7	
	Verse 17-22
Vers 8	

Die Worte erreichen die Gottesdienstteilnehmerinnen ohne jeden Zweifel besser, wenn sie von zwei Personen betont vorgetragen werden. In der Betonung darf Ps 121 zusprechend und Ps 107 dankbar, stauend zu Gehör gebracht werden. Dazu ist es hilfreich, zwei »Leseorte« zu wählen: Ps 121 von der Kanzel, dadurch wird der verkündigende Charakter unterstrichen; Ps 107 vom mittleren Mikrophon, um das Zeugnis zu unterstreichen und den nachfolgenden Lobpreis der Gemeinde einzuleiten.

Alttestamentliche Lesung von Psalm 24 in der Adventszeit

Ps 24 »eröffnet« den Advent und hat von seiner Art als Torliturgie zum Tempel eine besondere Dynamik und Dramaturgie. Die bekennenden und ausrufenden Sätze werden von einer Sprecherin von vorne gelesen; die Fragen im Psalm stellen ein bis drei Personen aus dem Raum der Gemeinde.

Wechsellesung

Die häufigste und geübteste Form der dramaturgischen Darbietung der Lesungen ist die Wechsellesung. In unserem Gesangbuch finden wir dazu von EM 682 bis 729 alt- und neutestamentliche Lesungen. Sie wollen im einzelnen angeschaut werden, um zu entscheiden, in welcher Weise ein Wechsel stattfinden kann. Manchmal spricht mehr für ein Wechsellesen zwischen Liturgin und Gemeinde, wenn Frage und Antwort, Anspruch und Zuspruch in der Aufteilung erkennbar sind. Manchmal können Frauen und Männer im Wechsel lesen oder auch bestimmte Reihen oder Seiten im Raum. Der Wechsel hat seine Stärke darin, dass auch bekannte Texte neu zu Gehör kommen.

f) Das Miteinander von Liturgin und Musikerin

Abschließend sei noch das Miteinander von Musikerin und Liturgin an dieser Stelle der gottesdienstlichen Gestaltung ins Blickfeld gerückt. Die Musikerin sollte in jedem Fall ebenso das Ganze des Gottesdienstes erfassen. Dazu hilft, nicht nur die Lieder bei diesem Teil anzuschauen, sondern auch die biblischen Lesungen für sich zu lesen. So ist sie orientiert, welche Aussage der Text hat und wie lang er ist. Das Instrument muss nicht »wie der Blitz« nach der Lesung den Lobgesang anstimmen. Aber die Musikerin sollte nicht überrascht werden: Oh, die Lesung ist schon zu Ende! Das spüren die anderen und es lenkt die Aufmerksamkeit weg vom Lob. Vor dem Gottesdienst ist das Gespräch zwischen Liturgin und Musikerin oder Dirigentin unerlässlich. Hier können die Übergänge besprochen werden. Es kann dargelegt werden, welche Worte zur Einleitung des Lobpreises vorbereitet sind. Die Musikerin kann aufmerksam machen, wenn ein gewähltes Lied unbekannt ist. In jedem Fall bedürfen die Lobgesänge keiner Intonation. Ich suche einen Vergleich, um dies zu begründen: Die biblische Lesung ist wie das Einatmen. Gott und sein Heil kommen mir nahe, greifen nach mir, wollen mich ins Staunen versetzen. Der Lobpreis ist wie das Ausatmen; es ist wie ein Reflex, mit dem das Staunen Worte findet, die Bewunderung sich Luft macht. Dieser Fluss darf nicht durch eine Intonation gestoppt werden. Oft kann nach einer musikalischen Einleitung an die Emotion nicht mehr angeknüpft werden und sie steht hilflos im Raum. Am ehesten ist eine Musikerin zu einer Intonation versucht, wenn es ein unbekanntes Lied oder unbekannter Lobchorus ist. Dann wäre eine andere Lösung der Intonation vorzuziehen: Das Lied könnte vor dem Gottesdienst angesungen werden. Der Chor erhält es zur Singstunde. In der Bibelstunde wird es geübt. Im Gottesdienst am Sonntag vorher wird es mit Intonation an einer anderen liturgischen Stelle gesungen. Alle Lösungen sind für mein Dafürhalten der Intonation vorzuziehen. Das Miteinander von Musikerin und Liturgin stehen am Ende dieses Kapitels. Das signalisiert keine Wertigkeit. Vielmehr: Wenn es durch Absprachen zu einem harmonischen Miteinander zwischen Wort und Musik beim Lobpreis kommt, spüren dies alle Mitfeiernden. Das ist ein wichtiges Ziel und sollte vieler Mühen wert sein. Dazu ermutige ich an dieser Stelle und werde es an anderen ebenso ausdrücklich tun.

5.5 Das Dankgebet und Glaubensbekenntnis

1. Wir versuchen zu verstehen

Wir vergegenwärtigen uns: Das Dankgebet und das Glaubensbekenntnis werden im ersten Geschehensbereich des Gottesdienstes gestaltet. Dieser »Zeit-Raum« beinhaltet die Verherrlichung Gottes durch sein Wort und unsere Antwort in Lob und Anbetung.[1] Was wir Gott im Gebet und durch das Bekenntnis an dieser Stelle der Feier sagen, geschieht auf den Ausdrucksebenen »Danken, Loben, Anbeten« und verortet sich meist in allen dreien. Die anderen Sprachformen des Betens wie Bitte, Fürbitte, Beugung und Klage finden im zweiten Gebet nach der Predigt ihre Aufnahme. Danken, Loben und Anbeten werden durch die Lesungen aus dem ersten und zweiten Testament motiviert. Die Freude über Gott bricht sich die Bahn. Dabei sehe ich »Danken, Loben, Anbeten« als Stufen der Freude über Gott. Ihren Bezug nehmen sie auf die Verkündigung in den Lesungstexten und Gesängen.

In der Anbetung hat auch das Bekenntnis seinen Ort. Ich drücke darin aus, wer Gott für mich ist und dass er mein Herr und Gott ist. Ich erzähle von seinem Wesen und Tun und bekenne mich zu ihm in aller Öffentlichkeit.

Gebet Ich lege das Augenmerk bei dieser Betrachtung auf das Gebet. Das Gebet unterscheidet sich von den anderen Elementen dieses ersten Geschehensbereichs. Im Gebet trete ich als Person verstärkt in das

Blickfeld. Wir fragen deshalb grundsätzlich, was Beten ist und konsultieren das Wort Jesu aus Mt 6, 5-8:

»Und wenn ihr betet, sollt ihr nicht sein wie die Heuchler, die gern in den Synagogen und an den Straßenecken stehen und beten, damit sie von den Leuten gesehen werden. Wahrlich, ich sage euch: Sie haben ihren Lohn schon gehabt. Wenn du aber betest, so geh in dein Kämmerlein und schließ die Tür zu und bete zu deinem Vater, der im Verborgenen ist; und dein Vater, der in das Verborgene sieht, wird dir's vergelten. Und wenn ihr betet, sollt ihr nicht viel plappern wie die Heiden; denn sie meinen, sie werden erhört, wenn sie viele Worte machen. Darum sollt ihr ihnen nicht gleichen. Denn euer Vater weiß, was ihr bedürft, bevor ihr ihn bittet.«

Reden mit Gott

Was Jesus über das Beten an dieser Stelle der Bergpredigt sagt, ist grundlegend. Der Grund und das Wesen des Betens ist das vertrauensvolle und ehrliche Reden mit Gott. Jesus sagt: Wenn du dich mit dem Gebet den anderen als besonders fromm zeigen willst, ist es kein Gebet mehr. Es ist dann eine Demonstration vor anderen und diesen Lohn hast du mit ihrem staunenden Kopfnicken gehabt. Aber es ist kein Reden mit Gott. Die Worte des Gebets oder die vielen, langen Gebete sollen dich nicht als grandiose Beterin oder als eloquente Liturgin ausweisen, sonst ist es kein Gebet mehr. Du musst auch Gott nicht durch viele Worte versuchen für deine Sache zu gewinnen oder ihn gar versuchen »rumzukriegen«, denn er ist bereits auf deiner Seite und weiß um deine Anliegen. Beten ist, vertrauensvoll und ehrlich Gott das Leben anheimstellen. Ganz zugespitzt sagen wir mit Karl Barth: »Gebet als Glaubensdemonstration, Gebet als verkleidete Predigt, Gebet als didaktische Vorbereitung des Predigthörers auf die Predigt oder als resümierende Zusammenfassung des Predigtinhalts, Gebet als Instrument der Erbauung ist heller Unfug, ist kein Gebet. Gebet ist kein Gebet, wenn man dabei einem anderen als Gott etwas sagen will!«[2] Im Gottesdienst ist die Gefahr am größten, da wir hier öffentlich beten und auch wünschen, dass unser Gebet die Mitfeiernden vor Gott trägt. Legen uns jedoch Jesu Worte nicht nahe, auf das öffentliche Beten und sogar auf das laute Beten zu verzichten? Nach unserem Abschnitt lehrt Jesus seine Jünger das »Unser Vater« beten. Die Pluralwendungen in diesem Gebet zeigen, dass es als gemeinsames Gebet gemeint ist, also laut und öffentlich. Der Vergleich Jesu mit »Vorratskämmerlein« verdeutlicht das ehrliche Beten und will jede Selbstdarstellung als Verfehlung des Gebets zeigen. Natürlich wurde aufgrund unseres Jesuswortes auch gefragt, ob denn überhaupt noch gebetet werden soll, wenn Gott schon weiß, was wir nötig haben (Vers 8) und »es ist kein Wort auf unserer Zunge, dass du, Herr, nicht schon wüsstest«. (Psalm 139, 4) Wer so fragt, hat leicht das Beten als Bittstellen vor Augen. Wenn Gott schon weiß, muss ich es ihm nicht mehr sagen. Aber das Beten ist Reden mit Gott und nicht, dass ich Gott aufkläre, wie es um mich steht oder was ich auf dem Herzen habe. Ich rede auch mit einer Freundin nicht nur, wenn ich ihr etwas Neues zu sagen habe. Jesus fordert auf, Gott zu bitten. Die Bibel ermuntert, Gott den Dank mit Worten auszudrücken. Das Gebet ist eine Möglichkeit aufgrund der Liebe Gottes und ist ein Geschenk um unseretwillen. Deshalb darf das vertrauensvolle und ehrliche Gebet auch der Erhörung ganz gewiss sein.

Wir halten noch einmal fest: Der Grund und das Wesen des Betens ist das vertrauensvolle und ehrliche Reden mit Gott. Das gilt ebenso für das Dank- und Lobgebet im Gottesdienst. Das Gebet wird durch die Verkündigung der Schriftlesungen motiviert.

Haltung und Gesten

Wir loben und preisen Gott nicht nur mit Worten. Unsere Haltung und unsere Gesten beten mit. Bei diesem Gebet stehen wir auf. Wenn das Gebet in das Glaubensbekenntnis und anschließend in das Anbetungslied übergeht, bleiben wir ebenso stehen. Durch das Stehen drücken wir in unserem Kulturkreis Achtung, Respekt und Wertschätzung aus. Diese kommen Gott aufgrund seiner Liebe und Barmherzigkeit, aufgrund seiner Erhabenheit und Ewigkeit zu. Wir »erheben« ihn durch unsere Haltung, erzählen ohne Worte von dem, was Gott uns bedeutet. Wir machen ihn so groß und »erheben unsere Herzen« zu ihm, der über allem und mit allen in dieser Schöpfung »würdig ist, angebetet und verehrt zu werden.« Die gerade zitierten Worte sind aus Hochgebeten bei der Abendmahlsfeier – also aus Lobgebeten oder Lobgesängen, die in das dreimal Heilig, das Sanctus, übergehen. In unserer Tradition falten wir die Hände beim Gebet. Diese Geste kommt aus dem Germanischen[3] und drückt verschiedenes aus: Der germanische Ursprung sprach von der Ergebenheit des Geringen vor seinem Herrn. Das Ruhen der Hände bei dieser Geste erzählt davon, dass wir vor Gott zuerst Empfangende sind; wir empfangen Gottes Güte und Segen, bevor wir leben und tun können. Die in einander gefalteten Hände deuten auf meine Gemeinschaft mit Gott; Gott und ich gehören zusammen. Die rechte und die linke Hand passen ineinander, gerade weil sie gleich aber spiegelverkehrt sind. Gott und ich sind jetzt im Gebet beieinander und wir gehören es für alle Zeit. Wir sind verschieden und doch füreinander bestimmt. So kommen die gefalteten Hände einem Bekenntnis und einer Anbetung nahe. Dabei schließen wir die Augen, um das innere Auge – das ist das Herz – im Gebet sehen zu lassen. Es ermöglicht uns Konzentration; die Worte der (Vor-)Beterin nehmen wir besser wahr. Der (Vor-)Beterin hilft das Schließen der Augen, um sich selbst nicht durch Personen, ihre Mimik oder ihre Gesten, ablenken zu lassen und so aus dem Gebet herauszufallen.

Die eben umschriebene und interpretierte Gebetshaltung und -gebärde ist im Gottesdienst die Gebräuchlichste. Schauen wir in die Tradition unserer Kirche, gab es in manchen Gemeinden bis vor 50 Jahren das kniende Beten im Gottesdienst. Manche Predigerin lässt beim Gebet sitzen, meist aus Rücksicht auf gebrechliche Geschwister, jedoch ohne inhaltlichen Ausdruck für das Beten. Gegenwärtig besinnen sich jüngere Christen auf andere biblische Gebetshaltungen, deren Ausdruck und Inhalt ich kurz erläutern möchte:

»niederfallen auf sein Angesicht« oder »knien« (z. B. 1 Kö 18, 39; Ps 95, 6; Lk 22, 41) So drückt eine Beterin aus, dass Gott Gehorsam und Ergebenheit zukommen. Es sagt: »Du, Gott, bist Herrscher und Ewiger. Dir gehört mein Leben. Deinem Willen stelle ich mich ganz anheim.« Dies wird durch Senken des Kopfes und Schließen der Augen unterstrichen.

»Hände und Augen heben« (1 Kö 8, 22; Jes 1, 15; Mk 6, 41) Diese Gebetshaltung geschieht im Stehen. Dabei werden die Arme seitlich des Körpers etwas über den Kopf erhoben. Sie machen den Eindruck, als ob die Beterin etwas hoch hebt und sehen gleichzeitig von der Form wie ein Kelch aus. Es kann in dieser Weise zwei Elemente des Redens mit Gott versinnbildlichen: Ich will mit meinem Danken, Loben, Anbeten Gott »erheben«, ihn vor anderen groß machen. Andererseits bin ich immer eine Bedürftige, eine Empfangene, eine Bittende, die wie ein leerer Kelch stets aufs Neue von Gott gefüllt werden muss.

Für die Gebärden und Haltungen gilt gleiches wie für das Beten: Es sollte keine Demonstration oder ähnliches sein. Der Körper darf ebenso ausdrücken, was ich Gott sage. Für ein gemeinsames Gebet im Gottesdienst ist eine gemeinsame Gebetshaltung wichtig. Das Eins werden vor Gott wird so dargestellt. Im Hauskreis oder in der Bibelstunde können verschiedene Gebetsgebärden probiert werden. Sie sollen ja nicht »Mode«, sondern Gebetshilfe und -ausdruck sein. Der Schlüssel liegt für mich im Verstehen: Wenn ich weiß, was ich damit aussage, kann ich es bewusst einsetzen und mitmachen – es sei eine herkömmliche oder eine andere Gebetshaltung.

2. Wir gestalten

Die Überlegungen zur Gestaltung habe ich durch Fragebereiche geordnet.

Wie sagen wir das Gebet an und weisen zum Aufstehen?

Manchmal möchten Liturginnen ganz behutsam sein. Die Freiheit ist ein kostbares Gut. Sie sagen das Gebet wie folgt an: »Ich lade Sie, Euch nun zum Gebet ein!« Einladen erscheint immer gut, wenn die freie Willensentscheidung gewährleistet sein soll. Ich gebe zu bedenken: Wer kommt in einen christlichen Gottesdienst und will nicht beten. Wenn etwas zu erwarten ist, dann doch wohl das Gebet. Manchmal meinen Liturginnen erst zum Beten motivieren zu müssen und halten eine kleine »Gebetsansprache«: »Dass wir mit Gott reden dürfen, ist ein wunderbares Vorrecht. Und das lasst uns jetzt tun!« Die Gebetsansprache ist theologisch wunderschön und trifft ganz die biblische Überzeugung. Sie spricht uns aber intellektuell an und Menschen unseres Kulturkreises sind gleich geneigt zu fragen: Warum ist das ein wunderbares Vorrecht? Zudem unterbricht es die Freude an Gott, die durch Lesungen und Lobgesang uns bereits erfüllt. Die Anweisung zum Aufstehen fällt mancher nicht leicht. Sobald behinderte oder sehr alte Menschen unter den Mitfeiernden sind, scheint es nahe zu liegen, beim Gebet lieber sitzen zu bleiben. Auch ist die rücksichtsvolle Aufforderung zu hören: »Wem es möglich ist, aufzustehen, den bitte ich nun darum!« Erstens ist es nicht eine Gepflogenheit unter Menschen, sondern eine Ehrerbietung Gott gegenüber; deshalb muss der Antrieb zum Aufstehen aus dem Inneren eines jeden Menschen selbst kommen. Zweitens dürfen wir in unserer Rücksichtnahme auf alte und behinderte Personen nicht zu falschen Schlüssen verleitet werden. Keine behinderte Person würde es ertragen, wenn alle sich nicht mehr in Ehrfurcht vor Gott erheben, nur weil sie es nicht kann. Keine alte Frau würde solches wollen. Sie werden wie alle anderen vor Gott sich erheben, um ihn zu erheben; nur eben innerlich und nicht äußerlich.

Anweisung zum Aufstehen

Ich neige darum zu gebotener Kürze. Warum wir beten, darf an solcher Stelle nicht thematisiert werden; dazu gibt es Predigten und Bibelgespräche. Was unser Aufstehen ausdrückt, sollte nicht jedes Mal erläutert werden. Vielleicht hilft ein Gottesdienst mit Meta-Ebene[4] in wiederkehrenden Abständen, um über den Sinn der Riten und Haltungen zu sprechen. Deshalb bevorzuge ich diese Varianten:

- Wir stehen auf und beten.

- Wir sprechen mit Gott. (Und breite die Hände in einer leichten Aufwärtsbewegung aus.)
- Lasst uns Gott danken und unsere Freude ihm sagen. (Setzt voraus, dass die Gemeinde diese Formulierung als »Signal« empfindet und weiß, dass wir nun beten und dazu aufstehen.)

Die Anweisungen können auch immer gleich sein. Sie sind nicht die Hauptsache. Dem nachfolgenden Gebet gilt unser Augenmerk und das erwarten die Geschwister auch.

Von welchem Ort bete ich?

Ort des Betens

Für die Lesungen und Lobgesänge sind wir – siehe Kapitel 5.4 – vor dem Abendmahlstisch, vor dem Kreuz und eben in Reichweite zur Bibel auf dem Abendmahlstisch. Von dieser Position beten wir auch.

freies oder vorformuliertes Gebet?

Soll das Gebet frei sein, darf ich es aufschreiben oder ein vorformuliertes Gebet verwenden? Was ist mit einer Gebetsgemeinschaft?

Prinzipiell ist alles Genannte möglich. Natürlich gebe ich dem freien Gebet den Vorzug. Jedoch nur, wenn eine Liturgin darin Übung hat. Große Aufregung führt zu nichtssagenden Floskeln. Anspannung lässt ein Gebet nicht enden oder wiederholt minutiös die Schriftworte. Ein freies Gebet hat bestimmte »Wege« und »Geländer«, sonst würde es nur wirr und für die Mitbetenden verwirrend sein. Dies wird Thema des untenstehenden Abschnitts zu Aufbau und Sprache des Gebetes sein. Für eine Person, die erstmals sich im liturgischen Dienst einbringt, ist das Aufschreiben des Gebetes eine Hilfe. Vor dem Aufschreiben lese ich die Schrifttexte und singe die Lobgesänge; aus diesem Eindruck formuliere ich persönlich, was Gott mir hier schenkt, verheißt, tut und bedeutet in der Sprache des Betens. Ich nehme bewusst auf, was an gemeinsamer Erfahrung in der Gemeinde in dieser Woche gemacht wurde. Vielleicht waren Gemeindeabende oder es fand ein Konzert statt und dies leitet zur Freude und zum Dank an Gott. Kriterium ist allerdings, dass dies viele erlebt haben, die im Gottesdienst sitzen (könnten). Sollte dies nicht der Fall sein, kann es bei der Zeit der Gemeinschaft erzählt und spontan Gott dafür gedankt werden. Nach dem Aufschreiben ordne ich das Gebet so, dass ich mit der kleineren Freude beginne und mit der größeren Freude über Gott ende. Oder: Ich beginne mit dem Dank und ende in meinem Beten beim Staunen über Gott, bei der Anbetung. Wenn ich mein Gebet in der Vorbereitung aufschreibe und ordne, kann ich es im Gottesdienst dennoch frei sprechen. Ich habe es zur Sicherheit in meinem Gottesdienstordner. Mit zunehmender Übung wächst die Fertigkeit und Freiheit. Das bedeutet, dass Gott mir die innere Kraft hat zuwachsen lassen, in wechselnden Situationen mit der Gemeinde aus Schriftworten, Gefühlen und Gedanken vor Gott zu treten. Was ist mit einer Gebetsgemeinschaft an dieser Stelle des Gottesdienstes? Uneingeschränkt und offen: Das wäre toll. Einer Gebetsgemeinschaft ist prinzipiell vor dem stellvertretenden Beten der Vorzug zu geben. Gewiss hängt dies von Tradition, Übung und Größe der Gemeinde ab. Ebenso gewiss scheint mir, dass das gemeinschaftliche Gebet ebenso der Schulung und Übung bedarf. Wenn der Vorsatz gefasst ist, kann eine Liturgin es mit »ihrem« Hauskreis oder einer anderen Gruppe der Gemeinde üben. Mit der Gruppe kann erörtert werden, worüber uns die Schriftworte der Lesungen anleiten, Gott dankbar zu sein. Dazu hilft es wie oben beschrieben, die Dankes- und Lobesworte an Gott schriftlich festzuhalten. Die Gebetsworte lassen sich aufteilen. So können verschiedene Personen die Gebetsworte in der Gebetsgemeinschaft des Gottesdienstes einbringen. Sollte dies nicht einmalig bleiben, wirkt es schulend und das nicht nur für die ausführende Gruppe.

Welche gemeinsamen Eingangsgebete sind im Gesangbuch zu finden?

Im EM sind unter den Nummern 730 bis 768 Gebete zu finden. Sie sind sowohl für den persönlichen wie für den gemeinschaftlichen Bereich bestimmt. Als Dankgebet für den gottesdienstlichen Gebrauch eignen sich folgende Gebetstexte unter bestimmter Ausrichtung des Gottesdienstes bzw der Schriftlesungen:
745 – Hoffnung, Wirken Gottes in der Welt, Menschenwürde, Heilung von Gemeinschaft
746 – Gott, Schöpfer und Erlöser, Gotteskindschaft, Hingabe an Gott, Lebensfülle
748 – Dank für das Leben, Gottes Führen, Versöhnung, Gottes Nähe, Hoffnung
749 – Daseinsfreude, Gott als Schöpfer, Dank für Gemeinde, Lebensdank

Mitbeten der Gemeinde

Was muss ich für den Aufbau und die Sprache des Gebetes beachten?

Das gottesdienstliche Gebet zielt auf das Mitbeten der Gemeinde. Es unterliegt der Spannung des persönlichen Redens mit Gott und dem Mitbeten der Feiernden, die sich in das Gebet mit ihrem Amen als Gebetsschluss eintragen. Zum Mitbeten ist es hilfreich, wenn die Sätze im Gebet kurz sind. Es sollte eine einfache Sprache sein, um für alle Altersgruppen verständlich zu sein. Ein bewusster Aufbau des Gebets – wie oben beschrieben –, hilft der mitbetenden Gemeinde.

»Ich-Stil« oder »Wir-Stil«?

Ein weiterer Reflexionskreis ist: Spreche ich im »Ich-Stil« oder im »Wir-Stil«? Früher hat dies Diskussionen, manchmal sogar scharfe Statements ausgelöst. Das »Ich« auf der Kanzel oder gar im Gottesdienst grenzte fast ans Unsittliche.[6] Damals sollte aller Selbstdarstellung gewehrt werden. Dem ist auch heute noch zu wehren. Jedoch hängt dies nicht vom Ich oder Wir ab. Heute verstehen Menschen ein Ich sehr wohl als ein persönliches und doch inklusives Sprechen. Das ist ein großer Gewinn. Das Ich wirkt nicht ausschließend, sondern wie ein stellvertretendes Ich; es ist wie wenn jede Person einzeln und doch mit den anderen vor Gott steht. In unserer gegenwärtigen Zeit muss das Reden im »Wir-Stil« achtsam sein, um andere nicht zu vereinnahmen. Wenn ein Wir im Redestil benutzt wird, muss die Beterin gewiss sein, dass ihr Gebet wirklich konsensfähig ist. Die Gefahr ist geringer als hier der Eindruck entstehen könnte. Ich halte sowohl den »Ich-» wie auch den »Wir-Stil« für angemessen und möglich.

Was ist zu beachten, wenn ich das Gebet in ein Glaubensbekenntnis münden lassen möchte?

Das überleitende Wort ist kurz zu halten. »Lasst uns Gott die Ehre geben, indem wir uns zu ihm mit den Worten des .... Glaubensbekenntnisses bekennen«, könnte eine Formulierung sein. »Wir loben Gott mit dem Bekenntnis unseres Glaubens«, ist eine Variante. Reden wir so, folgt meist das Apostolische Glaubensbekenntnis (EM 769), da dies auswendig gesprochen werden kann. Das für mein Dafürhalten weitaus schönere Nizänische Glaubensbekenntnis (EM 770) ist nicht auswendig verfügbar und bedarf des Lesens im Gesangbuch. Es ist aus diesem Grund hilfreich, das Gebet mit einem Amen zu beenden und nicht einen fließenden Übergang zu wählen. Eine kurze Zäsur ist nötig, die den Mitfeiernden die Möglichkeit gibt, das Gesangbuch zur Hand zu nehmen und das Bekenntnis aufzuschlagen. Eine Einleitung kann das Loben inhaltlich aufnehmen und mit dem Glaubensbekenntnis verknüpfen: »Wir loben Gott mit persönlichen Worten und es ehrt ihn, wenn wir uns öffentlich zu ihm bekennen. Das tun wir mit dem Nizänischen Glaubensbekenntnis ...« Steht der Fundort im Gesangbuch auf der Liedtafel, braucht es nicht angesagt zu werden. Gleiches trifft auch auf das »Soziale Bekenntnis der Evangelisch-methodistischen Kirche« (EM 771) zu. Darüber hinaus ist es ein Bekenntnis, das von gesellschaftlicher und politischer Hingabe spricht: »Wir verpflichten uns zur Mitarbeit am weltweiten Frieden ... Wir sind bereit, mit den Benachteiligten unsere Lebensmöglichkeiten zu teilen.« Solches will vorher thematisiert werden. Dieses Bekenntnis kann nicht unvorbereitet gesprochen werden, selbst wenn wir es noch so sehr wünschen, dass jede methodistische Christin dies vollmundig sagen könnte. Jedes Glaubensbekenntnis muss in jeder neuen Generation »buchstabiert« werden. Das Soziale Bekenntnis ist jedoch nicht sehr bekannt. Ich empfehle es aber nachdrücklich kennenzulernen und darüber zu sprechen. Friedensgebete, Friedensdekade, Woche für das Leben, Tag für Gottes gute Schöpfung sind adäquate Anlässe. Auch lässt sich über das Soziale Bekenntnis oder alle Bekenntnisse predigen.

Übung ✍ Ich beschließe dieses Kapitel mit einer kleinen Anschauung und einer nachfolgenden Übung. Herr Testit spricht das Dankgebet im Gottesdienst und bereitet sich darauf vor. Es soll nach der Schriftlesung aus dem ersten Testament Psalm 126 und dem neuen Testament Mk 7, 31-37 – dazwischen singt die Gemeinde zwei Lobgesänge – gebetet werden. Herr Testit hat das nachfolgende Dankgebet für den Gottesdienst aufgeschrieben:

»Lieber Vater im Himmel,
wir danken dir für dein Wort, das dich groß macht und dich uns nahe bringt.
Wir danken dir, dass wir dir unseren Weg als einzelne und als Gemeinde anvertrauen dürfen. Auch wir säen manchmal mit Tränen und werden mit Freude beim Ernten belohnt.
Für Vieles sind wir blind und taub. Du öffnest uns aber für deine Wege immer wieder Augen, Ohren und Herzen. Hab Dank dafür.
Danke, dass Schwester Maier wieder gesund unter uns sein kann.
Danke, dass du uns beim Gemeindeausflug auf der Fahrt bewahrt hast.
Danke für das Vertrauen, das wir auf dich haben dürfen.
Wir loben dich über deiner Fürsorge für uns Menschen.
Wir preisen dich für alle Güte in unserem Leben.
Wir freuen uns an dir, Herr, weil deine Liebe uns gilt.
Wunderbarer, dreieiniger Gott, Lob sei dir – heute und ewig. Amen«

Versuchen Sie Inhalt und Aufbau des Gebets von Herrn Testit zu erschließen. Ordnen Sie dazu den einzelnen Sätzen folgende Inhaltsbeschreibung zu:

A = Dank für konkretes Tun Gottes
B = Lob über Gottes generelles Tun
C = Staunen, anbeten, bekennen

Nun lade ich nach der kleinen Anschauung zu einer weiteren Übung ein. Sie sind Liturgin für den nächsten Sonntag. Folgendes ist Ihnen für den ersten Geschehensbereich des Gottesdienstes vorgegeben:
AT-Lesung: Jes 2, 1-5
Lobpreis: Ehr sei dem Vater EM 463
NT-Lesung: Joh 9, 1-7
Lobpreis: Halleluja EM 466
Dankgebet
Anbetung: Dir, Gott, sei die Ehre EM 24, 1-4

Bitte schreiben Sie ein Dankgebet, das Sie in Ihrer Gemeinde beten würden:

....

....

....

....

....

....

....

Ich bitte Sie, Inhalt und Aufbau Ihres Gebets ebenso wie das bei Herrn Testit mit A – C nachzuvollziehen.

5.6 Die Anbetung

1. Wir versuchen zu verstehen

Lobpreislieder

Viele Gemeinden mühen sich, die Anbetung bewusst zu gestalten. Mancherorts übernehmen Ansingegruppen oder Bands die Anleitung bei anbetenden Gottesdienstteilen. Liturginnen fungieren als Lobpreisleiterinnen, weil ihnen dies am Herzen liegt. Der Ablauf des ersten Gottesdienstteiles wird verändert, um dem Lob Gottes mehr Raum zu geben. Neue Lieder – sogenannte Lobpreislieder – werden bevorzugt, weil das Gotteslob und die Anbetung im älteren Liedgut nicht mehr erkannt wird oder nicht mehr das Lebens- und Glaubensgefühl heutiger Christen aufnimmt. Diese Lieder zeichnen sich durch einfache und gefühlvolle Melodien und Texte aus. Bei der Durchführung wird der Akzent auf die persönliche Preisung und Anbetung Gottes gelegt, auch wenn es in Gemeinschaft geschieht. Hände können gehoben werden, die Augen möglichst geschlossen, so üben manche Kreise und Gemeinden die Anbetung ein. So kann Derek Prince sagen: »Anbetung bedeutet direkte, intime, persönliche Beziehung zu unserem Schöpfer.« Eine Verlegung in die Intimität legt sich nahe, wenn manche von der Anbetung als der »Erotik der Gottesbeziehung« sprechen. In unserer Liturgie handelt es sich an dieser Stelle nur um ein Lied. Es ist jedoch in eine lobende Bewegung dieses gottesdienstlichen Bereichs eingebettet und setzt den Zielpunkt der Zeit, Gott zu verherrlichen. Damit nimmt es eine exponierte Stellung ein. Es bringt zum Abschluss, was in Schriftworten, Dank- bzw Lobgesängen und Gebet erfahren wurde: Wir beten Gott an! Wir haben in den vorigen Kapiteln immer wieder anklingen lassen, in welche Bezüge Anbetung im ersten Zeit-Raum des Gottesdienstes liturgisch eingebettet ist. Ich will nun grundsätzlich fragen: Was ist Anbetung?

Was ist Anbetung?

Wenn wir in der Bibel von »Anbetung, anbeten« lesen, dann wird dies häufig mit einer Geste gepaart: Menschen werfen sich vor Gott nieder, beugen sich tief, küssen den Saum der Kleidung. Wir denken an die Weisen aus dem Morgenland, die niederfielen und Christus anbeteten (Mt 2, 11). Aus der Schau des Johannes der Offenbarung zeigen sich uns in Offb 4 und 5 Anbetungsszenen, in denen Wesen niederfallen und anbeten. Niederfallen ist biblisch keine kleine, passende Geste, sondern drückt aus, was Anbetung ist und kann darum synonym verwendet werden: Ein Mensch unterwirft sich mit seinem ganzen Leben Gott. Er bekennt Gott als Herrn und Herrscher. Das Recht über sein Leben übergibt er an den dreieinigen Gott. Ein Mensch lässt in der Anbetung Gott die Ehre zukommen, die ihm als Schöpfer und Erlöser gebührt. Er macht ihn als Herrn und Gott groß, indem er sich vor ihm beugt. Das ist universell wie auch persönlich zu nehmen: Der Herr und Schöpfer der Welt ist mein Gott und Vater in Christus! Das sagt die Bibel über die Anbetung im Blick auf Gott aus. Das Niederwerfen drückt im Blick auf den anbetenden Menschen Hingabe aus. Der anbetende Mensch lässt Gott Herr über sein Leben sein und richtet sein Leben nach Gottes Wort aus. Er gibt Gott das Recht, ihn zu leiten und zu führen, sich zeigen zu lassen, wo er ihn in Gemeinde und Welt braucht. Er gibt Gott das Recht, über seine Zeit, seine Begabungen und Möglichkeiten zu verfügen. Damit ist das Christsein und Menschsein als ganzes, total, mit unserem Tun und Lassen, unserem Reden und Schweigen in den Blick der Anbetung gekommen. Ich lasse Gott in allem meines Lebens Herr sein. Bekenntnis und Lebensstil werden von der Anbetung umfangen. Anbetung artikuliert sich in Wort und Tat. Auf der Ebene der Worte beten wir Gott im Gebet, Lied und Gesten an. Hingabe, Staunen und Freude ereignen sich. Auf der Ebene der Tat beten wir Gott in der Nachfolge, dem Gehorsam und den guten Werken an. Liebe geschieht zur Ehre Gottes und zum Wohl der Menschen.

Die Anbetung wird in der Bibel durch verschiedene Erkenntnisse der Menschen – oder himmlischer Wesen – motiviert.

a) Gott wird als wunderbarer Schöpfer wahrgenommen. Die Natur, die Tierwelt, die rätselhaften Erscheinungen in dieser Welt hat er erschaffen. Die Menschen haben durch ihn das Leben. Dies lässt über Gott staunen, ihm danken und sich in seiner Hand geborgen fühlen. (Ps 96, 4-6; Offb 4, 9-11)

b) Gott wird in seiner erlösenden Kraft von Menschen bestaunt. Sein Heil und seine Liebe führt zur Anbetung. Menschen oder himmlische Wesen geben Gott darüber die Ehre, dass er seiner Welt und seinen Geschöpfen in Liebe gerecht wird, Treue hält, gerne vergibt und Wege des Heils mit seinem Volk Israel und in Jesus Christus geht. (Phil 2, 8-11; Offb 5, 12-14)

Die Anbetung hält die Spannung zwischen dem Herrscher des Universums und dem Gott, der in Jesus Christus für mich Mensch wird, aus. Keines lässt sich auflösen. Beides artikuliert sich. In biblischen Psalmen, in christlichen Liedern oder Gedichten wechseln die Verfasser von der dritten Person unvermittelt in die erste Person. Vom Beschreiben Gottes verfallen sie in das Gespräch im vertrauensvollen »Du«. Abstand und Nähe, Respekt vor der Erhabenheit Gottes und liebevolle Abba-Anrede bilden die Pole des anbetenden Redens und Singens.

Biblische Anbetung artikuliert sich auch ohne Worte. Schweigen ist ebenso ein adäquater Ausdruck. Die Anbetende wird sich ihrer unzulänglichen Worte bewusst.

In zwei Richtungen weist die Bibel grundlegend in die Anbetung Gottes ein:

a) Im Alten Testament in Ex 20, 2 -6 spricht sich die Alleinverehrung Gottes für sein Volk aus. »Ich bin der Herr, dein Gott … Du sollest keine anderen Götter haben neben mir. … Bete sie nicht an und diene ihnen nicht…« Denn Gott anzubeten, der sein Volk aus der Sklaverei geführt, schließt andere Götter und Herren aus. Der Anbetung von Königen oder anderen Göttern verweigerten sich Juden und Christen, weil dies Abfall und Verrat an dem Gott der Bibel ist. Gerade in heutiger Zeit ist diese Betonung wichtig. Menschen in unseren Tagen sprechen Worte leicht und entbieten Gesten und Riten oberflächlich. Gegen die Leichtfertigkeit darf uns die Tiefe der Anbetung bewusst werden.

b) In Joh 4, 19-24 spricht Jesus mit der Frau am Jakobsbrunnen über die wahren Anbeter. Dabei ist nicht der Ort wesentlich – Samaria oder Jerusalem –, sondern in welchem Verständnis und welcher Gotteserkenntnis die Anbetung geschieht. »Gott ist Geist, und die ihn anbeten, müssen ihn im Geist und in der Wahrheit anbeten« (Vers 24). Über die Gotteserkenntnis ist Folgendes gesagt: Wahre Anbetung geschieht in der Erkenntnis, dass Gott in Christus die Welt erlöst hat und wer sein Vertrauen in Christus setzt, darf Gottes Kind heißen (1, 12). Sie sind aus dem Geist, aus Gott geboren. Christus selbst ist die Wahrheit, weil er die Wirklichkeit des Menschen und der Welt setzt. Des Menschen Vorfindlichkeit ist seine Verlorenheit und Heilsbedürftigkeit. Wirklichkeit ist ebenso die göttliche Erlösung, geschehen durch Leben, Kreuz und Auferstehen Christi. Wahre Anbetung setzt diese Erkenntnis voraus. Außerdem muss sie im Verständnis geschehen, dass die Anbetung nur durch den Geist Gottes zum Ziel kommt. Anbetung kann nur in der Beziehung Gottes mit uns geschehen und gerade der Geist ist der »Beziehungsgestalter« – Gott hat in uns durch den Geist Wohnung genommen. (1 Kor 6). Es ist der Geist, der Anbetung in der gebührenden Weise gelingen lässt wie Paulus es auch vom Beten sagt. (Rö 8, 26f)

Darum: Allein Gott gehört unsere Anbetung. Allein in Christus und durch die geistgewirkte Gottesbeziehung kann die Anbetung geschehen.

Damit ist durch Anbetung das Christsein umfassend beschrieben.

2. Wir gestalten

Wir vergegenwärtigen uns die Bewegung dieses ersten gottesdienstlichen Teils: Wir haben mit Dank begonnen, in den Schriftworten wird uns Gott vor Augen gestellt und wir antworteten mit unserem Lobgesang darauf. Im Gebet artikuliert nun eine Person für uns, unseren Dank, unsere Freude und unsere Hingabe in persönlichen Worten Gott gegenüber. Vielleicht haben wir ein Glaubensbekenntnis gesprochen und uns zu Gott gestellt, bekannt, ihn gelobt. Mit dem Anbetungslied sind wir gleichsam am Ziel angelangt: Alles, unser ganzes Leben gehört Gott, soll ihn loben und ihm dienen.

Wie drückt unser Körper die Anbetung aus?

Wir stehen durch das Gebet bereits. Das Gebet enthält Elemente der Anbetung. Das Stehen drückt in unserem Kulturkreis Ehrerbietung aus. Dadurch zeigen wir Achtung und Respekt. Vor Gott erhebe ich mich und dies meint eine Geste des Beugens. Sie ist in unserem gesellschaftlichen Kontext als Anbetungsgeste verstanden und sollte durch das innerliche ergänzt werden. Ich stehe nicht, um mich groß zu machen; ich stehe, weil er so groß ist und ich mein ganzes Leben zu ihm heben möchte. Manche Christen unterstützen diesen Ausdruck durch das Heben der Hände. Auch das Falten der Hände kann die Worte unterstreichen.

Ist eine Einleitung nötig?

Im Übergang vom Gebet oder vom Glaubensbekenntnis bedarf es keiner Worte. Sie würden stören. Manchmal meint eine Liturgin, sie müsste hinweisen, dass wir nun stehen bleiben. Manche will gerne sagen, was wir nun tun. Im Vollzug wird deutlich, was wir tun. Nicht beim Feiern, sondern bei einer Einführung in das gottesdienstliche Feiern helfen Erklärungen und damit sollte es ein für alle mal erklärt sein. Hier sind vielmehr gute Absprachen zwischen Liturgin und Musikerin hilfreich. Nach dem Amen des Gebets oder des Bekenntnisses dürfen ein paar Augenblicke vergehen, in denen die Feiernden nach dem Gesangbuch greifen. Selbst auf eine Intonation darf verzichtet werden.

Welche Lieder eignen sich, um unsere Anbetung auszudrücken?

Ich will versuchen, die dafür geeigneten Lieder des methodistischen Gesangbuches in verschiedener Hinsicht zu unterscheiden.

Die erste Kategorie sind Gesänge, die das dreimal Heilig wie Jes 6, 3 oder Offb 4, 8 aufnehmen:

Lied 13	Heilig, heilig, heilig bist du, Gott, und prächtig…
Lieder 469-474	Sanktus-Gesänge, manche in schöner trinitarischer Ausformung.

Eine weitere anbetende Liedausformung sehe ich den sogenannten Gloria-Gesängen:

Lied 24	Dir, Gott sei die Ehre
Lied 29	Allein Gott in der Höh sei Ehr
Lied 175	Ehre sei Gott
Lied 412 und 416	Nehmen in der Schlussstrophe das Gloria in trinitarischer Ausformung auf
Lieder 459, 460	Gloria-Gesänge, die über das Lob und Ehre geben hinaus gehen; sie bekennen und anbeten den dreieinigen Gott.

Eine dritte Unterscheidung treffe ich zu einer Liedgruppe, die die Anbetung mit Gottes Tun in Erlösung und/oder Schöpfung ausdrücken. Sie haben eine bekenntnishafte Ausprägung:

Lied 1	Mein Mund besinge tausendfach
Lied 3	Sei Lob und Ehr dem höchsten Gut
Lied 29	Allein Gott in der Höh sei Ehr
Lied 34	Lob, Anbetung, Ruhm und Ehre
Lied 35	Gelobt sei der Herr
Lied 37	Kommt, bringet Ehre, Dank und Ruhm
Lied 39	Gott Abrahams sei Preis
Lied 44	Brunn allen Heils dich ehren wir
Lied 58	Herrscher der Ewigkeit
Lied 88	Ich will dem Herren singen
Lied 125	Mein schönste Zier und Kleinod bist
Lied 267	Liebe, die du mich zum Bilde
Lied 275	Ein volles, freies, ewges Heil
Lied 300	Ich glaube an Gott, den einen
Lied 301	Jesus Christus, König und Herr
Lied 305	Wir glauben Gott
Lied 307	Ich glaube: Gott ist Herrscher Welt
Lied 308	Das Höchste meines Lebens
Lied 361	Meine Hoffnung und meine Freude
Lied 374	Stern, auf den ich schaue

In der letzten Liedunterteilung artikuliert sich bei den anbetenden Gesängen die Hingabe an Gott. Sein Wille ist Maßstab für das Leben. Gott stelle ich mich zur Verfügung im Gehorsam. Ihm gehört unser Leben.

Lied 9	Mein ganzes Herz erhebe dich
Lied 61	Dich loben deine Werke
Lied 63	Du bist würdig
Lied 87	Heilig bist du, Gott, und treu
Lied 90	Meinem Gott gehört die Welt
Lied 123	Ich bete an die Macht der Liebe
Lied 265	Ich will dich lieben
Lied 267	Liebe, die du mich zum Bilde
Lied 337	Gott ist gegenwärtig
Lied 359	Ich trau auf dich, o Herr

Nicht alle Lieder lassen sich einwandfrei zuordnen. In manchen artikulieren sich verschiedene Ausdrucksformen der Anbetung. Die Unterscheidung sollte an dieser Stelle eine Hilfe sein, um in der Praxis schneller das Anbetungslied zu finden, welches sich in den Duktus mit Schriftworten, Lobgesängen und Gebet am besten einfügt.

Welches Lied, welche Strophe drückt für Sie in schöner Weise Hingabe, Staunen, und Anbetung aus? Schreiben Sie das Lied doch – wie ein Gebet – hier auf:

....

....

....

....

Herr,
der du alle Räume und Zeiten geschaffen hast,
der du Schöpfer aller Kreatur bist,
Sonne allen Lebens,
Grund allen Seins,
dir gehört unsere Bewunderung,
der Lobpreis unserer Herzen
und ganze Liebe.

Dich preisen unsere Taten,
unsere Worte und Gedanken singen dir ein Lied,
unsere Regungen und Gefühle wollen dich umspielen,
der du der nahe und ferne,
tiefe Liebe und Harmonie bist,
dreieiniger Gott,
Vater, Sohn und Heilger Geist.
Amen

5.7 Die Zeit der Gemeinschaft – Bekanntgaben

1. Wir versuchen zu verstehen

Herr Testit möchte gerne eine Umfrage zu »Zeit der Gemeinschaft – Bekanntgaben« in methodistischen Gemeinden durchführen. Bitte tragen Sie Ihre Erfahrung und Meinung ein:

Umfragebogen

a) Kreuzen Sie an, was in Ihrer Gemeinde die Zeit der Gemeinschaft beinhaltet:

❍ Geburtstage werden genannt
❍ Glaubenszeugnisse gegeben
❍ zu allen Gruppen und Kreisen eingeladen
❍ Gebetsanliegen weitergesagt
❍ besondere Erlebnisse in Gruppen erzählt
❍ auf Veranstaltungen in Ökumene und methodistischen Nachbargemeinden aufmerksam gemacht
❍ gestorbener Gemeindeglieder wird gedacht
❍ andere über meine politische Meinung informieren
❍ Mithilfe für besondere Aktionen erfragt
❍ Erfahrungen mit Gott erzählt
❍ Persönliches zur Mitfreude oder Fürbitte mitgeteilt
❍ ....

b) Wie empfinden Sie die Zeit der Gemeinschaft?

❍ informativ
❍ langweilig
❍ störend
❍ unnötig
❍ deplatziert
❍ gewinnbringend

❍ stärkend
❍ gemeinschaftsfördernd
❍ ....

c) Was würden Sie bei der Zeit der Gemeinschaft gerne ändern?
❍ alles lassen wie es ist
❍ mehr Zeit, um Erfahrungen anderer zu hören
❍ Einzelne und Gruppen können von ihren Nöten und Freuden erzählen
❍ Zettel mit Gemeindeinformationen nach dem Gottesdienst austeilen
❍ Zeit, mit der »Banknachbarin« zu sprechen
❍ »Dienstplan-Verlautbarungen« sollen entfallen
❍ nur Amtliches von der Pastorin soll genannt werden
❍ soll vor oder nach dem Gottesdienst stattfinden
❍ ....

Längst ist klar, was diese Umfrage ermöglichen soll: Sie haben sich Ihre Erfahrung und Meinung über die »Zeit der Gemeinschaft/Bekanntgaben« vor Augen geführt. Nach meiner Beobachtung ist dieser Teil des Gottesdienstes der häufigste Ausgangspunkt für liturgische Veränderungen in methodistischen Gemeinden. Viele fühlen sich durch die Bekanntgaben im gottesdienstlichen Feiern gestört. Sie empfinden es wie eine kalte Dusche vom Hören, Singen, Beten und Anbeten innerhalb weniger Sekunden zu Terminen und Sterbenachrichten umschalten zu sollen. Manchmal vollziehen die Mitfeiernden diesen Wechsel nicht. Die Erfahrung lehrt, dass Informationen im Bekanntgabenteil nicht aufgenommen oder empfangen werden. Menschen wissen, was kommt: Eine Litanei von Veranstaltungen, die nur manche betreffen – außerdem weiß (fast) eine jede, dass am Freitag Jungschar ist. Die Mitfeiernden erleben nicht nur den Inhalt der Bekanntgaben als Störung, sondern auch den damit verbundenen Redestil. Der Inhalt ist in manchen Teilen eine tabellarische Nennung von Terminen und Geschehnissen, bei der das Datum die ordnende Kraft ist. Demzufolge ist die Art des Redens amtlich hersagend und wirkt verlautbarend. Deshalb wünschen manche, die Bekanntgaben weit zu Beginn oder ganz am Schluss hinter sich zu bringen bzw. über sich ergehen zu lassen. Diesen Teil des Gottesdienstes ganz zu streichen, erscheint unmöglich. Bestimmte Mitteilungen können nur öffentlich und mündlich gegeben werden, sonst würde es lieblos empfunden: Nachrichten über den Tod eines Gemeindegliedes, ein

Dankeswort für jemanden, das Gebetsanliegen für eine kranke Person, eine Bitte um Hilfe oder Unterstützung …

Somit stellt sich die Frage nach Sinn und Ziel der »Zeit der Gemeinschaft«[1]:

Nach Apg 2, 42 kennzeichnete »Gemeinschaft« das Zusammenkommen von Christen.[2] Die ersten Christen feierten das Herrenmahl, hörten das Evangelium durch die Apostel, redeten mit Gott in Dank, Lob, Anbetung, Bitte und Fürbitte, halfen einander in geistlichen wie leiblichen Belangen, ließen sich von Christus im Tun und Lassen prägen und sich gemeinsam von ihm zu den Menschen senden. In diesem Tun geschieht christliche Gemeinschaft, die durch Christus selbst gehalten und gestiftet ist. Darum prägt Paulus in Rö 12 u. a. das Bild vom Leib. Verbundenheit und gegenseitige Ergänzung für den persönlichen wie gemeindlichen Weg sprechen sich darin aus. Ebenso tut es das Bild der Hausgemeinschaft nach Eph 2, 19; weil wir in Christus Töchter und Söhne Gottes sind, sind wir untereinander Geschwister. Das weist uns in die Gemeinschaft ein. Die christliche Gemeinschaft ist geistlich verstanden, nämlich als Wegbegleitung, Ergänzung, zum Wachsen in der Heiligung und in gemeinsamer Beauftragung.

Wie damals braucht es auch heute die Plattform, wo Christen diese Gemeinschaft teilen. Vieles nimmt der Gottesdienst auf: Beten, Hören, Herrenmahl, Sendung u. a. m. Die »Zeit der Gemeinschaft« reiht sich hier ein. Sie ist ein wichtiges Element des Gottesdienstes. Sie ist als Geschehensbereich von den anderen zu unterscheiden, aber nicht zu trennen. Was sich in ihr ereignet, führt zum Hören auf Gott, zum Gebet und zum Gotteslob: Es erzählt ein Bruder, wie Gott ihm Hilfe zuteil werden ließ; ich freue mich mit, mein Glaube wird gestärkt, und ich lobe Gott dafür. Eine Schwester berichtet von einer bevorstehendem Operation; ich fühle mit ihr, sie kann für diesen Weg gesegnet werden und ich bete um Hilfe und Heilung. Jemand »verkündet« die Geburt seiner Tochter; ich freue mich mit, lobe Gott über dem neuen Leben und bitte ihn für den neuen Weg der Familie. In zwei Wochen veranstalten wir als Gemeinde ein Kindermusical; ich denke in der Fürbitte an das Gelingen dieser Veranstaltung – dass Menschen sich einladen lassen, dass das Musical anspricht – und überlege, wen ich dazu einladen kann.

Die Zeit der Gemeinschaft ist geistlich motiviert und soll geistlich motivieren. Darum ist das Wort »Bekanntgaben« auch irreführend, weil es eher in Richtung Verlautbarung und offizielles Dekret weist. Deshalb gebe ich dem Ausdruck »Zeit der Gemeinschaft« den Vorzug. Dieser Ausdruck schließt ein, dass es um christliche Gemeinschaft geht, um ein Mitteilen und Anteilnehmen am Weg einzelner und der Gemeinde. Dieses geht nahtlos über in die Gemeinschaft mit Gott, weil daraus ein Lob, eine Bitte oder eine Fürbitte wird.

Nach dieser Darlegung hoffe ich, dass Sie keine Lust mehr verspüren, die »Zeit der Gemeinschaft« – vor oder nach dem Gottesdienst – über sich ergehen zu lassen. Vielmehr wünsche ich mir folgende Einsichten:

Kommunikativere Struktur

a) Die methodistischen Gottesdienste haben im Vergleich zu landeskirchlichen Gottesdiensten eine kommunikativere Struktur. Dies ist durch die Chordienste und durch die Mitgestaltung von Laien bedingt. Es gab früher auch schon Gelegenheiten zum Zeugnis und manchmal waren ganze Gottesdienste diesem Anliegen vorbehalten. Wir dürfen die Zeit der Gemeinschaft zu den Besonderheiten einer methodistischen Sonntagsfeier zählen.

b) Ich wünsche mir, dass Sie beim Lesen Lust bekommen haben, die Zeit der Gemeinschaft in der oben ausgeführten Art zu gestalten. Aus der pastoralen Verlautbarung soll ein Gemeinschaftsforum werden, das geistlich bereichert, zum Gebet anleitet und Gottes Spuren im Leben von einzelnen und der Gemeinde sichtbar macht. Dieses ist für mich Vorgabe und Ziel, wenn wir vom Verstehen zum Gestalten übergehen.

2. Wir gestalten

Halten Sie sich bitte Ihre Antworten auf die Umfrage von Herrn Testit vor Augen. Sie zeigen Ihnen nicht nur Ihre Erfahrung und Meinung über die Zeit der Gemeinschaft, sondern auch die Praxis in Ihrer Gemeinde. Wenn die Zeit der Gemeinschaft eine Plattform von Gemeindeanliegen und persönlichen Mitteilungen werden soll, muss dieser Teil des Gottesdienstes dafür geöffnet werden. Je nachdem, wie die gegenwärtige Gestaltungsart dieses Teils ist, sieht der Weg der Veränderung und Bewusstmachung aus.

Ich stelle mir vor: Ihre Gemeinde ist sehr, sehr traditionsbewusst und scheut Veränderungen. Sie trauen sich deshalb nicht, die Gestaltung der Zeit der Gemeinschaft offen zu thematisieren. Sie denken, dass für diese Erneuerung Gewohnheit und Geduld hilfreich sind. Vertrauen Sie Ihren Empfindungen und Beobachtungen, aber verfallen Sie nicht dem Irrtum, dass eine Veränderung somit unmöglich ist. Fangen Sie bei der Gestaltung der Zeit der Gemeinschaft – wobei hier das Wort Bekanntgaben die Sache besser trifft – an, die verschiedenen Informationsbereiche in der Reihenfolge zu variieren. Am

Informationsgehalt ist nicht viel Neues zu erkennen, aber die gewohnte Litanei wird durch die veränderte Anordnung der Bereiche gebrochen. Flechten Sie von sich aus eine persönliche Glaubenserfahrung ein. Bringt eine andere Person der Gemeinde eine Mitteilung bei, dann machen Sie deutlich, wie wichtig eine solche Mitteilung für die Anteilnahme und für das Tragen im Gebet ist. Und ein letztes: Beenden Sie die Bekanntgaben jedes Mal mit dem Satz: »Hat noch jemand den anderen etwas mitzuteilen?« Selbst wenn nur ein Mal im Monat jemand etwas weiterzusagen hat, merkt jede mit der Zeit – durch die Gewohnheit –, dass hier ein Raum, eine Plattform für persönliche Mitteilungen und Anliegen ist. Wenn Ihnen jemand sagt: »Könnten Sie nicht bei den Bekanntgaben sagen, dass meine Mutter ins Krankhaus musste!«, können Sie einladen und antworten: »Bitte sagen Sie es doch selbst. Ich frage am Ende der Bekanntgaben immer und da dürfen Sie gerne nach vorne kommen!« Das wird nicht jedes Mal fruchten, aber die Gemeinde wird es zunehmend lernen, das Angebot zu ergreifen.

Oder Sie leben in einer Gemeinde, in der Anliegen offen zur Sprache gebracht werden können. Vielleicht sind Sie schon länger über Fragen des Gottesdienstes mit einander im Gespräch oder beobachten Veränderungen in anderen Gemeinden. Dann werden Sie leicht über den Sinn und das Ziel der Zeit der Gemeinschaft in einem Ausschuss, in einem Gesprächskreis oder auch im Gottesdienst informieren können. Die Frage, wie die Zeit der Gemeinschaft konkret gestaltet werden kann, können Sie gemeinsam überlegen, erproben und reflektieren.

Der erste und wichtigste Schritt, um die Zeit der Gemeinschaft kommunikativ und geistlich zu gestalten, ist sie als kommunikative und geistliche Plattform zu verstehen. Wenn uns das Verständnis leitet: Hier dürfen wir Anteil geben und nehmen, hier wird Fürbitte und Gotteslob motiviert, hier werden Anliegen genannt, die für Gemeinde und einzelne wichtig sind – dann leitet dieses Ziel zur entsprechenden Gestaltungsweise. Dabei spielen »Versuch – Irrtum – Erfolg« eine wichtige Rolle. Ich gebe einem gelassenen und mutigen Laborieren gerne den Vorzug. Es sollte aber unter den Gestaltenden, bzw. wo nötig mit der Gemeinde, vereinbart werden.

Einige Hinweise mögen zur Gestaltung von Nutzen sein:

Sprechen Sie den Übergang vom Zeit-Raum des Gotteslobs zur Zeit der Gemeinschaft an!

Die Mitfeiernden werden den Übergang vom Anbetungslied zur Zeit der Gemeinschaft als Einschnitt oder Bruch erleben. Selbst dann ist es so, wenn alle Einsicht in diese Geschehensbereiche besitzen. Das ist selbst dann so, wenn die Zeit der Gemeinschaft kommunikativ und geistlich gestaltet wird. Zwischen dem Anbetungslied und der Erzählung eines Gemeindegliedes über die bevorstehende Operation liegen Gefühlswelten. Der Übergang wird immer als Bruch empfunden und kann nur bewusst vollzogen werden, indem ich ihn thematisiere. Wie kann dies geleistet werden?

Sprechen Sie den Übergang an!

- Zum einen, indem ich es mit Worten anspreche: »Es ist wunderbar über Gott zu staunen und von seinem Tun zu hören. Zurecht gehört ihm unser Lob und unsere Anbetung. Das gibt uns das Vertrauen und den Mut, den wir für unseren Weg als Gemeinde und auch als einzelne nötig haben. Allein in dem Wissen um Gottes Helfen und Leiten sprechen wir über die Dinge, die für unseren Weg wichtig sind.« Oder: »Über Gottes Führen – oder: Helfen, Heilen, Reden, Berufen ... – haben wir gerade gestaunt. Dass Gott auch an uns so handelt, gibt uns Zuversicht. In dieser Zuversicht gehen wir unseren Weg als Gemeinde und einzelne. In dieser Zuversicht sagen wir, was dran ist.«
- Zum anderen, indem ich eine kurze Übergangsstille lasse. Zählen Sie nach dem Anbetungslied langsam bis zehn. So klingt das Gotteslob nach und die Empfindungen können sich wieder setzen. Dies geschieht auch tatsächlich: Während die Teilnehmerinnen zur Anbetung standen, setzen sie sich nun. Wenn die Gemeinde um den Übergang von einem Geschehensbereich in den nächsten weiß, muss dies nicht an jedem Sonntag mit Worten geschehen. Hier kann der Übergang durch Stille thematisiert werden. Jede hat die Zeit sich im neuen Bereich – langsam – einzufinden.

  Weiterhin: Auch ein Personenwechsel zeigt den Übergang an. Wenn nicht dieselbe Person den Zeit-Raum des Gotteslobs und die Zeit der Gemeinschaft gestaltet, signalisiert der Personenwechsel den Übergang.

In der Zeit der Gemeinschaft darf mitgeteilt werden, was für die Gemeinde und einzelne aktuell wichtig ist!

Wenn die Zeit der Gemeinschaft eine Kommunikationsplattform ist, nötigt uns dies die Frage auf: Was wird hier kommuniziert? Und was hat hier keinen Platz? Die Antwort ist so wenig griffig und eindeutig wie die fettgedruckte Überschrift über diesem Abschnitt. Wir haben bereits unter »Wir versuchen zu verstehen« auf einige Inhalte hingewiesen: Eine Gruppe oder eine Einzelne hat eine Erfahrung mit Gott gemacht. Einer Gruppe oder einer Person aus der Gemeinde steht etwas Einschneidendes bevor, wo um Fürbitte oder um Hilfe gebeten wird. Eine besondere Veranstaltung bedarf des Mittragens im Gebet und der konkreten Mithilfe. Gäste sind da; schön, wenn sie den Mut haben, sich kurz vorzustellen. Weggezogene Geschwister sind zu Besuch; schön, wenn sie ein Wort zu ihrem Ergehen sagen können. Wenn Gemeindeglieder etwas Besonderes feiern dürfen – Geburtstag, eine bestandene Prüfung, Schul- oder Berufsabschluss – drückt die Liturgin im Namen der Gemeinde ihre Mitfreude aus und gibt ein Segenswort zum Anlass weiter. Ist jemand aus der Gemeinde gestorben, dann ist hier der Ort des Gedenkens, der Fürbitte für die Angehörigen und der Dank an Gott für die Weggemeinschaft mit der verstorbenen Person.

Wenig hilfreich finde ich das Nennen aller Treffen von Gruppen und Kreisen in der Gemeinde. Viele wissen um die Gruppen. Häufig stehen sie im Gemeindebrief. An einer Pinnwand im Gemeindezentrum hängen die Programme oder sie liegen im Foyer aus. In Dienstplänen wird auf sie hingewiesen. Wir müssen nicht endlos redundant sein. Oft genügt der Hinweis: »In unserer Fürbitte denken wir an die Gruppenleiter, Gruppenleiterinnen und an die Kreise, die sich in der kommenden Woche treffen.« Noch besser ist es, wenn wir im Fürbittgebet nach der Predigt für sie wirklich beten.

Wenig hilfreich finde ich das Hinweisen auf Veranstaltungen aus anderen Gemeinden der Ökumene oder methodistischen Nachbargemeinden. Dafür gibt es die Presse, Handzettel, Plakate, die dann ausgelegt oder verteilt werden können.

Und genau zwischen den aktuell relevanten und den Mitteilungen, die uns auf anderen Wegen erreichen, gibt es noch die unvermeidlichen Informationen: Die Sitzung am Montag muss überraschend ausfallen. Der Chor trifft sich spontan zum Singen in einem Seniorenzentrum oder Krankenhaus bereits früher. Eine Silberkette wurde letzten Sonntag in der Kirche gefunden. Informationen, die sein müssen, die jedoch keinen geistlichen Effekt haben. Sie sollten bei uns keine Krise auslösen. Sie kommen – Gott sei Dank! – nicht jeden Sonntag vor.

Gestalten Sie die Zeit der Gemeinschaft bewusst!

Vielfach gibt es in Gemeinden eine traditionelle Reihenfolge der Informationen. Sie wird häufig mit dem übereinstimmen, was Heinz Schäfer[3] für richtig hält: Gäste begrüßen, Termine verlautbaren,

Sonstiges und Geburtstagsjubilare beglückwünschen. Gerade in der Übergangszeit, wenn Sie von der traditionellen zu einer erneuerten, kommunikativeren Gestaltung wechseln, kann es hilfreich sein, die Reihenfolge immer wieder zu wechseln. So merken Menschen auf, weil etwas verändert ist.

Es darf und soll auch anderes die Reihenfolge bestimmen: Mitteilungen erreichen das Ohr und Herz der Gottesdienstteilnehmerinnen leichter, wenn ein Wechsel zwischen Personen stattfindet. Ein Beispiel: Die Liturgin wird drei Mitteilungen geben und zwei Personen haben sich vor dem Gottesdienst für eine Informationsweitergabe angesagt. Ein Wechsel von Personen ist angenehmer als die Personen auf zwei Blöcke zu verteilen. Ein Wechsel in den Personen schafft zudem zeitliche Übergänge, die dem Memorieren der Information helfen.

Zu beachten ist natürlich auch die Information selbst: Ist es eine persönliche Mitteilung? Eine Mitteilung zu einer Gruppe oder Veranstaltung? Ist sie eher freudiger oder trauriger Natur? Es kann hilfreich sein, alle persönlichen Mitteilungen oder alle Ansagen zu Gruppen oder Veranstaltungen hintereinander folgen zu lassen. Gibt es freudige oder traurige Nachrichten, ist eine bewusste Gestaltung unerlässlich. Nach einer traurigen Mitteilung wie z. B. dem Tod eines Gemeindegliedes wird jede betroffen sein. Jede stellt sich die verstorbene Person vor das innere Auge und ist in Erinnerungen vertieft. Selbst wenn die Mitteilung zuende ist, lassen sich Gefühle und Gedanken nicht einfach abschließen. Würden Sie nun fragen, ob noch jemand etwas weiterzusagen hat, wäre wahrscheinlich kaum jemand willens oder fähig etwas zu sagen. Die Betroffenheit lähmt. Eine bewusste Gestaltung fühlt sich ein, was eine Information auslösen könnte – soweit es möglich ist. Eine traurige Nachricht darf zwischen zwei freudige eingebettet sein. Dies entspricht unserer Glaubenshoffnung und -zuversicht. Ebenso öffnet es die Mitfeiernden wieder für anderes. Die Lähmung der traurigen Betroffenheit hat ihr Recht, aber auch ihre Zeit. Das heißt: Sie ist zu begrenzen, damit sie nicht alles bestimmt. Wie dies neben der Abfolge durch geistliches Gestalten erreicht wird, davon wird im nächsten Abschnitt die Rede sein.

Auf die erste Mitteilung ist besondere Sorgfalt zu verwenden. Sie öffnet die Hörenden für das Kommende. Sie schafft die Atmosphäre für die Zeit der Gemeinschaft. Sie motiviert Menschen sich mitzuteilen. Werden persönliche Empfindungen genannt, wirken diese öffnend. Ein Beispiel: »Ich möchte Ihnen etwas weitersagen, was mich in der vergangenen Woche sehr bewegt hat …« Sie dürfen sich nach diesem Satz der ungeteilten Aufmerksamkeit aller gewiss sein. Ebenso tut dies eine persönliche Bewertung. Ein Beispiel: »Auf etwas ganz Besonderes dürfen wir uns in dieser Woche freuen …«

Sie können und sollen durch ein eigenes Beispiel ermutigen, damit andere ihre Erfahrungen mit Gott, ihre Nöte und Sorgen mitteilen. Wenn Sie als Liturgin immer wieder eine Erfahrung einbringen, steckt dies andere an; denn Mut ist ohne Frage nötig, anderen an Freuden und Nöten Anteil zu geben.

Und ein letzter Hinweis an dieser Stelle: Wenn bei Mitteilungen andere – seien sie hier im Raum der Gemeinde oder nicht – angesprochen oder mitbetroffen sind, bedarf es besonderer Sorgfalt. Ein Beispiel: Sie hatten ihre liebe Mühe mit einer Kollegin in der Firma. Sie litten unter ihren Launen. Eine gute Beziehung ließ sich nicht gestalten. Manchmal hat es sie bis in die Träume verfolgt. Es war Ihnen ein ständiges Gebetsanliegen. Plötzlich spricht Ihr Arbeitgeber dieser Kollegin die Kündigung aus. Sie sind erlöst und Gott überschwänglich dankbar. Gewiss auch traurig für die Kündigung an die Kollegin. Sie wollen diese Erfahrung als Ermutigung und zur Mitfreude in der Gemeinde weitersagen.

Zum Schutz jener Kollegin empfiehlt es sich, in der Öffentlichkeit des Gottesdienstes ihren Namen und die Kündigung nicht zu nennen. Nicht alles muss bis ins Kleinste gesagt werden, nicht jedes Detail ist wichtig. Im vertrauten Hauskreis kann dies bis ins Einzelne erzählt und jede gebeten werden, die Information bei sich zu halten. Sie können bei der Zeit der Gemeinschaft dies so weitersagen: »Ich möchte Euch etwas Ermutigendes erzählen. Ich hatte auf der Arbeit immer wieder an einer Stelle meine liebe Not. Die Beziehung zu einer Mitarbeiterin wollte nicht harmonieren. Es setzte mir manchmal bis in die Träume zu. Oft bin ich Gott in den Ohren gelegen, dass er doch hilft und Wege aufzeigt. Und Gott hat geholfen und etwas gefügt, und so habe ich Hilfe erfahren. Ich bin Gott so dankbar.« Durch diese Worte bleibt manches unausgesprochen und ist dem persönlichen Nachfragen vorbehalten. Gerade beim Schutz Dritter ist besondere Sorgfalt geboten.

Ähnliches gilt bei anderen Erfahrungen, etwa Gottes Helfen in einer Krankheit. Hier darf über den Weg, die Therapie und die Hilfe Gottes erzählt werden, ohne die Erfahrung mit Details über die Zustände im Krankenhaus, die Namen von Ärzten oder Pflegerinnen und die Leiden von Mitpatienten zu schmücken. Neben dem Schutz ist der Takt zu wahren, da sonst eine Mitteilung ihren Zweck verfehlt. Das Augenmerk auf die Sorgfalt muss uns nicht hemmen. Wir dürfen Gott um diese Sensibilität bitten und uns gegenseitig ergänzen.

Gestalten Sie die Informationen bewusst geistlich!

Horizontale Beziehungsebene

Befragen Sie als Gestalterin der Zeit der Gemeinschaft eine Information immer auf ihr Ziel. Ob die Mitteilung nun von Ihnen ist oder von einer Gottesdienstteilnehmerin. Überlassen Sie die Auswertung nicht jeder Zuhörerin alleine. Zeigen Sie an, was durch das Gesagte jeder geschenkt ist. Dies betrifft immer die **horizontale Beziehungsebene** – die Gemeinschaft in der Gemeinde. In der Beziehung zueinander leitet uns eine Erzählung zur Mitfreude oder zum Mitleiden. Drücken Sie das gegenüber der Gemeinde oder/und der Person, die erzählt hat, aus. »Was Sie erlebt haben, macht mich betroffen« oder »Wir fühlen mit Ihnen«, sprechen das Mitleiden zu bzw. an und die Gemeindeglieder machen sich dies durch ihre Reaktion dankbar zueigen. »Wunderbar, was Sie erleben durften …« oder »Wir freuen uns über diese Erfahrung mit Ihnen mit …« verbalisieren die Mitfreude. Immer betrifft eine Mitteilung auch die **vertikale Beziehungsebene** – die Gemeinschaft mit Gott. Die Liturgin bezieht diese Ebene ein, indem sie die Mitteilung als Ermutigung zum Vertrauen, als Anliegen zur Fürbitte oder zum Lob auf Gottes Güte für die Gemeinde wertet. Das bedeutet nicht, dass nicht viele der Zuhörerinnen das genauso empfunden haben. Ich meine nicht, dass die Anwesenden hilflos und unmündig wären und ihnen alles vorgekaut werden sollte. Die geistliche Auswertung stellt vielmehr eine Verstehenshilfe für die Hörerinnen der Erfahrung dar im Sinne eines Angebots. Und: Auch die Person, die sich mitgeteilt hat, bedarf der Zuwendung. »Es ist angekommen, was du erzählt hast!« »Wir fühlen mit dir!« Von sich persönlich zu erzählen, hat immer entblößende Empfindungen zur Folge. Die Worte bergen und bedecken. Sie zeigen: Dein Erzählen hat etwas bewirkt. Du musst nicht zaghaft sein und fragen »Bin ich verstanden worden?« oder »Wie fassen es die anderen auf?« oder »Hoffentlich denkt niemand, ich möchte mich in den Mittelpunkt stellen!« Die Rückmeldung der Liturgin in den auswertenden Worten ermöglichen dies, denn die Zuhörerinnen als große Gruppe wären dazu nicht in der Lage.

Vertikale Beziehungsebene

Auch Veranstaltungen sollten in dieser Weise aufgefasst werden. Dabei tritt hier nicht die Person, sondern die Sache in den Vordergrund. Was will die Veranstaltung uns schenken? Wo werden einzelne oder die ganze Gemeinde gebraucht? Mithilfe, Vorfreude, Teilnahme und Fürbitte für die Sache oder für die gestaltenden Personen sind zu nennen.

Suchen Sie Personen, die dafür eine Begabung haben!

Das kann die Pastorin sein, muss aber nicht. Meistens sind die Gemeindevertreterin oder ihre Stellvertreterin ebenso über wichtige Anliegen oder Veranstaltungen informiert. Bei Gastpredigerinnen ist es bereits in vielen Gemeinden eine gute Tradition, dass dann die Zeit der Gemeinschaft durch die Gemeindevertreterin gestaltet wird. In anderen Gemeinden gibt es Liturginnenteams. Daran könnte angeknüpft werden und die Personen auf ein dauerndes Gestalten der Zeit der Gemeinschaft angesprochen werden. Ein schönes Ziel ist, wenn jeder Geschehensbereich des Gottesdienstes von einer anderen Person gestaltet wird. Dies erleichtert die Übergänge und erhöht die Sorgfalt der Gestaltung. Denn Heinz Schäfer hat im Blick auf die Zeit der Gemeinschaft recht, wenn er schreibt, »dass man sich auf sie genau so vorbereiten sollte wie auf die Predigt selbst«![4] Eine Liturgin, die sich der Zeit der Gemeinschaft widmet, benötigt als Begabungen eine geistliche Persönlichkeit, Sensibilität und Kontaktfreudigkeit. Diese Begabungen bedürfen noch der Erfahrung und Schulung. Vieles geschieht im ›learning by doing‹. Hilfreich sind Rückmeldungen von Gemeindegliedern auf die Gestaltungsweise oder die Reflexion mit der Pastorin. Solch eine Person in der Gemeinde zu finden, benötigt viel Geduld. Denn die Gestaltung der Zeit der Gemeinschaft steht neben dem sonstigen liturgischen Dienst oder dem Predigtdienst sicher nicht an erster Stelle. Für viele Ohren wird es neu sein, darauf ein Augenmerk im Gottesdienst zu legen. Deshalb: Geduld.

Beten oder segnen Sie spontan!

Für diesen Gestaltungshinweis bietet unsere Tradition bereits einen Anknüpfungspunkt. Der Tod eines Gemeindeglieds wird in der Zeit der Gemeinschaft genannt. Wir gedenken der Verstorbenen, rufen uns kurz dankbar ihre Lebenszeit und ihre Begabungen in Erinnerung. Wir werden aufgefordert, an die trauernden Angehörigen zu denken und erhalten einen Zuspruch aus der Bibel, weil der Tod immer etwas Erschreckendes hat. Meist betet die Pastorin oder die Liturgin. Die Anteilnahme auf der horizontalen Ebene wird in die vertikale überführt. Das ist tröstlich. So können die Gottesdienstteilnehmerinnen ihre eigene Traurigkeit bzw. ihre Dankbarkeit für das Leben der Verstorbenen vor Gott bringen. Mit ihrem Amen machen sie sich das Gebet zu eigen. Die Agende der Evangelisch-methodistischen Kirche[5] weist in der Einführung zum Gottesdienst daraufhin, dass die Zeit der Gemeinschaft einmünden kann »in Lob und Dank, Bitte und Fürbitte«. Damit sind wir ermutigt, für die einzelne Person oder für die Gemeinde die Betroffenheit zu einem Gebet zu machen. Dies kann am Ende dieses Gottesdienstteils für alles geschehen, was zur Sprache kam. Bei Mitteilungen, die sehr betroffen gemacht haben – freudig oder traurig – , ist ein spontanes, kurzes Gebet eine Hilfe. Ebenso können einer Person die Hände aufgelegt und der Segen Gottes zugesprochen werden: Ein schweres Ereignis steht bevor, das Angst auslöst; eine Familie wird in Kürze wegziehen und verabschiedet sich von der Gemeinde oder für einige Kinder beginnt in der nächsten Woche die Schulzeit. Ungezwungen und spontan dürfen wir sagen: »Was auf Euch zukommen mag: Gott ist mit Euch! Ich möchte Euch für das Bevorstehende segnen!« Ohne große Zeremonie legen wir die rechte Hand auf die Schulter oder auf die Hand und sprechen ein freies Segenswort, das die Situation aufnimmt, oder ein biblisches Segenswort.[6] Wo es möglich ist, kann das mit den betreffenden Personen vorher besprochen werden. Selten wird eine unangekündigte Segnung mit Unbehagen aufgenommen. Segnen wird vielmehr wohltuend empfunden. Für das spontane Beten oder Segnen bedarf es der Sensibilität; nach außen gegenüber den Personen und der Gemeinde; nach innen, um sich von Gott zeigen zu lassen, was dran und hilfreich ist.

Nehmen Sie sich Zeit zur Gemeinschaft, aber lassen Sie die Zeit nicht zur Plauderstunde werden!

Nehmen Sie sich Zeit

Zwei Dinge sind wie Eckpunkte für die Zeit der Gemeinschaft: Was wichtig ist für Einzelne oder für die Gemeinde, muss gesagt und mitgeteilt werden dürfen. Aber eine lange Zeit der Gemeinschaft ist noch kein Zeichen, dass dies erreicht wurde. Leicht ist es in der Vorbereitung auf den Gottesdienst zu fragen: Was ist wichtig und muss mitgeteilt werden? Dagegen ist es nicht planbar, wie viele Personen sich spontan melden, um mit der Gemeinde etwas zu teilen. Bei letzterem muss die Liturgin und die Gemeinde Offenheit beweisen. Die Gemeinde wird die Offenheit vermissen lassen, wenn jemand ins Plaudern kommt. Durch das Plaudern verschwimmt die Wichtigkeit. Allein die Redseligkeit einer Person drängt sich in den Mittelpunkt. Solches lässt sich nicht vermeiden. Meist spürt die redende Person es mit der Zeit selbst. Oft braucht es kein hinweisendes Wort nach dem Gottesdienst. Wo es aber nötig ist, darf dies in guter, geschwisterlicher Weise gewagt werden. Doch dies wird ganz gewiss selten vorkommen. Viel größer ist die Scheu, sich öffentlich mitzuteilen oder den Weg nach vorne unter die Füße zu nehmen. Weitaus wichtiger scheint mir der Hinweis, dass diese Plattform zeitlich nicht sauber zu kalkulieren ist. Besonders Menschen, die auf Pünktlichkeit Wert legen oder gar zeitlich eng planen, sollten darauf hingewiesen werden. Die Zeit der Gemeinschaft kann in drei bis vier Minuten zuende sein. Sie kann aber auch fünfzehn Minuten in Anspruch nehmen. Damit ist in der Planung des gesamten Gottesdienstes umzugehen. Der Gemeinde darf umgekehrt zugemutet werden, dass der Gottesdienst durch die Unkalkulierbarkeit zehn Minuten länger gehen kann.

Übung ✍ **Nutzen Sie die Zeit der Gemeinschaft persönlich!**

Nach der Lektüre muss es praktisch werden. Bitte nehmen Sie sich nun eine Minute Zeit. Überlegen Sie, was Sie in den letzten Tagen, Wochen besonders als Geschenk oder als Hilfe von Gott erfahren haben. Oder gibt es eine Bibelstelle, die Ihnen neu wichtig geworden ist? Gibt es etwas in der Gemeinde oder in Ihrer Gruppe, worüber sie besonders dankbar sind? Bitte schreiben Sie dies mit Stichworten hier auf:

....

....

Gewiss werden Sie schon erahnen – oder gar befürchten –, was als nächstes kommt: Bitte sagen Sie eine dieser Erfahrungen oder Eindrücke am nächsten Sonntag bei der Zeit der Gemeinschaft. Sie werden erleben, wie sich so Freude vermehrt oder Traurigkeit gelindert wird. Vor allem: Sie werden erleben, wie ihre Gemeinschaft innerhalb der Gemeinde und auch zu Gott in die Tiefe wächst.

Deine Gerechtigkeit verberge ich nicht in meinem Herzen;
von deiner Wahrheit und von deinem Heil rede ich!
Ich verhehle deine Güte und Treue nicht vor der großen Gemeinde.
(Ps 40, 10)

5.8 Das Lied vor der Predigt

1. Wir versuchen zu verstehen

Im Ablauf des Gottesdienstes markiert dieses Lied einen Übergang: Zuvor lud die Zeit der Gemeinschaft zum Mitteilen und Anteilnehmen ein und nach dem Lied ist der Zeitraum der Verkündigung. Der Inhalt dieses Liedes kann sich auf beide Zeiträume beziehen.

a) Durch das Lied wird die Zeit der Gemeinschaft beendet:

Das Mitteilen gibt immer Anlass zum Lob. Das Lied kann Dank und Lob auf Gott zum Ausdruck bringen. Ebenso werden immer in diesem Zeitraum Menschen, Treffen oder Vorhaben genannt, die dem Eintreten vor Gott bedürfen. Bittend stehen wir durch den Gesang vor Gott und ersuchen seine Hilfe und seinen Segen für die Gruppen, für die Gemeinde und für einzelne Geschwister. In der Zeit der Gemeinschaft haben wir erlebt, was es heißt, Gemeinde zu sein. Das Lied kann daraus etwas aufnehmen und zeigen, was Gemeinde ist. Dankbar wird die Vielfalt besungen, von der Einheit in Christus gesprochen, Begabungen lobend vor Gott wertgeschätzt, Christus als Herr und Hirte seiner Kirche besungen. Dies sollte jedoch nicht zu kritisch geschehen, weil dies zur gedanklichen Auseinandersetzung führen muss. Wenn Kirche und Gemeinde nicht Thema der Predigt ist, kann die Beschäftigung nicht geleistet werden. Dann müssen sich die Mitfeiernden entscheiden, ob sie der Verkündigung folgen oder über das Lied weiter nachdenken. Das ist jedoch nicht wünschenswert und wird von allen anschließend als unbefriedigend empfunden.

b) Durch das Lied wird die Verkündigung vorbereitet:

Bei der Predigt ist die Erwartung an Gott gerichtet. Dass er uns in seinem Wort selbst nahekommt, ist unsere Bitte. Wir öffnen uns Gott, wollen sein Wort als Rat und Wegweisung empfangen. Wir sind von unserer Erwartungshaltung bei der Verkündigung im Zwiegespräch mit Gott und stehen mit unserem ganzen Leben da. Der Gesang kann dies zum Inhalt haben. Dies kann in Form des gesungenen Gebets geschehen. Ebenso gibt es Lieder, die solches beschreiben. Dann bereitet mich das Lied auf die Begegnung mit Gott in der Verkündigung vor. Es hat zum Ziel, dass ich mich bewusst öffne, meine Erwartungen mir vergegenwärtige und Gott zugestehe, mich anzusprechen. Das darf er auch in kritischer Weise tun. Er kann mich zu etwas rufen und berufen. Solches benötigt eine entschiedene Öffnung und Zuwendung. Das Lied vor der Predigt kann davon singen.

Es kann mir Gottes Wort als wunderbaren Schatz und das Hören als großes Vorrecht vor Augen stellen; dies lädt zur Erwartung und zum Empfang ein, wie auch zu dankbarer Vorfreude.

c) Das Lied ist Teil der Verkündigung:

Von Peter Janssens stammt die Aussage »Singen ist die Fortsetzung der Verkündigung mit anderen Mitteln.«[1] Das gilt nicht nur im Sinne der Weiterführung und Aneignung – dazu unter 5.12 –, sondern ebenso als Einstimmung und thematische Hinführung. Dazu können im Lied Fragen und Anliegen genannt, die nachfolgend von der Verkündigung weitergeführt und durch die Bibel beleuchtet werden. Es vertont den biblischen Text, der Ausgangspunkt der Predigt sein wird. Der Gesang bringt eine Aussage, die thematisch in die Verkündigung aufgenommen wird. In diesem Sinne ist anschließend die Verkündigung die Fortsetzung des Liedes – eben in einem anderen Ausdrucksmittel.

Das Schaubild soll das Ausgeführte im Überblick darstellen:

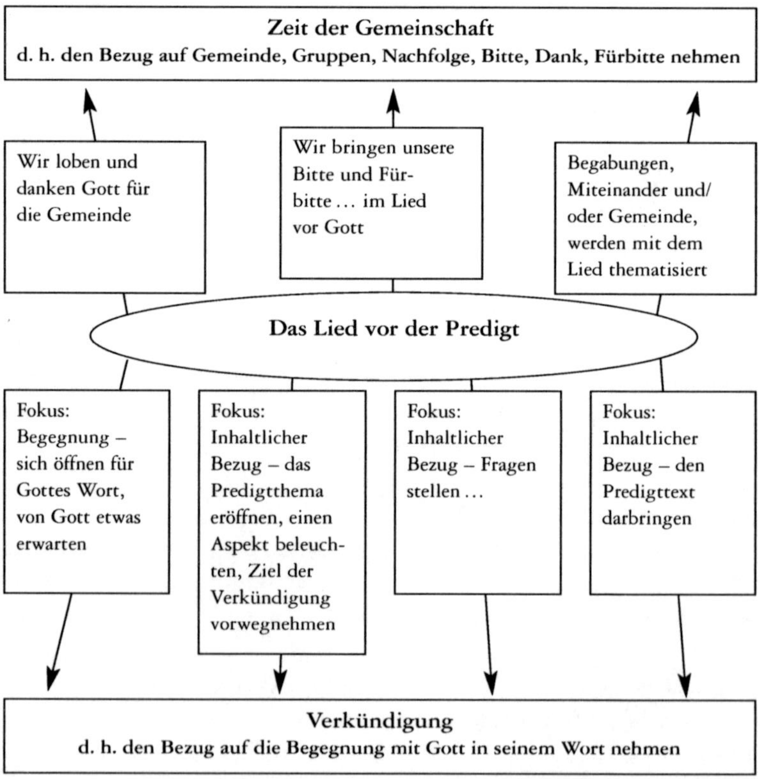

Chorlied

Wenn es einen Chor in der Gemeinde gibt, ist dies häufig die Stelle für das Chorlied. Wobei noch einmal betont werden muss, dass ein Lied durch den Chor an jeder Stelle des Gottesdienstes eingebracht werden kann. Singt der Chor an diesem liturgischen Übergang, muss die Chorleiterin um das Thema oder den Text der nachfolgenden Verkündigung wissen. Dann kann die Chorleiterin ein Lied auswählen und bewusst den Bezug zur Zeit der Gemeinschaft oder zur Verkündigung nehmen. Der Bezug darf in der Ankündigung des Liedes durch die Liturgin oder die Dirigentin genannt werden, sollte er nicht augenfällig sein. »Eine große Vielfalt und viele Gruppen machen unsere Gemeinde aus. Zusammen dürfen wir den Weg der Nachfolge und des Dienstes gehen. Dass Christus uns dies erleben lässt, dass er uns verbindet, das will uns das Chorlied »Strahlen brechen viele« dankbar verkünden!«, ist ein Beispiel dafür. Erfolgt die Abstimmung und die Bezugnahme nicht, wirkt das Lied wie ein Füller.[2] Es steht ohne Verbindung zum Umfeld der Liturgie und macht das gesungene Lied zu einem Auftritt des Chors. Das Gemeinsame zerbricht und das Feiern zerfällt in Einzelteile. Das entlarvt die Ansage: »Jetzt singt uns der Chor sein Lied!«[3] Die Liturgin weiß nicht, was nun kommt. Das Angekündigte wirkt wie ein Ständchen der Sängerinnen und hat den Anschein eines nicht abzuwendenden Unheils im Gottesdienst. Redende und Singende müssen die Abstimmung und die gegenseitige Information suchen, dann wird der Gottesdienst als Einheit erfahrbar.

Instrumentalmusik

Ist kein Chor vorhanden oder singt der Chor an einer anderen Stelle, kann an dieser Stelle ebenso eine Instrumentalmusik erfolgen. Steht ein Text im Hintergrund, ist ein Bezug im oben genannten Sinne leicht möglich. Der Text kann vor dem Musikstück sogar gelesen werden. Das Umfeld der Entstehung oder der Zweck dieser Komposition kann erzählt werden. Das sind Brücken zum Verstehen; sie helfen, das Gehörte in den Gottesdienst einzuordnen. Wenn dies nicht der Fall ist, muss die Leiterin auf den Ausdruck und die Stimmung der Musik achten. So ordnen sich die Instrumentalmusik in die Bezugsfelder ein.[4]

Und eine weitere Möglickeit: Die Gemeinde singt an dieser Stelle ein Lied. Dafür möchte ich nachfolgend Lieder nennen, die Bezüge schaffen wie oben gezeigt:

(Lieder zu den Hauptfesten und -zeiten blende ich aus: Manche

Gottesdienste sind durch das Kirchenjahr so geprägt, dass die Rubriken im Gesangbuch den thematische Bezug leicht ermöglichen. Dies gilt ebenso für viele Chorbücher, die auf Anliegen des Kirchenjahres oder auch auf thematische Verbindungen hinweisen.)

Bezüge und Fokus:	Lieder im Gesangbuch EM
A) Bezug auf die Gemeinschaft	
Gott danken für erfahrene Hilfe, für die Gemeinde …	368, 382, 389, 395-414, 443
Bitten und Fürbitten vor Gott bringen	72, 78, 87, 200, 339, 342, 351, 353, 356, 372, 376, 381
Begabungen, Miteinander und Gemeinschaft	325, 397, 399, 404, 407, 411, 412, 443
B) Bezug auf die Verkündigung	
Begegnung mit Gott, sich öffnen für sein Wort	80, 321, 327, 328, 331, 338, 342, 349, 416, 420,, 422, 428, 441, 447
Inhalt: Predigtthema eröffnen, einen Aspekt beleuchten, Ziel der Verkündigung vorwegnehmen	13 (Offenbarung 4, 8-11), 15 (Ziel von Psalm 103), 42, 44 (Dreifaltigkeit), 94 (Psalm 36), 129 (Ich-bin-Worte), 312 (legt Mk 8, 34-37 aus), 371 (Predigt zu Psalm 37, 5) u. a. m.
Inhalt: Fragen stellen, die die Predigt aufnimmt	126 (zu Galater 4, 4), 357 (zu Psalm 12), 383 (Frage nach Trost)
Inhalt: den Predigttext singen	18 (Psalm 92), 347 (Psalm 139), 388 (Mt 6, 26-34) u. a. m. Meist steht der biblische Bezug unter dem Lied.

5.9 Die Predigt

1. Wir versuchen zu verstehen

Ein amerikanischer Prediger versicherte: »Meine Herren Amtsbrüder, wir brauchen Predigten, bei denen die Leute aufwachen!« Ein älterer Kollege erwiderte trocken: »Zunächst brauchen wir Predigten, wo die Leute nicht einschlafen.«[1] Was sich in der Anekdote wie eine Wortklauberei anhört – aufwachen contra nicht einschlafen –, ist für viele Verkündigerinnen zu einer Anfechtung geworden. Sie sehen keine Wirkung ihrer Predigten. Sie fragen sich: Ist belanglos was ich predige? Wie predige ich, dass es die Menschen erreicht? Hauptamtliche Verkündigerinnen machen sich mit Rhetorik und Erkenntnissen der Kommunikationswissenschaft vertraut, um die Predigt zu professionalisieren. Andere ziehen die Einsicht vor: Dass das Wort die Herzen erreicht, das kann nur Gott schenken.

Beide Denkrichtungen sind für Predigerinnen wichtig: Ich will meine Kenntnisse von Bibel und Glauben vertiefen, Einsichten in Rede- und Hörweisen gewinnen sowie ganz auf Gottes Wirken in seinem Heiligen Geist hoffen und vertrauen. Dass die Verkündigerin sich zu professionalisieren sucht, ist oft hinlänglich bekannt. Unsere Gedanken dürfen jedoch auch die andere Partnerin der Kommunikation befragen, nämlich die Hörerinnen und Hörer der Verkündigung. Es gibt nicht nur die Predigt, die über die Köpfe der Hörerinnen hinweg geht. Wir kennen auch die Hörerin, die zu allem nickt, aber bei der die Verkündigung zu keinerlei Veränderungen in Glauben, Denken oder Handeln führt. Wir erleben Hörerinnen, die der Verkündigerin bei der Verabschiedung deutlich machen, dass sie besser wissen, was die Bibel meint, wie es zu verstehen oder wie danach zu handeln ist. Unter der Kanzel sitzen Hörerinnen, die von der Verkündigung Geborgenheit und Bestätigung erwarten und bei denen Appelle auf keinerlei Resonanz stoßen. Stattdessen geht es um eine gemeinsame Verantwortung der Predigerin und der Hörerin, um Gottes Wort für das Leben bereichernd zu erfahren. Dazu gibt es Ratschläge[2], die Mut zu einem Miteinander bei der Predigtvorbereitung machen. Es gibt Einsichten, dass nicht nur die Predigt inspiriert sein soll, sondern ebenso das Hören.[3] So geht es bei den Betrachtungen zur Predigt jetzt nicht nur um die Predigerin, sondern ebenso um die Hörerin.

Die Predigt – das Zentrum des Gottesdienstes?

Schwerpunkt in der Predigt

Ich möchte zwei Zitate wiedergeben, welche die in der Überschrift gestellte Frage beantworten: Das erste stammt von Heinz Schäfer: »Mein Anliegen: Der Gottesdienst in der EmK soll seinen eindeutigen Schwerpunkt in der Predigt haben. Alles Singen, die Schriftlesungen, die Gebete sind nicht unabhängig davon eine Liturgie, die sich eigenständig entfalten darf, sondern führen hin zum Skopus des Predigttextes und vertiefen das Gehörte. Sie alle sind »Diener des Wortes« und haben keine andere Aufgabe, als dem versammelten Volk Gottes die Botschaft seines Herrn wichtig und groß zu machen.«[4] Das zweite entnehme ich Achim Härtner/Holger Eschmann: »Über aller Predigtvorbereitung sollte nicht übersehen werden, dass die Predigt ein Element des Gottesdienstes ist. Ein wichtiges und unverzichtbares Element zwar, aber eben nur eines. Deshalb sollte man die immer wieder zu hörende Rede vom ›gottesdienstlichen Rahmen‹ nicht gebrauchen, weil sie unsachgemäß ist. Der Gottesdienst ist nicht nur Rahmen zur Predigt. Er ist in sich wertvoll, voller Werte und Möglichkeiten.«[5] Sowohl unter Predigerinnen wie unter Hörerinnen finden wir beide Voreinstellungen zur Predigt und zum Gottesdienst. Für manche macht allein die Predigt den Wert des Gottesdienstes aus; alles steht in Abhängigkeit zur Predigt und es gilt alles auf die Predigtrede zu beziehen: Lieder, Schriftworte und Gebete. Spricht Menschen die Predigt nicht an, so sind sie auf der ganzen Linie enttäuscht. Für andere ist alles Gottesdienst, nämlich Kommunikation mit Gott (und in manchen Elementen miteinander): Predigt, Lieder, Schriftworte und Gebete. Ich schließe mich in meinem Verständnis des Gottesdienstes letzterem an. Das entwertet die Predigt nicht, sondern gibt ihr den eigentlichen Ort: Ich bin mit Gott im Gespräch. In der Predigt öffne ich mich seinem Zuspruch und Anspruch. Aber es wertet die anderen Elemente des Gottesdienstes auf und entlässt sie aus dem Ghetto des bloßen Beiwerks. Lobgesang und Anbetung, Danken und Bitten haben ihren Wert in sich, weil durch sie ebenso mit Gott kommuniziert wird. Sie sind der Verkündigung sehr nahe, werden sie doch durch Schriftworte motiviert. Predigt und Liturgie sind keine Konkurrenten, sondern verschiedene Möglichkeiten des Redens mit Gott bzw. sich dem Reden Gottes zu öffnen. So wie das Gespräch unter Menschen unterschiedliche Weisen kennt und Handlungen und Rituale »Mitteilungen« sind, so ist es auch im Feiern der christlichen Gemeinde mit Gott. Teilt jemand diese Voreinstellung nicht, führt dies zu Fehlern in der Kommunikation, zu Unverständnis und Enttäuschung; es geht nicht vorherrschend um Vermittlung von Wissen und Kenntnissen, sondern um Gemeinschaft mit dem dreieinigen Gott, meinem Vater, meinem Herrn und dem Heiligen Geist.

Predigt und Liturgie sind keine Konkurrenten

Was ist die Predigt?

Vom oben gewonnenen Grundverständnis des Gottesdienstes und damit auch der Predigt, lässt sich die Predigt in ihrer Eigenart als Element in der Liturgie näher bestimmen. Ich möchte die Predigt weniger durch eine Definition als vielmehr wie einen Prozess, ein Geschehen beschreiben:

a) Die predigende Person ist immer selbst mit dem dreieinigen Gott in Kommunikation und lebt ihr Leben im Vertrauen auf die Gnade und Liebe Gottes. Aus dieser Kommunikation erwachsen zuerst ihr Erkenntnis und Einsicht über das Leben mit und vor Gott, die sie dann für andere zur Verfügung stellt. Die Predigt ist die Rede einer Zeugin.

b) Gott legt einer Verkündigerin die Situation und Bedürftigkeit einzelner Menschen, der Gemeinde oder unserer Gesellschaft ans Herz. Sie sucht nach Hilfe in der Schrift. Ihre Erfahrung und die anderer helfen ihr verstehen. Sie bringt diese gute Nachricht in der Predigt den Menschen nahe. Die Predigt ist die Rede einer Prophetin.

c) Gott beauftragt Menschen, seine Boten zu sein. Sein Evangelium, sein Weg des Heils soll alle Menschen erreichen. Alle sollen Gottes Liebe und das Leben in Glauben und Heiligung kennen und ergreifen. Dazu ist es nötig, dass das Evangelium von Jesus Christus den Menschen in ihrem Hier und Heute weitergereicht wird. Gottes Wille wird Menschen dargelegt. Die Predigt ist die Rede einer Botschafterin.

Alle drei Charakterisierungen machen die Predigt aus. Sie kennzeichnen, wo der jeweilige Impuls zur Rede seinen Ausgang nimmt. Sie lassen das Beziehungsgeflecht zwischen verkündigender Person, den Hörerinnen und Gott bzw. der Heiligen Schrift deutlich werden. Dessen sollten sich Verkündigerin und Hörerin jeweils bewusst sein. Es legt der Predigerin nahe, sich mit ihren Möglichkeiten der Hörerin und dem biblischen Wort ganz zuzuneigen. Es bewahrt sie vor der Gefahr, über ihre Person und ihre Erfahrungen hinaus zu reden. Es legt der Hörerin nahe, die Verkündigerin mit ihren Möglichkeiten und Unmöglichkeiten ganz ernst zu nehmen, und keine überzogenen Erwartungen an sie zu stellen. Es bewahrt sie vor der Gefahr, nur die Ebene Verkündigerin – Hörerin zu sehen; die Predigt eröffnet die Kommunikation durch Wort und Verkündigerin mit Gott. Zum anderen zeigt es, dass Gott der Redende zu beiden und das Bindeglied zwischen beiden Menschen ist.

Ziel der Predigt

Die Charakterisierung zeigt außerdem, dass die Predigt ein Ziel hat. Sie will etwas erreichen. Das ist nicht unlauter, sondern gewünscht und von den Hörerinnen erwartet. Das Ziel der Verkündigung darf gesagt werden und erleichtert die Kommunikation. Erst so wissen die Hörerinnen, was sie erwarten können und können sich empfangend danach »ausstrecken«. Die Verkündigung ist Zuwendung und die Predigerin kann sagen, was sie im Namen Gottes den Hörerinnen zuwenden will. Dabei können neue Einsichten vermittelt werden. Oder die Predigt bringt mir Vertrautes zu Ohren und vergewissert mich. Sie hilft mir Erfahrungen im Lichte Gottes zu verstehen und zu interpretieren. Gott wird mir neu groß gemacht und stärkt mein Vertrauen. Als Hörerin nötigt mir die Predigt Offenheit ab. Dankbar darf ich die Predigt als Zuwendung Gottes und Zuwendung der Verkündigerin zu mir als Hörerin empfangen. Ich will und muss es Gott gestatten, durch das Wort der Predigt in mein Leben hinein zu sprechen. Gott kann seinen Anspruch auf mich erheben, mich zur Umkehr oder zum Dienst rufen. Gott kann seinen Zuspruch mir zuteil werden lassen, sein Erbarmen, seine Güte, auf die ich mich neu ganz verlassen will. Nach der Predigt antworte ich Gott darauf, im Gebet, im Lied, in der Kollekte, und zwar mit Hingabe an seine Liebe und seinen Willen. Predigerin und Hörerin begegnen demselben Gott, demselben Wort, teilen in Gemeinde und Gesellschaft viele ähnliche Vorfindlichkeiten: Die Begegnung geschieht nur zu unterschiedlichen Zeiten. Bei der Verkündigerin auf dem Weg zur Predigt wird das Wort zu Gottes Wort für sie. Für die Hörerin ereignet sich Gottes Wort beim Hören der Predigt und in der Stille danach (und manchmal noch Zuhause). Dass Gott beide ansprechen darf und das Vertrauen, dass er dies will, macht ein inspiriertes Hören und Predigen aus.

Verschiedene Predigtarten?

Predigten lassen sich aufgrund von Situation, Redeweise, Vortragsweise und inhaltlichen Zielen unterscheiden:

Lehrpredigt

a) Die Lehrpredigt will über christliche Glaubensinhalte wie Rechtfertigung, Heiligung, Handeln Gottes o. ä. informieren und so den Hörerinnen die Zusammenschau biblischer Wahrheit vermitteln.

seelsorgerliche Predigt

b) Die seelsorgerliche Predigt nimmt den Menschen in seiner Grundbefindlichkeit wahr, die auch von Nöten, Ängsten, Sorgen, Anfechtungen, Abschied und Schmerz gekennzeichnet ist. Sie stellt den Menschen in das bergende Licht Gottes, dem Vater, der weiß, was wir bedürfen, noch ehe wir sogar bitten. (Mt 6, 8)

prophetische Predigt

c) Die prophetische oder evangelistische Predigt ruft Menschen zur Umkehr. Dies kann grundsätzlicher Art sein, dass Menschen eingeladen und aufgefordert werden, ihr Leben in der Nachfolge Christi zu leben. Die Umkehr kann das christliche Tun betreffen, damit die Hörerinnen Gott gehorsam sind oder Missstände in Gemeinde oder Gesellschaft benannt werden. Die Rede konfrontiert und nötigt zur Entscheidung.

Dialogpredigt

d) Die Dialogpredigt wird von zwei oder mehreren Personen gestaltet. Es geschieht zwar jede Predigt im Dialog mit den Hörerinnen, aber die Dialogpredigt hat dies als Gestaltungsart. Die Verkündigerinnen können den Dialog im Frage-Antwort-Schema gestalten; oder indem der biblische Text in verschiedene Lebensbereiche gestellt wird – eben durch verschiedene Personen; oder dass eine Person das biblische Damals erläutert und die Dialogpartnerin die Übertragung für das Heute leistet. Die Lebendigkeit der Rede erleichtert der Hörerin die Aufmerksamkeit.

e) Die Erzählpredigt nimmt das biblische Zeugnis in der Form auf. Gottes Weg mit seinen Menschen in der Bibel ist Geschichte und darum erzählt die Bibel vom Auszug aus Ägypten, vom Weg des Christus. Selbst die Briefe der Apostel erzählen von paradigmatischen Personen wie Abraham, Adam, Noah und laden zur Identifikation und Nachahmung ein. Die Erzählpredigt schafft eine Brücke zwischen jung und alt, zwischen Kindern und Erwachsenen, weil das Erzählen von Geschichten uns alle anspricht und die Identifikation spontan und (meist) treffsicher geschieht. Für Familiengottesdienste sollte diese Form gewählt werden.

Erzählpredigt

f) Die Lied- oder Bildpredigt bedient sich bereits einer Art von Predigt und sucht deren biblischen Textursprung. Besonders ein bekanntes Lied kann auf diese Weise neu zum Klingen gebracht werden, wenn entdeckt wird, was die Dichterin und/oder Komponistin als Anrede Gottes vernommen hat. Ebenso kann dies ein Bild bewirken, das durch die visuelle Wahrnehmung einen stärkeren Eindruck zu hinterlassen vermag. Das Gesangbuch ist für beides eine wunderbare Hilfe.[6]

Lied- oder Bildpredigt

g) Die Predigt mit szenischer Darstellung gewinnt mehr und mehr Raum in den Kirchen. Dabei können szenische Anspiele oder Situationsdarstellungen sehr vielfältig eingesetzt werden: Sie können den Predigttext »nachspielen«. Sie stellen die Situation der Hörerinnen dar, in die das biblische Wort hineinsprechen möchte. Sie können das Predigtziel abbilden und so zeigen, was die Konsequenz für das Leben bedeutet. Sie sind für die Hörerin im wahrsten Sinne des Wortes »anschaulich« und damit unmittelbarer. Die Identifikation ist wie bei der Erzählung sofort gegeben. Wir werden dieser Form der Verkündigung zukünftig mehr Aufmerksamkeit schenken müssen, da sie der reizüberfluteten Zeitgenossin entgegenkommt.

Predigt mit szenischer Darstellung

Gemeinsame Verantwortung von Verkündigerin und Hörerinnen – was bedeutet das?

Im besten Sinne des Wortes ist die Predigt eine Erbauungsrede. Das meint nicht fromme Ergüsse, denen man feierlich lauscht, weil sie alle bauchpinseln und bestätigen. Erbauungsrede bedeutet für mich, dass ich im Vertrauen gestärkt werde, befähigt zur Liebe und bestärkt zum Dienst für Gott in Gemeinde und Welt. Es ist nicht allein die Aufgabe der Verkündigerin wahrzunehmen, was dafür in der Gemeinde oder bei einzelnen nötig ist. Es ist ebenso die Aufgabe der Hörerinnen, ihre Hilflosigkeit, ihr Fragen, ihre Unsicherheit oder ihr Bedürfnis für die Predigt zu sagen. Das ist in den Gemeinden vielfach nicht erkannt und manchmal gestehen es sich die Gemeindeglieder nicht zu. Andererseits ist es auch für manche Verkündigerin schwer, mit solchen Wünschen umzugehen, weil sie natürlich auch indirekte Kritik beinhalten können; damit will umgegangen sein. Hilfreich ist deshalb, für diese gemeinsame Verantwortung Foren zu schaffen.

a) Ein Forum können Kärtchen am Ausgang sein, auf denen steht: 1. Heute war ich für Folgendes bei der Verkündigung dankbar … 2. Ich würde mir mal eine Predigt über … wünschen. Diese Kärtchen können dann in einen »Predigtbriefkasten« geworfen werden. Wo das Vertrauen es erlaubt, kann natürlich ein Hauskreis oder auch der Ausschuss für Zusammenwirken von Pastorin und Bezirk befragt werden, was für die Gemeinde an geistlichen Themen »dran« ist.

b) Die Gemeinde ist zum Gespräch über die Verkündigung nach dem Gottesdienst eingeladen. Hier können weiterführende und vertiefende Fragen an die Predigerin gestellt werden. Ebenso können Hörerinnen die Verkündigung bestätigen und durch persönliche Erfahrungen unterstreichen.

c) Ein weiteres Forum für die gemeinsame Verantwortung kann ein Predigtkreis sein. Dieser kann aus einer Verkündigerin und mehreren Gemeindegliedern bestehen. Ihr Ziel ist es, mit der Verkündigerin eine Predigt pro Quartal vorzubereiten und zu reflektieren. Gemeinsam wird gefragt, was für die Gemeinde »dran« ist. Gemeinsam wird ein Text oder werden mehrere Texte der Bibel dazu befragt, ergründet und von der eigenen Erfahrung beleuchtet. Gemeinsam wird das Ziel der Verkündigung festgelegt, gemeinsam wird gebetet. Die Verkündigerin erhält so eine gute Tuchfühlung mit ihren Hörerinnen und wird durch die gemeinsame Erarbeitung beschenkt. Ihre Aufgabe ist die anschließende Predigt. Der Predigtkreis trifft sich nach gehaltener Predigt zur Reflexion. Hier kann ein qualifiziertes und differenziertes Feedback zustandekommen. Außerdem lernen die Predigthörerinnen eine Predigt qualifizierter und differenzierter zu hören. Es kommt zu guten »Früchten« für beide Seiten. Drei bis vier Treffen sind dazu nötig. Solch ein Predigtkreis kann von den Personen für die nächste Predigt wieder wechseln.

d) Ein weiteres Forum kann ein Ausschuss sein, der sich die Gestaltung der Gottesdienste zur Aufgabe gemacht hat. Es ist an ihm das ganze Feiern zu überlegen, evangelistische Gottesdienste oder Familiengottesdienste zu planen. Dabei kann die Reflexion der Verkündigung oder die Frage, was die Gemeinde »braucht«, zu seinen festen Aufgaben gehören. Sind hier Liturginnen, Musikerinnen und

Predigerinnen zusammen, hat das für das Miteinander der verschiedenen Dienste im Gottesdienst eine positive Wirkung.

Die Wahrnehmung dieser gemeinsamen Aufgabe ist behutsam anzugehen. Es erfordert von allen Seiten Vertrauen. Für viele Gemeinden wie Musikerinnen, Liturginnen und Predigerinnen ist dies ein ungewohnter Weg; meist herrscht die Arbeitsteilung und die Bereichsverwaltung vor: Du machst die Musik, ich mache die Predigt. Ich rede dir nicht hinein, du redest mir nicht hinein. Wer jedoch einen gemeinsamen Gottesdienst und auch die Predigt in oben beschriebener Weise vorbereitet hat, wird von der Erfahrung begeistert sein. Und: Die Gemeinde wird dieses Miteinander dem Gottesdienst und der Predigt abspüren.

Bei der Betrachtung habe ich den Schwerpunkt auf das Grundverständnis der Predigt gelegt. Ich wollte die Kommunikation in der Vertikalen und Horizontalen aufzeigen, um zum Verstehen beizutragen. Die gemeinsame Verantwortung von Verkündigerin und Hörerin ist mir ein zentrales Anliegen. Die Rede- und Gestaltungsformen der Predigt möchten vor allem der Hörerin die Aufnahme der Verkündigung erleichtern. Was diese Betrachtung nicht sein kann, ist eine Predigtlehre. Solches muss notwendig a) im Studium für Pastorinnen oder b) in Ausbildungskursen für Predigthelferinnen und Laienpredigerinnen geschehen. Ich verweise für eine Vertiefung für Verkündigerin und Hörerin auf das Buch »Predigen lernen« von Achim Härtner und Holger Eschmann. Gleiches gilt für den Bereich der Gestaltung: Auch hier nehme ich mir die Freiheit der subjektiven Gewichtung.

2. Wir gestalten

Von welchem Ort predige ich?

Kanzel

Traditionell ist der Ort der Predigt die Kanzel. Sie ist im gottesdienstlichen Feiern der Predigt vorbehalten. Sie kennzeichnet damit die Verkündigung. Durch den besonderen Platz wird die Verkündigung in ihrer Besonderheit betont. Die Aktion der Verkündigung unterscheidet sich von der Art und Weise anderer Geschehnisse im Gottesdienst: In Loben, Danken, Beten und Mitteilen ist das Miteinander oder Füreinander bestimmend. In der Verkündigung erlaubt die Gemeinde einer Person aus ihrer Mitte, der Gemeinschaft und jeder einzelnen »gegenüberzutreten«. Gerade wenn die Predigt prophetischer oder evangelistischer Natur ist, spüren dies beide Seiten besonders. Durch die Kanzel kann dies leichter zugestanden und erkannt werden. Die Kanzel bietet der Verkündigerin einen gewissen Schutz. Mit jeder Äußerung stellen wir unsere Erfahrung, unser Erkennen und unsere Person für die Gemeinde zur Verfügung. Wir laden zum Nachvollziehen und zur Identifikation ein. Die Verkündigerin spricht immer auch über sich, ob sie es explizit tut oder nicht. Sie stellt sich – als Zeugin, als Prophetin, als Botschafterin – in einen Prozess, der zwar zur Kommunikation zwischen Gott und Hörerin anleitet, aber nie ohne sie möglich ist. Das benötigt den Schutz des Raumes. Für manche mag der innere Raum genügen; sie können gelten lassen, dass sie vor Gott und im Hören auf ihn das empfangene Wort weiterreichen. Für andere ist der äußere Raum der Hinweis, auf Gottes Geleit und Segen. Somit unterstützt die Kanzel das Predigen und Hören. Sich dessen bewusst zu sein, hilft den richtigen Ort für die Predigt zu wählen. Schon in diesem Satz deute ich an, dass die Kanzel kein Muss ist.

Je nach Art und Inhalt der Verkündigung können auch andere Orte die Botschaft verstärken. Bei einer Dialogpredigt ist das Gespräch zwischen Personen die Gestaltungsweise. Eine gemeinsame Bewegung der Verkündigerinnen ist für die Gemeinde erkennbar. Für solch einen Vorgang legen sich Plätze auf gleicher Ebene nahe. Eine Dialogpredigt benötigt auch den Schutz nicht in dem oben ausgeführten Maße; die Gemeinschaft in der Verkündigung ersetzt den Schutzraum. Manchmal redet Gott mit Menschen so. In Ex 33, 11 steht: »Der Herr aber redete mit Mose von Angesicht zu Angesicht, wie ein Mann mit seinem Freunde redet.« Oder wie eine Frau mit ihrer Freundin redet, so spricht Gott mit uns. Gerade eine Anrede wie »Ihr seid meine Freunde« (Joh 15, 14) oder die Verhältnisbestimmung von Gott als unserem Vater weisen in das vertrauensvolle Gespräch mit Gott ein. Nicht weil wir uns erheben und verkennen, dass Gott der Schöpfer Himmels und der Erde ist, sondern weil uns Gott in Christus erhoben hat. Das findet seinen Ausdruck, wenn die Verkündigung durch mehrere Personen vor dem Abendmahlstisch geschieht.

Bei erzählenden Predigten – vor allem, wenn sie fast ausschließlich erzählend sind – kann der Ort der Verkündigung sogar der Raum der Gemeinde sein. In der Erzählung sollte jedoch das echte »Wir« vorherrschen. Die Identifikation ist beim Erzählen so stark, dass in sie auch die Verkündigerin eingeschlossen ist. Die Erzählung betont wie sonst keine Form, dass die Predigerin selbst in der Geschichte »drin ist« und im Wort Gottes angesprochen wird. Gerade das Umhergehen im Raum, zwischen den Hörerinnen, vermittelt die Gemeinschaft vor Gott und das Unterwegssein auf dem Weg Gottes. Das kann besonders bei Familiengottesdiensten so getan werden. Natürlich kann das Erzählen in der Predigt als Illustration erfolgen und damit nur Stilmittel sein; dann wird durch die Erzählung zwar Identifikation ermöglicht, aber nicht unbedingt ein »Wir« geschaffen. So ist die Kanzel als Platz der Predigt der entsprechende Ausdruck.

Vielleicht treten Bedenken auf, ob durch einen anderen Ort als die Kanzel die Bedeutung der Predigt herabgesetzt wird. Ich denke nicht. Vielmehr wird durch den adäquaten Ort der Inhalt und damit das Wort Gottes betont und die Annahme unterstützt. Es kann für eine Gemeinde ungewohnt sein, wenn die Verkündigerin durch den Raum geht; damit kann eine Distanz überwunden werden, die Menschen für das bewusste Hören benötigen. Das will bedacht sein; wie oben erwähnt, ist m . E. die Erzählung die Predigtweise, die zum Umhergehen im Raum passt. Weil hier die Hörerin in die Erzählung genommen wird, ist keine Distanz nötig.

Wie finde ich Predigttext oder Thema?

Eigene Erfahrung

a) Als Zeugin in der Verkündigung gehe ich von einer eigenen Erfahrung oder Erkenntnis aus. Diese reiche ich weiter an die Hörerin. Ich mache die Voraussetzung: Was mich bewegt, wird andere ebenso bewegen. Meine Fragen sind meist auch die Fragen anderer. Zudem sind manche Erfahrungen auf andere Situationen übertragbar. Meist ist Gott als Ausgangspunkt der Erfahrung oder Erkenntnis derjenige, der in der Verkündigung bezeugt, zum Vertrauen auf ihn oder zum Gespräch mit ihm eingeladen wird.

Erfahrung eines anderen

b) Statt der eigenen Erfahrung kann es die Frage oder die Erfahrung eines anderen Menschen sein, die mich in die biblische Beschäftigung führt. Daraus entwickelt sich in Zuspruch oder Anspruch die Botschaft, die jenem Menschen helfen soll. Diese wird aber nur als Ausgangspunkt genommen. Auch hier setze ich die Voraussetzung, dass andere das ebenso beschäftigt oder persönlich betrifft.

Ergehen in der Gemeinde

c) Der Ausgangspunkt kann unser Ergehen in der Gemeinde oder in der Gesellschaft sein. Bei besonderen Situationen ist es aktueller Natur wie das Fragen nach Gottes Handeln angesichts von Katastrophen. Es kann prozesshafter Natur sein: Wir fragen uns in der Gemeinde, was wir für unsere Umgebung bedeuten können; die Predigt nimmt einen Aspekt wie »Wie erkenne ich Gottes Willen?« auf und entfaltet ihn biblisch. Wir können nach dem fragen, was die Menschen in der Gemeinde geistlich nötig haben und entfalten dies in einer Predigt oder einer Predigtreihe.

Das Kirchenjahr d) Das Kirchenjahr legt uns Texte oder Themen nahe. Besonders die großen Feste prägen die Erwartungen der Menschen. Die bewirken Offenheit für die Entfaltung des Ereignisses, wie z. B. Ostern. An Ostern nicht die Auferstehung Jesu freudig zu verkündigen, ist unmöglich. Nun will dies auch niemand. Vielmehr ist das Kirchenjahr ein Angebot, weil es durch seine geistlichen Themen und seinen Rhythmus das Christsein vertiefen will. Gewiss kommen auch Themen nicht darin vor, deshalb ist alles zu prüfen und die Entscheidung nicht abgenommen. Selbst wer sich entscheidet, die fortlaufenden Texte des Kirchenjahres (Perikopenordnung) für die Verkündigung zu nehmen, darf sich nicht dahinter verstecken; die Verantwortung ist unabdingbar. Dafür ist nicht nur Kenntnis über die Hörerinnen nötig, sondern auch Einsicht in das Angebot des Kirchenjahres bzw. des Christusjahres. In Kapitel 1.2 wurde der Versuch unternommen, einen Gang durchs Kirchenjahr zu tun und damit seine Möglichkeiten und Themen aufzuzeigen. Es soll abschließend erwähnt werden, dass viele Anliegen des Kirchenjahres dankend, lobend und anbetend im ersten Zeitraum des Gottesdienstes die Gestaltung bestimmen bzw. bestimmen können; eine Weiterführung in der Predigt ist möglich, aber nicht zwingend.

Gottesdienstliche Situation e) Auch die gottesdienstliche Situation ist für die Verkündigung wichtig: Wird das Abendmahl gefeiert? Ist eine Taufe? Werden Mitarbeiterinnen in eine neue Aufgabe eingeführt und gesegnet? Wird ein Kind gesegnet? Sind Gäste aus der Ökumene oder anderen methodistischen Schwesterkirchen da? Diese Situation kann Ausgangspunkt für die Wahl von Text und Thema sein. Sie prägen den Gottesdienst. Es ist wichtig, sie bewusst wahrzunehmen und für die Verkündigung zu reflektieren.

Niemals ist die Predigerin der Verantwortung enthoben, das Ziel der Verkündigung zu wählen. Niemals ist die Hörerin der Verantwortung enthoben, die Verkündigung als Gottes Anrede an sie zu empfangen und zu beherzigen. Wenn die Wahl des Textes oder Themas gemeinschaftlich geschieht, beflügelt dies beide.

Gedanken zur Grenze der Predigt

Die Predigt hat Grenzen. Das ist eine wichtige Einsicht. Sie zu missachten, zieht Enttäuschung oder Verärgerung nach sich. Diese Grenzen sind vielgestaltig.

Nicht alles eignet sich, um in der Predigt behandelt zu werden. Es verbietet sich, in der Predigt als Beispiel die aktuelle Tagespolitik zu bewerten. Urteilsfindungen im politischen Bereich benötigen das Gespräch und die Erfahrung aus verschiedenen Lebensbereichen. Es verbietet sich, seelsorgerliche Fragen zu persönlich zu behandeln. Solches muss individuell im seelsorgerlichen Gespräch erwogen werden. Es verbietet sich, eine Gerichtspredigt zu halten. Der Sonntag ist ein Fest und zum Charakter des Gottesdienstes gehört die Freude über Jesu Herrschaft und unsere Gemeinschaft mit dem Auferstandenen. Der Sonntag ist der Auferstehungstag. Eine Gerichtspredigt hat ihren Platz im Hauskreis oder in der Bibelstunde, wo deutlich wird, dass die Predigerin sich ebenso darunter beugt. Das Gericht lehrmäßig als Konsequenz von Unglaube zu entfalten, kann wiederum Raum in der Sonntagspredigt haben, wenn das Ziel die Einladung zum Vertrauen ist.

Die Predigt ersetzt nicht das Gespräch

Die Predigt ersetzt nicht das Gespräch in der Gemeinde über den Glauben. Sie stößt das Gespräch an oder entfacht eine persönliche oder gemeinschaftliche Suchbewegung. Alle geistliche Anleitung und Unterweisung über die Predigt erreichen zu wollen, muss notwendigerweise scheitern. Damit ist die Predigt von der Art der Kommunikation überfordert. Sie wird mit falschen Ansprüchen belegt. Oft liegt auch hier ein Grund für die immer stärker werdenden Erwartungen an die Verkündigung. Viele Christen treffen sich nicht in Hauskreisen oder Bibelstunden, um ihre Glaubenserfahrungen ins Gespräch mit der Bibel und den anderen zu bringen. Viele Christen lesen kaum für sich persönlich in der Bibel. Die vermissten geistlichen Erfahrungen werden von der Predigt und dem Gottesdienst erwartet. Das kann die Predigt aber nicht leisten und die Predigerin ebensowenig.

Macht und Selbstdarstellung

Es gibt Grenzen, die sich jede Verkündigerin auferlegen muss. Im Gottesdienst ist – normalerweise – Protest oder Empörung keine zu wünschende Reaktion auf eine Predigt. Menschen sollen sich nicht wehren müssen, weil sie von oben herunter beurteilt oder vereinnahmt werden. Die Verkündigung hat das Wohl der Hörerinnen im Blick. Sie ist Zuwendung auch im inhaltlichen Sinne. Die Predigerin muss sich bewusst sein, dass sie Macht ausüben kann, indem ihr das Recht zugestanden wird, zwanzig Minuten zu reden. Es geht bei der Predigt nicht um sie, sondern um die frohe Botschaft in Zuwendung zu den Menschen und in Verantwortung vor Gott. Es ist kein Podium, sich oder seine Meinung darstellen zu wollen. Natürlich soll ihre Erfahrung und ihre Meinung einfließen, aber als Hilfe für die Verkündigung und nicht als Ziel. Es geht in der Predigt nicht darum, Rache zu üben oder Menschen den Kopf zu waschen. Zur Klärung dieser Gefühle hilft allein das persönliche Gespräch. Die Verkündigung will vielmehr in der Nachfolge Jesu den Menschen die Füße waschen. (Joh 13) Die Verkündigerin muss lernen, mit dieser Macht sorgsam umzugehen. Sie darf sich von Gott Sensibilität schenken lassen. Aber auch die Hörerinnen dürfen die Pastorin oder andere Verkündigerinnen aufmerksam machen, wenn sie sich der Gemeinde in problematischer Weise zugewandt haben oder wenn sie mit der zugestandenen Macht ungut umgegangen sind. Nur so hat die Person auf der Kanzel die Chance zu lernen und möglichen Schaden wieder gut zu machen.

Freude am Predigen

Selbst wenn die Grenzen der Predigt diesen Abschnitt beenden, möchte ich doch die Freude am Predigen bzw. am Hören der Verkündigung betonen. Die Verkündigung ist ein schwerer aber auch wunderschöner Dienst. Sich diesem Dienst zu öffnen, dazu sind die Hörerinnen eingeladen. Ich schließe die Betrachtungen zur Verkündigung und Wertschätzung des Wortes Gottes durch eine Gleichniserzählung[7] ab:

Der König hatte einen Diener. Er liebte ihn über alles und vertraute ihm alles an. Darüber aber waren die Minister des Königs erbost. Einer von ihnen sagte: »Das ist doch seltsam. Ihr liebt Euren Diener viel mehr als uns, Eure Berater. Warum macht Ihr das?« Der König antwortete: »Weil mein Diener mich als König verehrt!« Darauf fragte der Minister: »Verehren wir Euch denn nicht als König?« »Nein, überhaupt nicht«, erwiderte der König. Viele Tage vergingen bis zur nächsten Ratssitzung. Nachdem viele wichtige Entscheidungen besprochen waren, ließ der König aus der Schatzkammer einen Pokal aus purem Gold holen, der über und über mit Juwelen besetzt war. Von allen seinen Schätzen war dieser Pokal bei weitem der kostbarste. Der König stellte den erlesenen Pokal vor sich hin und forderte jeden seiner Minister auf, ihn zu zerbrechen. Aber die Minister erwiderten: »Majestät, so etwas Kostbares kann man doch nicht zerbrechen.«

Da wandte sich der König seinem Diener zu: »Zerbrich ihn!« Ohne zu zögern zerstörte der Diener den Pokal. Da fragte ihn der König: »Weißt du denn nicht, daß du etwas sehr Kostbares zerbrochen hast?«

Der Diener antwortete: »Mein König, dieser Pokal ist wertlos – verglichen mit Eurem Wort!«

5.10 Stille nach der Predigt

1. Wir versuchen zu verstehen

In unserem liturgischen Ablauf ist keine Stille nach der Predigt vorgesehen. Die Agende weist in der Einleitung darauf hin: »Die Möglichkeit zur Gebetsstille während des Gottesdienstes sollte bedacht werden.[1] Wer Gelegenheit zur Stille einmal im Gottesdienst gegeben hat, wird von mehreren Mitfeiernden die Rückmeldung erhalten: »Das war wohltuend!« Zudem teilen Menschen mir bekümmert mit, dass sie zu Hause bereits nicht mehr wissen, was die Predigt beinhaltet hat. Die Stille nach der Predigt ermöglicht, dass die Verkündigung bewusst in uns verankert werden kann. Ich vergleiche die Stille mit geöffneten Händen, um das Geschenk des verkündigten Wortes Gottes dankbar entgegenzunehmen. Zwar möchte das anschließende Fürbittgebet das Wort Gottes in eine persönliche Reaktion – Dank, Beugung, Bitte, Fürbitte – überführen, aber das kann nicht treffsicher für jede geschehen. Natürlich spreche ich mein inneres Ja zu dem, was eine für mich und alle Mitfeiernden betet. Dies ersetzt die Stille jedoch nicht. Die Stille scheint mir wichtiger denn je. Es mag an der Reizüberflutung liegen, die Menschen in Worten und Bildern so in Beschlag nimmt, dass eine Predigt nach dreißig Minuten nicht mehr präsent ist. Es mag am Ruhebedürfnis des heutigen Menschen liegen, dass er kaum einer ganzen Ansprache folgen kann und gerne bei bestimmten Stichwörtern über sein Tun und Lassen ins Nachdenken kommt. Worte ohne Bilder oder Symbole sind kaum mehr memorierbar. Schier unmöglich kommt es uns vor, dass biblische Geschichten über Generationen wortgetreu weitererzählt wurden. Mithin trägt unsere Zeit und unsere eigener Lebensrhythmus mit engen, dicht gedrängten Terminen und Erledigungen zu der inneren Unruhe und Aufnahmeunfähigkeit bei. Was immer es sein mag: Die Stille nach der Predigt ist eine Hilfe, sich des Gehörten als Zuspruch bzw. Anspruch Gottes persönlich bewusst zu werden.

Reizüberflutung

Das Gesagte unterliegt Einschränkungen. Eine Predigt kann darauf ausgerichtet sein, besonders das Gefühl der Freude über Gott zu vermitteln. Gefühle bedürfen nicht der Zeit der Stille, sondern wollen in einem schönen, freudigen Lied ausgelebt werden. Eine weitere Einschränkung ist gegeben, wenn in der Verkündigung provokante oder kontroverse Themen berührt werden. Dann ist der Austausch angesagt, in welcher Form auch immer. In diesem Fall wäre die Stille keine Hilfe. Die Einschränkungen relativieren die Wichtigkeit der Stille nicht, sondern weisen auf den bedachten Umgang hin.

Stille gestalten Stille will gestaltet sein. Auf den ersten Blick scheint dies ein Widerspruch. Die Stille zeichnet sich gerade darin aus, dass sie nicht inhaltlich belegt ist und den Menschen nicht von außen beanspruchen will. Die nachfolgenden Meditationen und Reflexionen möchten dies verständlich und gestaltbar machen.

Offeriere ich im Gottesdienst den Mitfeiernden einfach eine stille Zeit, nötige ich ihnen das Nachdenken über Zweck, Ziel oder Notwendigkeit der Aktion auf. Die Möglichkeiten sind vielfältig und so kann die Eine darin stecken bleiben, was es zum Mittag zu essen geben wird, eine Andere denkt mit Schrecken an die Mathearbeit oder das Geschäftsmeeting von morgen. Bevor man sich versieht, ist die Zeit um. Damit die Stille zu einer bereichernden Erfahrung wird, muss sie mit Anleitung und Ziel versehen sein. »Die Stille sollte von der Verkündigung herkommen, von einer kurzen und prägnanten Ausrufung der Guten Nachricht, die in die Stille hineinwirkt.«[2] Dies könnte so aussehen: In der Predigt ging es um Psalm 23, um Gottes gütiges Führen, Leiten und Bewahren. Nach dem Predigtschluss sagt die Pastorin: »Nehmen Sie sich einige Augenblicke der Stille und erinnern Sie sich, wo Sie in der vergangenen Woche eine schöne, eine gute Erfahrung machen durften. Freuen Sie sich noch einmal daran und danken Sie Gott im stillen Gebet dafür.«

Es ist darauf zu achten, dass der Stilleauftrag nicht in einem Nebenthema der Verkündigung begründet ist, sondern das Ziel und den Sinn der Predigt aufnimmt. Die Hörerinnen werden jedoch immer über das nachdenken, was für sie wichtig ist. Die Stille hat immer – ich betone: immer – Angebotscharakter und soll ins Nachdenken und Gespräch mit Gott führen. Tut dies jemand zu einem anderen Gedanken, darf ich mich darüber freuen.

Zu beachten ist weiterhin: Was in der Predigt nicht geleistet wurde, darf nicht zum Stilleauftrag werden. Ist der Predigerin eine – zeitliche oder inhaltliche – Grenze aufgenötigt worden, darf die Stille nicht zur Ergänzung verzweckt werden.

Wenig hilfreich finde ich auch sehr offene Zeiten der Stille nach der Predigt. Wenn als Stilleanleitung gesagt wird »Denken Sie nach, was für Sie heute wichtig war in der Predigt!« muss die Predigthörerin noch viel leisten. Leichter ist die Anleitung: »Was nehmen Sie heute für Ihr Christsein mit? Danken Sie Gott dafür!«

Getragene Stille Manchmal muss die Stille eine getragene Stille sein. Die Musik vermag solches zu tun. Das ist für viele Menschen bei schwierigen, bedrängenden oder traurigen Stilleaufgaben nötig. In der Predigt ging es um Schuld und Vergebung. Auch davon, dass Schuld nicht nur vor Gott, sondern ebenso mit dem Menschen geklärt werden muss, an dem man schuldig geworden ist. Die Predigerin führt aus, wie das geschieht, wie befreiend das ist, und wie Gott darauf seinen Segen legt. Nach dem Amen lädt sie zur Stille ein. »Nehmen Sie sich die Zeit und fragen sich: Wo muss ich Schuld ausräumen, zwischen welchem Menschen und mir steht, dass ich ungerecht mit ihm umgegangen bin? Bitten Sie dann Gott um Kraft und Mut für die Klärung.« – Solch eine Aufgabe fällt Menschen nicht leicht. Schuld belastet beide Seiten. Verdrängung kostet uns Kraft und eine solche Frage ist für manche, wie wenn eine Wunde aufplatzt. Hier ist es »gütig«, wenn eine leichte und unaufdringliche Musik die schweren Gedanken umfängt, eben trägt.

»Dauer«

Noch ein abschließendes Wort möchte ich zur »Dauer« der Stille sagen. Wird ein Musikstück als tragendes Element der Stille gewählt, dann ist meine Erfahrung, dass zwei oder drei Minuten wohltuend empfunden werden. Ist die Stille nicht durch Musik getragen, hängt dies von der Übung der Mitfeiernden sowie von der Tragweite der Frage ab. In unserem ersten Beispiel oben ist eine Stille von 30 Sekunden ausreichend. Je offener die Frage, desto mehr Zeit ist nötig. Eine Minute Stille ist lange und ich möchte sie von meiner Erfahrung als Grenze bezeichnen.

✍ **Übung**

Ich möchte Sie zu einer kleinen Übung anleiten. Wenn Sie predigen, bitte ich Sie nach Ihrer nächsten Gottesdienst- und Predigterarbeitung die nachfolgenden Aufgaben zu beantworten. Sind Sie Predigthörerin, dann notieren Sie nach Ihrem nächsten Gottesdienstbesuch die Antworten. Die Aufgabe besteht für beide darin, eine Anleitung zur Stille aufzuschreiben. Sie sollte die Aufgabe und das Ziel genau ausdrücken.

Predigttext: ....

Was wollte die Predigerin mir sagen? Oder: Was wollte ich den Mitfeiernden sagen?

....

....

Meine Anleitung zur Stille nach der Predigt lautet:

....

....

5.11 Das Fürbittengebet und Gebet des Herrn (Unser Vater)

1. WIR VERSUCHEN ZU VERSTEHEN

»Wir gingen das kleine, baumumstandene Sträßchen hinunter, das zur Kirche führte. Ehe wir das Gotteshaus betraten, sprach Mario: ›Weißt, wenn ich in eine Kirche gehe – bevor ich hineintrete, beim Griff auf die Klinke –, da stehe ich meistens für einen Augenblick ganz still und spreche innerlich zum Herrgott: ›Erschrecke nicht, jetzt komme ich mit meinen vielen Bitten.‹ Ach mein Lieber, wird er dann denken, gibt es wirklich keinen Ort auf der Erde, wo ich vor dir sicher bin. Du bist ein Kind geblieben – bei dir nützt alles nichts! Aber ich glaube, es freut ihn doch. Er sieht mein Vertrauen. Denn wenn ich um etwas für jemanden bitte, dann bedanke ich mich schon im voraus dafür. Ich glaube, Gott kann alles, nur eines kann er nicht: eine kindlich vertrauende Seele im Stich lassen ... Ich glaube, daß er meine Bitte erfüllt, und dafür danke ich. Gott sagt nie: Weil du brav warst, bekommst du dies oder das. Er sagt nur: Dein Glaube hat dich geheilt ...‹ Nun traten wir durch das Portal.«[1]

Fürbittengebet In großer Schlichtheit und ganz im neutestamentlichen Profil legt Mario Borgogno dar, wie er bittend vor Gott tritt. Es enthält so viel von dem, was als Einweisung zum Fürbittengebet gesagt werden muss: Wir treten allein in kindlichem Vertrauen vor Gott, unseren Vater. Nicht weil wir etwas einzuklagen hätten, nicht weil wir besonders brav waren, nicht weil wir die richtige Gebetstechnik praktizieren, sondern allein weil Gott unser Vater im Himmel ist, der uns liebt, sind wir der Erhörung gewiss. Wir bitten als Vertrauende, nicht als amtliche Bittsteller, die in einem Formular ankreuzen, was sie wie wann wo und warum haben wollen. Vielmehr schütten wir unser Herz aus und besonders treten wir für andere Menschen ein. Dies trifft in der Lebenserzählung von Kurt Haller für die Bitten des Mario Borgogno augenfällig zu: Im Buch ist nur an wenigen Stellen davon die Rede, dass er für sich bittet; immer ist es für andere Menschen. Auch nicht so, dass seine Bitten Gott vorschreiben, was zu tun ist. Er tritt für die Menschen ein und trägt sie so vor Gott. Es gilt von Gott Hilfreiches und Großes zu erwarten und mit offenen Sinnen zu schauen, was Gott tut. Diese Einweisung soll uns nun nicht wie die Vermittlung der vermeintlich richtigen Bitttechnik vorkommen; sie will uns vielmehr zum Vertrauen leiten und zur festen Gewissheit, dass Gott erhört. Das Grundlegende zum Beten habe ich bereits beim Dankgebet in Kapitel 5.5 entfaltet und setze dies bei den Ausführungen hier voraus.

Jesus selbst ermutigt und ermuntert Gott zu bitten. »Bittet, so wird euch gegeben ...«, sagt er in der Bergpredigt. (Mt 7, 7) Er erzählt das Gleichnis vom bittenden Freund (Lk 11, 5ff) und der bittenden Witwe (Lk 18, 1ff) und zeigt, dass Gott gerne seinen Kindern Gutes tun will, wenn sie ihn bitten. Er vergleicht Gottes Güte mit der menschlichen Güte, um zu erläutern: Wenn ihr schon freundlich zu euren Kindern seid und ihnen das Nötige gebt, um wieviel mehr Gott! (Mt 7, 9-11)

Besonders der Jakobusbrief thematisiert das zuversichtliche und erhörungsgewisse Bitten: »Wenn es aber jemandem unter euch an Weisheit mangelt, so bitte er Gott, der jedermann gern gibt und niemanden schilt; so wird sie ihm gegeben werden.« (1, 5) Allein der Zweifel in die Güte Gottes, indem ich mein Gebetsanliegen wieder an mich nehme, erlangt die Erhörung nicht. (1, 6-7) Wer allerdings betont für sich bittet, gegen andere, und damit versucht, Gott zum Gehilfen im Streit gegen andere Menschen zu machen, dort wird in »übler Absicht« erbittet. (4, 2-3) Gott lässt sich nicht instrumentalisieren. Das hat eher den Charakter des Fluches, der sich auf den Fluchenden zurückkehrt. »Ist jemand unter euch krank, der rufe zu sich die Ältesten der Gemeinde, dass sie über ihm beten ...« (5, 14) »... das Gebet des Glaubens wird dem Kranken helfen ... Des Gerechten Gebet vermag viel ...« (5, 15-16)

Das Bitten und Fürbitten ist in das Gespräch mit Gott eingebettet. Dort entfaltet es große Kraft und Segen. Es widerspricht der Beziehung zu Gott, wenn wir ihn wie eine Regierung behandeln, der wir einen Bittbrief schreiben, womöglich Unterschriften sammeln und im Fernsehen schauen, wie sich die Regierung dazu verhält. Dies ist dem Gebet als Vergleich völlig unangemessen. Deshalb wird Jesus nicht müde, den Vergleich zwischen Kind und Eltern für die Gottes- und Gebetsbeziehung zu deuten und nahe zu bringen. In der Bitte teilen wir Nöte, Ängste und Kummer mit Gott und erleben in vielfältiger Weise Hilfe; eine Hilfe besteht bereits im Teilen. Wir teilen unsere Not mit Gott und allein darin umfängt uns die Gewissheit, dass Gott für uns sorgen wird. Damit ist die Lähmung durch die Angst gebannt, wenn wir ihm trauen. In der Fürbitte – der Bitte für andere Menschen – teilen wir unsere Sorgen um andere Personen mit Gott und tragen sie damit vor Gott. »... wir wollen euch ... nicht verschweigen die Bedrängnis, die uns in der Provinz Asien widerfahren ist, wo wir über die Maßen beschwert waren und über unsere Kraft, so daß wir auch am Leben verzagten ... Auf ihn hoffen wir, er werde uns auch hinfort erretten. Dazu helft auch ihr durch eure Fürbitte für uns ...«, schreibt der Apostel Paulus an die Gemeinde in Korinth. (2 Kor 1, 8.10-11) Durch die Fürbitte helfen Menschen einander zur Hoffnung und zum Vertrauen auf Gottes Retten und Helfen. So hat das Bitten und Fürbitten die Seite des Anbefehlens und hat bereits durch das Aussprechen vor Gott eine heilende und helfende Wirkung. Die andere Hilfe ist die Gewissheit, dass Gott für die Betende und für die sie bittet Gutes tun wird.

Die Bitten und Fürbitten haben in unserem Gottesdienst im zweiten Gebet – dem Gebet nach der Predigt – ihren Raum. Das ist der Schwerpunkt dieses Gebetes wie Dank, Lob und Anbetung die Ausrichtung des ersten Gebet sind.

Das zweite Gebet beinhaltet auch anderes: »In ihm schwingt die Predigt nach.«[2] Impulse der Verkündigung werden von Gott dankbar empfangen. Sie können Anlass zur Bitte um Vergebung sein und damit Beugung unter das Wort bedeuten. Sie kann zur Klage leiten, die in Bitte und Fürbitte übergeht. Dank, Beugung, Klage und Bitte, das Wort Gottes im Leben umzusetzen, kennzeichnen das zweite Gebet ebenfalls.

Die Bitten orientieren sich an dem, was in dieser Woche in der Gemeinde »dran« ist. Dass Gott seinen Segen für Treffen und Veranstaltungen schenkt, dass Menschen in der Gemeinde Hilfe erfahren, von denen vorher in der Zeit der Gemeinschaft zu hören war, dass Gott Mitarbeitenden Kraft und Liebe zuteil werden lässt, bitten wir im Gebet. Dies kann dann entfallen, wenn eine Liturgin spontan in der Zeit der Gemeinschaft vor Gott dafür eingetreten ist.

Die Fürbitten haben die übergemeindlichen Anliegen im Blick: Kirche, Evangelisation, Diakonie, Partnergemeinden; Verantwortliche in der Politik, lokal bis weltweit; konkrete Fürbitten für Menschen und ihre Angehörigen, die verunglückt sind; für Länder, in denen Kriege oder Bürgerkriege wüten; das Miteinander der Nationen ... Wir tragen fürbittend die Welt vor Gott und bitten um die Verwirklichung seines Reiches. Das muss nicht alles an jedem Sonntag geschehen; aber es ist ein Horizont beschrieben, wo wir betend einstehen dürfen.

Ich fasse in einem kleinen Schaubild zusammen:

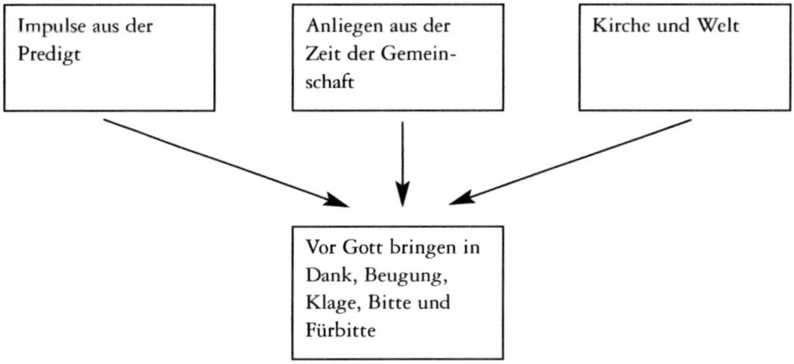

Gebet unseres Herrn

Diesem Fürbittengebet folgt als Abschluss das Gebet unseres Herrn Jesus. Ich möchte das Herrengebet an dieser Stelle nicht auslegen oder meditieren. Ich will im Abschnitt »Wir gestalten« ein Wechselgebet anbieten, das das Gebet Jesu erläuternd betet. Das Herrengebet stellt eine Art Stiftung dar, weil Christus so seine Jünger, Jüngerinnen zu beten gelehrt hat. Darin ist Vertrauen zum väterlichen und mütterlichen Gott ausgedrückt. Für die täglichen Bedürftigkeiten wie auch für geistliche und soziale Anliegen bitten wir Gott. Zur Nachfolge verpflichten wir uns mit den Gebetsworten und bringen Zuversicht und Anbetung mit dem Gebetsschluss entgegen. Mit dem Gebet Jesu knüpfen wir an sein vertrauensvolles Beten an. Eine Verbindung zu Christus selbst wird in diesem Gebet gepflegt. Ebenso verbinden wir uns mit allen Christen, an allen Orten und zu allen Zeiten im Gebet vor Gott. »Seit der Urchristenheit ist es Bestandteil des Gottesdienstes …« [3], legt Frank Maibaum dar. Diese Verbundenheit über Raum und Zeit macht neben dem Inhalt die Schönheit dieses Gebetes aus.

Welche Fassung?

Auf einen Sachverhalt will ich im Blick auf ökumenische Verbundenheit hinweisen: In der Anrede Gottes im Herrengebet besteht eine Unsicherheit bzw. gibt es unterschiedliche Traditionen. Manche beten »Vater unser im Himmel«; andere sprechen »Unser Vater im Himmel«. Unser Gesangbuch bietet das Gebet unter EM 730 mit beiden Formulierungen an. Wie Klaiber/Marquardt feststellen, wurde die Fassung »Vater unser« in Deutschland aus ökumenischer Rücksichtnahme aufgenommen.[4] Ich halte diese Redewendung für schwierig und sie nimmt der Anrede das Nahe und Vertrauensvolle. Ich plädiere für die Anrede »Unser Vater im Himmel«. Der Unterschied in der Anrede stört auch die Verbundenheit nicht. Erstens wird mit jeder Übersetzung in eine andere Sprache diese Nachahmung »Vater unser« korrigiert und zweitens ist es beim gemeinsamen Sprechen nicht hörbar. Aber das Vertrauensvolle und Nahe kommt allein in »Unser Vater im Himmel« zum Ausdruck; »Vater unser« macht die Gebetsanrede zu einem terminus technicus (Fachausdruck).

2. Wir gestalten

Wer betet das Fürbittengebet?

Wo immer es möglich ist, sollte nicht die Predigerin dieses Gebet sprechen. Ich bin mir bewusst, dass dieser Satz am Anfang der Gestaltung nicht ermutigend wirkt, da es in vielen Gemeinden von der Predigerin gesprochen wird. Gerade weil das Gebet auch Antworten auf Gottes Zuspruch und Anspruch in der Verkündigung ist, ist es organischer, wenn eine Hörende nun vor Gott tritt. Sie hat Gottes Wort empfangen und drückt Dank, Freude, Beugung usw. aus. Leichter können die anderen Mitfeiernden ihr Amen sagen, weil sie dieselben Empfindungen und Gedanken hatten. Die Verkündigerin ist im Kommunikationsprozess an einer anderen Stelle. Sie hat bereits empfangen, als sie dem Text in Stille und Ausarbeitung begegnet ist. Vielleicht durfte sie ihre Betroffenheit und Impulse in die Predigt retten; aber nicht immer hören Menschen das, was die Predigerin im Manuskript stehen hat. Die Worte sind nie eindeutig, da sie immer in Erfahrungszusammenhängen stehen. Diese Erfahrung und das verkündigte Wort können anderes bei den Hörerinnen auslösen als die verkündigende Person vermutet. Ein schönes Ziel ist der langfristige Aufbau eines Liturginnenteams, das sich zum spontanen Fürbittgebet bereiterklärt. Vielleicht ist in Ihrer Gemeinde eine Gebetsgemeinschaft im Gottesdienst möglich; hier wäre die Möglichkeit dazu. Natürlich ist dabei zu beachten, dass nicht Anliegen vergessen werden. Auch hier kann Schulung helfen.

Keine Fortsetzung der Predigt

Nun aber doch: Betet die Predigerin selbst, sollte sie das Fürbittengebet nicht als Fortsetzung der Predigt in anderem Sprachstil verstehen. Es gilt die Predigt unter der Frage vor Gott zu tragen »Was soll, muss, darf ich nach Gottes Willen tun?« Ich führe für und mit den Mitfeiernden das Gespräch mit Gott; danke ihm, was er durch sein Wort ermöglicht; bitte um Vergebung, wo ich diesem Willen Gottes bisher nicht entsprochen habe; sage, was ich zukünftig ändern möchte ... Je mehr die Verkündigerin an dieser Stelle ›ich‹ im Gebet sagt, desto mehr können es sich die anderen zueigen machen. Es scheint paradox. Aber je persönlicher ich mit Gott rede, mich beuge, danke, wirkt dies einladend für die Mitbeterinnen, sich an die Stelle des ›ich‹ mit ihrer Person zu setzen.

Meist zehrt die Verkündigung aus. Leicht kann es geschehen, dass Anliegen aus der Zeit der Gemeinschaft nicht mehr präsent sind. Es hilft, sich die Bittanliegen mit einem Stichwort zu notieren. Gleiches gilt für die Fürbitten, wenn sie aus Kirche oder Politik stammen. Ein Stichwort verhindert, dass uns das Anliegen entgleitet.

Bisher bedachten wir zwei Gestaltungsformen des Fürbittengebets:
Erstens: Das Fürbittengebet wird von einer Person – Liturgin oder Predigerin – gesprochen.
Zweitens: Es findet eine Gebetsgemeinschaft im Gottesdienst an dieser Stelle statt.

Eine weitere Form ist das Sammeln von Gebetsanliegen. Dies kann in der Stille nach der Predigt geschehen; dazu werden Kärtchen mit dem Gesangbuch gereicht, auf denen bereits vorgedruckt ist »Herr, wir bitten dich für …«. Auf den freien Platz wird das Anliegen geschrieben. Sie werden eingesammelt und von zwei, drei Personen als Gebet gelesen. Es können mehrere Bitten hinter einander gesprochen werden und die Gemeinde macht sie sich durch einen Kyriegesang zu eigen. Kyriegesänge oder ›Herr, erbarme dich‹-Strophen sind im Gesangbuch unter EM 450-455 zu finden. Diese Form kann in verschiedener Weise variiert werden bzw. auch ein Schwerpunkt in einem Gottesdienst sein. Die Kärtchen könnten durch die Mitfeiernden nach vorne gebracht und unter das Kreuz auf den Abendmahlstisch gelegt werden. Anschließend nimmt eine Liturgin Sie zum Gebet wie oben auf. Die Kärtchen könnten auf eine Gebetswand geklebt werden. Von dort werden welche für die kommenden vier Sonntage beim Fürbittengebet jeweils verwandt. Dies könnte einmal oder ständig so geschehen.[5]

Das Gebet unseres Herrn

schließt sich nahtlos an das Fürbittengebet an. Kleine Überleitungen zeigen der Gemeinde an, dass wir nun das Gebet Jesu sprechen:

»Mit den Worten Jesu beten wir: Unser Vater im Himmel …«

»In Jesu Namen sprechen wir: Unser Vater …«

»Erhöre uns, wenn wir beten: Unser Vater …«

Dabei spielt die Formulierung nicht die wichtige Rolle. Sie soll vielmehr die Mitfeiernden leiten und das gemeinsame Sprechen signalisieren. Es kann auch eine kurze Pause gemacht werden. Wichtig ist nur, dass die Mitbetenden das Signal erfassen. Häufig wird es durch Erfahrung erfasst, wenn die Überleitungen nicht ständig variiert werden.

Das Herrengebet kann auch gesungen werden. Unser Gesangbuch hält dafür zwei Lieder bereit. Unter EM 483 findet sich ein Lied, das den Gebetstext im Wortlaut vertont hat. Das andere Lied EM 340 ist von Martin Luther, der zum Gebetstext erklärende Umschreibungen gedichtet hat. Schön ist, dass das Lied in Gebetsform gedichtet ist. Fraglich ist, ob heutige Menschen die Umschreibungen Luthers in altertümlicher Ausdrucksweise als Verständnishilfe erfahren.

Gebetsmotette

Dass wir Verständnishilfe zum Herrengebet nötig haben, ist offensichtlich. Wer hat es nicht schon mit Bedauern beim Beten gespürt: Ich weiß eigentlich gar nicht, was ich bete. Das gemeinsame Beten ermöglicht nicht, dass wir verstehend sprechen können. Darum ist eine Erklärung zum Gebet Jesu in Bibelstunden, Hauskreisen oder bei Glaubenskursen angesagt. Sie kann auch im Gottesdienst von Zeit zu Zeit erfolgen. Das »Unser Vater-Gebet« wird Textgrundlage für eine Predigt. Oder wir beten es mit erläuternden Gebetsworten in heutiger Sprache wie Martin Luther es im oben genannten Lied oder in seinem Katechismus gezeigt hat. Solch eine Gebetsmotette[6] stelle ich nun an den Schluss:

A: Unser Vater im Himmel!

E: Als deine Kinder reden wir mit dir. Vertrauensvoll stellen wir unser Leben in das Licht deiner Güte und Liebe.

A: Geheiligt werde dein Name!

E: Hinter deinem heiligen Namen stehst du selbst, Herr der ganzen Welt. Dass dein Name durch unser Leben nicht gering geachtet wird, sondern wunderbar empfunden wird, das bitten wir dich.

A: Dein Reich komme!

E: Gegen alle Kräfte der Zerstörung und des Todes in der Welt bitten wir um dein Reich des Friedens und der Liebe, Herr. Lass uns in der Liebe wachsen, damit auch durch uns dein Reich Gestalt gewinnt.

A: Dein Wille geschehe wie im Himmel so auf Erden!

E: Deinem Willen stellen wir uns zur Verfügung. Deinen Weg für uns gehen wir gern. Dein Wort leite unser Tun und Lassen, Herr.

A: Unser täglich Brot gib uns heute.

E: Was wir zum Leben nötig haben, Herr, das gib uns heute: Essen, Trinken, Wohnen; liebe Menschen und Gesundheit; eine Arbeit, die gut ist; eine Schule, die Freude macht; Politiker, die für das Wohl der Menschen in deinem Sinne arbeiten.

A: Und vergib uns unsere Schuld, wie auch wir vergeben unsern Schuldigern.

E: Wo wir Menschen Schaden oder Kränkung zugefügt haben, vergib uns Herr, und schenke uns die Kraft zur Entschuldigung und Wiedergutmachung. Wo Menschen uns Schaden und Kränkung zugefügt haben, gib uns die Demut und Güte, gerne zu verzeihen und zu vergessen.

A: Und führe uns nicht in Versuchung, sondern erlöse uns von dem Bösen.

E: Vater, sieh unsere Schwachheit an und bewahre uns vor Versuchungen des Bösen zum Bösen gegen dich, uns und andere. Dein Heiliger Geist schenke uns Weisheit und Kraft, Böses mit Gutem zu vergelten.

A: Denn dein ist das Reich und die Kraft und die Herrlichkeit in Ewigkeit!

E: Dir geben wir allein die Ehre. Groß bist du und wunderbar. Du bist unsere Freude.

A: Amen

A = wird von allen Feiernden gesprochen.
E = wird von einzelnen Liturginnen gebetet.

Solch ein Wechselgebet kann bei Gottesdiensten immer wieder auftauchen und ist ein unterweisendes Gebet. Gerne darf es von Mitfeiernden auch mitgenommen werden, um es für sich weiter zu bedenken.

Von welchem Ort beten wir?

Diese Frage bedachte ich unter 5.5 und bitte dies noch einmal in Erinnerung zu rufen oder nachzulesen. Dort steht ebenfalls Grundlegendes zu den Gebetsgebärden und zu den Gebetshaltungen.

5.12 Das Lied nach der Predigt und die Kollekte

»Ein katholischer, evangelischer und evangelisch-methodistischer Geistlicher treiben verloren auf hoher See. Seit einem Tag haben sie kein Wasser mehr. Der Katholik schlägt vor: »Brüder, lasst uns vor unserem Tod die heilige Kommunion miteinander feiern!« Unter seiner Leitung feiern sie mit dem letzten Brot das Herrenmahl. Der evangelische Pfarrer meldet sich und bittet: »Meine Herren, wir beten gemeinsam das Gebet unseres Herrn.« Sie beten das Gebet Jesu.

Der Methodist sagt darauf: »Gefeiert haben wir und auch gebetet. Ihr Lieben, wir wollen eine Kollekte erheben!« und reicht seinen Hut den beiden anderen.« – Dieser wie auch andere Witze stellen gerne die Methodisten als »Geldspezialisten« dar. Das ist durchweg abwertend oder belächelnd gemeint. Wie in diesem Witz erscheint es sogar als sinnloser Reflex. Mag sein, dass es auffällig ist, dass Christen in der Evangelisch-methodistischen Kirche bei Veranstaltungen wie Gottesdienst, Bibelabend, Bibelstunde oder Gemeindeabende ein Körbchen durch die Reihen gehen lassen. Manche stört das auch unter den Methodisten. Einige reklamieren, dass es die Andacht für das Lied störe. Andere heben auf den modernen, bargeldlosen Zahlungsverkehr ab und deklarieren die Kollekte als unzeitgemäß.

1. Wir versuchen zu verstehen

Vorbilder für Geldsammlungen

Wenn wir nach biblischen Vorbildern für Geldsammlungen suchen, werden wir sowohl im Alten wie im Neuen Testament fündig. In Haggai, Nehemia und Esra geht es um die Kollekte für den Wiederaufbau des Tempels nach der Zerstörung durch Nebukadnezar. Die aus dem babylonischen Exil zurückkehrenden Israeliten legen zusammen – oder auch nicht –, um den Tempel zu bauen. In den neutestamentlichen Gemeinden ist Paulus mit der Sammlung für die in Not gekommene Jerusalemer Gemeinde beauftragt. (Apg 11, 27-30; 2 Kor 8 und 9) Beide Kollekten sind freiwillige Gaben, keine Steuern. Sie dienen einem gezielten Projekt: Dem Tempelbau und der Notlinderung. Die Kollekte im Gottesdienst ist ohne Zweckbestimmung. Natürlich dient sie: Aufgaben missionarischer, sozialer, diakonischer oder baulicher Art in der Gemeinde, auf dem Bezirk oder in der Kirche. Sie wird ohne zeitliche Begrenzung verstanden. Letztgenanntes ruft uns eine Kollekte in unserer methodistischen Geschichte ins Bewusstsein. In der Entwicklung zur Bildung der Klassen gab es eine durch die drückende Bauschuld der Kapelle in Bristol motivierte Aktion: Von den Klassenmitgliedern erbaten die Klassführer wöchentlich einen Penny, um die Schuldenlast abzutragen. Sie besuchten aus diesem Anlass Woche für Woche ihre Mitglieder. Dabei wurden sie auf deren geistliche, familiäre und soziale Nöte aufmerksam und konnten helfen. Zu diesem Zweck behielt man auch nach Ablösung des Baukredits die Besuche und die Pennysammlung bei. Der Penny diente nun der Hilfe für Arme oder anderen Gemeindeprojekten. Mit Zunahme der Mitglieder konnten die Besuche nicht mehr durchgeführt werden; deshalb luden die Klassführer zu wöchentlichen Versammlungen ein, in denen es um die Ermutigung und Hilfe zur Nachfolge und zur Heiligung ging. So bildeten sich die Klassen, die zur tragenden geistlichen und gemeinschaftlichen Einrichtung in den Anfängen der methodistischen Bewegung wurden. Bei den Klassversammlungen wurde nun der Penny eingelegt.

Mit allen drei aufgeführten Kollekten zeigt sich, dass Menschen ihre Gaben zusammenlegen, um gezielt oder generell Not zu lindern bzw. zu tun, was Gott ihnen ans Herz gelegt hat. Der Aspekt des Teilens findet sich bei allen. Er charakterisiert auch die gottesdienstliche Kollekte.

»Opfer«

Beachten wir, dass die Kollekte früher »Opfer« genannt wurde, führt uns dies in eine weitere Bedeutungsrichtung. Das Neue Testament interpretiert an einigen Stellen die Hingabe Jesu als Opfer für unsere Gottestrennung. (1 Kor 15, 3; besonders 1 Petr und Hebr) Ohne dies weiter vertiefen zu wollen, weist uns die neutestamentliche Schrift darauf, uns an den hinzugeben, der sich für uns hingegeben hat. Jesu Hingabe geschieht zur Versöhnung mit Gott und wird als Vorbild des Lebens mit Gott verstanden. »Ein jeder sei gesinnt, wie Jesus Christus auch war …«, weist Phil 2, 5 in soziale wie in geistliche Lebensbezüge ein. »Es bedeutet, Ihn zu lieben, sich in Ihm zu freuen, Ihn zu ersehnen von ganzem Herzen, von ganzem Gemüt, von ganzer Seele und von allen Kräften; Ihn, den wir lieben, nachzuahmen, indem wir uns reinigen, wie auch Er rein ist, und Ihm, den wir lieben und an den wir glauben, in Gedanken, Worten und Werken zu gehorchen.« So charakterisiert John Wesley Hingabe und Anbetung.[1] Unser Leben, als Herz, Sinn, körperliche Kraft, alles Tun und Lassen soll einem Opfer gleich Gott dargebracht werden. (Rö 12, 1; Lk 10, 27 u. a.) Die Hingabe entspricht dem Wesen der Liebe Gottes und gehört zur Liebe des Menschen zu Gott.[2] Denn Gott hat sich paradoxerweise selbst für uns geopfert und damit das tiefe Wesen seiner Liebe in Christus offenbart. Mit dieser Erkenntnis weicht auch die Vorstellung, als bewirke ein Opfer oder die Hingabe etwas; die Hingabe ist Ausdruck und Wesen dieser Liebe.

Hingabe an Gott

Das Hingeben bzw. Einlegen eines Geldstücks oder Geldscheins im Gottesdienst ist ein Ritus der Hingabe an Gott. In der symbolischen Handlung gebe ich mich selbst. Mit der Münze als einem Teil meines Besitzes bin ich verbunden. Hier gilt, dass ein Teil für das Ganze steht. Der Geldschein steht für mich; für mein Leben, meinen Willen, meine Kraft, meine Liebe … Ich gebe mich mit dieser Handlung Gott in Liebe hin und drücke aus: »Ich gehöre dir!« Das ist zum einen ein grundsätzlicher Akt. Mein Leben steht bei meinem Herrn und Schöpfer. Ich befestige damit meine Hingabe neu. Diese Hingabe hat auch eine konkrete und aktuelle Seite: In der Predigt fordert uns Gott durch sein Wort auf. Mit dem Ritus der Hingabe – wie auch vorher im Fürbittgebet – lassen wir diesen Anspruch Gottes auf unser Leben gelten. Wir finden uns ein, dass uns Gott nach seiner Liebe gestaltet und wir so den »neuen Menschen anziehen, der nach Gott geschaffen ist in wahrer Gerechtigkeit und Heiligkeit.« (Eph 4, 24) Das ist die Hingabe in die Heiligung. Das ist die Hingabe, sich von Gott auf dem persönlichen Lebensweg leiten zu lassen. Diese Hingabe und Erneuerung drücken wir mit dem Ritus aus.

Muss jedoch unbedingt Geld Teil dieses Ritus sein?

Hinter dieser Frage steht die Erfahrung, dass Geld Gegenstand von Gier und Habsucht ist. An Geld kann Blut kleben, lesen wir in der Zeitung oder auch in Krimis. Als Wurzel des Übels kann Geld bezeichnet werden. Wir gehen alle mit Geld um, aber reden tun wir nicht gerne darüber. Geld scheint etwas Negatives anzuhaften.

Alle Empfindungen und Gedanken sind verständlich. Dennoch ist es nicht das Geld, sondern der Mensch, dessen Begehren unersättlich werden kann; es ist der Mensch, der um der Habsucht willen andere Menschen betrügt oder bestiehlt; es ist der Mensch, der sein Leben darin wertvoll zu machen meint, indem er viel Geld ansammelt. Das Geld selbst ist weder schön, noch wertvoll; es ist ein Tauschmittel, mehr nicht. Methodistisches Denken will das Geld entmythologisieren und sein Schillern in biblische Güte wandeln. »(...) es ist ein äußerst bequemes Mittel, (...) viel Gutes zu tun. (...) bei dem jetzigen Zustand des Menschen (gemeint: der Mensch ist noch nicht im Himmel) ist es eine vortreffliche Gabe Gottes, die edelsten Zwecken dient. In den Händen seiner Kinder ist es Speise für die Hungrigen, Trank für die Durstigen, Kleidung für die Nackten. Es schafft dem Reisenden und Fremden einen Ort, wo er sein Haupt hinlegen kann. Mit Geld können wir der Witwe die Stelle eines Gatten und den Waisen die eines Vaters ausfüllen. Wir können dem Unterdrückten Schutz, dem Kranken Heilmittel, dem Leidenden Erquickung schaffen; Geld kann für den blinden wie Augenlicht sein, für den Lahmen wie gesunde Füße, ja sogar wie ein Retter vor den Toren des Todes.«[3] John Wesley konnte sogar sagen: »Die Einführung des Geldes in die Welt ist ein bewunderungswerter Beweis der weisen und gnädigen Vorsehung Gottes.«[4] Von hier aus muss nach unserem Umgang mit dem Geld gefragt werden, nach Neid, Habsucht und Gier; nicht jedoch nach dem Papier- oder Metallstück an sich. Aber das ist nicht

Gegenstand unserer Betrachtung. Ziel dieser Ausführung ist auch, dem Geld als Teil des Ritus das Anrüchige und Negative zu nehmen. Natürlich können Menschen im Gottesdienst denken, dass sie nun für die Predigt oder Musik »bezahlen« müssten. Aber das zeigt nur, dass der Ritus der Hingabe nicht verstanden wurde.

Muss die Kollekte bei einem Lied und an dieser Stelle des Gottesdienstes gesammelt werden?

Der Hingaberitus muss nicht mit einem Lied gepaart sein. Er kann für sich stehen. Die Kollektenkörbe können still oder mit leiser Musik durch die Reihen gehen. Auch bei der Intonation des zu singenden Liedes kann das Opfer eingesammelt werden. Absicht ist jedoch, dass Lied und Ritus inhaltlich eine Einheit bilden. Sind es zwei verschiedene Themen, empfinden wir es als Überforderung, auf beide zu merken und innerlich mitzutragen. Die Einheit besteht in der Hingabe, generell oder aktuell. Die generelle Hingabe wird im Singen eines Liedes wie »Bei dir, Jesu, will ich bleiben, stets in deinem Dienste stehn« (EM 325) ausgedrückt. Ich gebe mich Jesus hin und stelle mich ihm bewusst zur Verfügung. Wenn die Mitfeiernden wissen, dass dies bei diesem Lied ausgesagt, Gott zugesungen und voreinander bekannt wird, gehen Ritus und Lied ineinander. Wird in dem Lied die aktuelle Hingabe aufgenommen, dann erfolgt die Wahl des Liedes in enger Abstimmung mit dem Ziel der Verkündigung. Das Lied muss – ich unterstreiche: muss – das thematische Anliegen der Predigt wiedergeben. Es darf kein neuer Aspekt oder ein anderer Impuls sein. Das Lied kann sogar bei der Ansprache schon zitiert worden sein; das wäre hilfreich. Das Lied soll von den Feiernden als Aneignung des Gehörten gesungen werden. »Herr, das will ich tun, gelten lassen; deinem Willen und Wort gebe ich mich hin!«, ist die innere Ausrichtung beim Singen in der aktuellen Hingabe. Bei dieser bewussten Gestaltung wird ebenso das Ineinander von Lied und Ritus nicht störend empfunden. Ob ein anderer Ort nicht besser wäre, scheint mir fraglich. Die Interaktion oder die Begegnung mit Gott steht in dem Bereich von Verkündigung bis Sendung stark unter dem Gesichtspunkt der Hingabe. Darin hat die Kollekte Sinn und Platz. Wo ließe sich der Sinn ebenso bewahren und die aktuelle wie generelle Hingabe verständlich machen? Wenn wir es gleich beim ersten Lied einsammeln würden, stände es thematisch unter dem Lob und der Anbetung. Es wäre ein Ausdruck tätigen Lobs und ließ Gott als Herrn über unser Reden und Tun groß werden. Ist das dann aber besser? Dort müsste die Kollekte als Ritus natürlich auch eingebettet sein und vielleicht sogar bei einem Lied stattfinden. Ist es bei einem Anbetungslied leichter die Kollekte einzulegen? Ich möchte es bezweifeln. Wenn wir die Kollekte beim Nachspiel einsammeln oder am Ausgang in ein Körbchen oder einem Opferstock einlegen würden, wäre eine thematische Anbindung nicht mehr möglich. Wir könnten es in dem Bewusstsein des Teilens tun, weil mit dem eingelegten Geld Hilfreiches getan wird. Aber es wäre kein Ritus mehr. Das ist eigentlich keine Möglichkeit, sondern die Abschaffung der Kollekte. Weiterhin müssen wir bedenken, dass die Kollekte nicht die einzige Geldgabe an die Gemeinde und Kirche für missionarische, diakonische und bauliche Zwecke ist; diesen Beitrag überweisen die meisten. Auch das unterstreicht die Kollekte als symbolische Handlung, die m. E. in unserer Tradition des Gottesdienstes einen guten Platz hat.

2. Wir gestalten

Welche Lieder eignen sich, um die generelle Hingabe auszudrücken?

Die aktuelle Hingabe ist durch die Verkündigung bestimmt und von dort aus zu wählen. Unser Gesangbuch verfügt über eine gute Anzahl von Liedern für die generelle Hingabe:

Liednummer	Liedanfang
EM 43	Dient freudig dem Herrn, den Meister tut kund
EM 265	Ich will dich lieben, meine Stärke
EM 269	Wie kann ich lieben dich, mein Gott
EM 267	Liebe, die du mich zum Bilde deiner Gottheit hast gemacht
EM 272	Ich blicke voll Beugung und Staunen
EM 275	Ein volles, freies, ewges Heil
EM 277	Herr, ich bin dein Eigentum
EM 282	So wie ich bin, komm ich zu dir
EM 284	Nimm, o Gott, nimm du mein Leben!
EM 306	Glauben heißt: Christus mit Worten zu nennen
EM 325	Bei dir, Jesu, will ich bleiben
EM 326	Du bist das Licht von Gott gesendet
EM 329	Gott, singe mich, ich will dein Lied sein
EM 543	Herr, gib den starken Glauben mir
EM 552	Ich, der Meer und Himmel schuf

Manche Lieder nehmen ebenso bereits die Sendung auf. Andere haben in der Hingabe einen bekennenden Charakter. Die Übergänge fließen hier. Zu beachten ist, dass ein Hingabelied bei der Kollekte bekannt sein sollte. Damit fordert der neue Text und die neue Melodie nicht die Aufmerksamkeit. Natürlich lässt sich dies nicht immer so gewährleisten und schon gar nicht für alle. Als Ziel darf es uns in der Vorbereitung eines Gottesdienst es aber vor Augen stehen.

Einige praktische Gedanken zum Einlegen und Darbringen der Kollekte:

Ist es hilfreich, die Kollekte bereits vorzurichten?	Ja. Es ist ein Ritus und der entscheidet sich nicht an den Liedern oder der Predigt. Gehen Sie nüchtern mit den Finanzen um.
Was sage ich beim Einlegen?	Entweder drückt das Lied Ihre Hingabe an Gott bereits mit Worten aus oder sprechen Sie für sich: »Herr, mit allem, was ich bin und habe, gehöre ich Dir. Amen«.
Gibt auch die Predigerin etwas in die Kollekte?	Ja, auch die Predigerin darf sich Gott neu weihen und sagen: »Dir gehört mein Leben.«
Wie soll die Kollekte auf dem Abendmahlstisch dargebracht werden?	Siehe 3.3.6 Der Kollektendienst; dort finden Sie Worte und Gebete, mit denen die Kollekte dargebracht werden kann. Auch die Darbringung ist eine symbolische Handlung.

Und eine kleine Ehrenrettung möchte ich wagen: Früher schalt man gerne »jene bösen Buben«, die den Groschen der Mutter behalten haben und statt dessen einen Knopf vom Ärmel in den Kollektenkorb warfen. Gewiss, so hat weder die Mutter es gewünscht noch soll die Kassenverwalterin zur Knopfverkäuferin werden. Aber im Sinne des Ritus handelten die Kinder richtig: Sie gaben mit einem Teil sich selbst. Bezweifelt darf natürlich werden, ob ihnen dies so bewusst war.

Übung

Herr Testit gibt Ihnen eine Idee, wie Sie ohne viel Erklärungen der Gemeinde den Sinn der Kollekte als Hingabe vermitteln können:

Bitte sagen Sie der Gemeinde einen Sonntag vorher, dass Sie am nächsten Sonntag etwas Besonderes vorhaben. Es betrifft die Kollekte und Sie werden die Bereitschaft und Unterstützung der Gemeinde brauchen. Am nächsten Sonntag bitten Sie die Gemeinde, nach dem Fürbittgebet und Unser-Vater-Gebet stehen zu bleiben. Üben Sie mit der Gemeinde stehend das kurze Lied »Fröhlich, fröhlich ist das Volk, dessen Gott ist der Herr« (EM 413). Dann bitten Sie die Gemeinde das Gesangbuch wegzulegen und es auswendig zu singen. Anschließend erklären Sie: »Liebe Geschwister, bei der Kollekte sagen wir Gott, dass wir ihm gehören und ihm im Alltag gehorsam sein wollen. Um dies bewusster zu tun, sammeln wir heute die Kollekte nicht durch die Reihen ein. Wir legen unsere Gaben in das Körbchen auf dem Abendmahlstisch unter dem Kreuz unseres Herrn ein. Dort steht ein zweites Körbchen in dem kleine Kärtchen sind. Nachdem Sie Ihre Gabe eingelegt haben, nehmen Sie bitte ein Kärtchen.« Diese Kärtchen wurden vorher durch Sie oder andere Mitarbeiterinnen vorbereitet und enthalten den Vers aus Jes 43, 1: Gott spricht: »Fürchte dich nicht, denn ich habe dich erlöst; ich habe dich bei deinem Namen gerufen; du bist mein!« Während das Lied 413 nun gesungen wird, schreiten, gehen, tanzen die Mitfeiernden nach vorne, um ihre Gabe einzulegen. Bitte rechnen Sie – je nach Gemeindegröße – zehn Minuten bei der Gottesdienstplanung dafür ein. Sie werden jedoch erstaunt sein, wie viele es als eine sehr bereichernde Sache erlebt haben werden. (Gewiss, einige trauen sich das nicht und werden sitzen bleiben; das bitte ich in Kauf zu nehmen.) Verweisen Sie im nächsten Gottesdienst am kommenden Sonntag auf diese Erfahrung und, dass genau dies der Sinn und die innere Ausrichtung der Kollekte ist. Auf diese Weise wird der Ritus inhaltlich erfasst und neu erlebt.

Übrigens: Die Idee ist nicht vom Autor. Ich hörte von brasilianischen oder afrikanischen Gemeinden der Methodistischen Kirche, die jeden Sonntag auf diese Weise singend, tanzend die Kollekte nach vorne unter das Kreuz bringen. Es könnte also durchaus auch in unserer Sonntagsfeier der Normalfall werden. Der Hingabe angemessen ist es in jedem Fall. Allein die Zeit will bedacht sein, könnten Kritiker sagen. Nun, da wir gerade beim Opfer sind.

5.13 Sendung und Segen

In unseren Gottesdiensten wird ein Sende- und Segenswort den Feiernden zugesprochen. Meistens erfolgen diese Worte in der obengenannten Reihenfolge. In unserer Betrachtung beginne ich mit dem Segen. Denn ich bin der Auffassung, dass der Segen die Ermöglichung der Sendung ist, selbst wenn die Reihenfolge auch andere Schlüsse zuließe. Das will jedoch die Sendung nicht gering schätzen. Vielmehr kommt ihr heute mehr denn je wieder größere Beachtung zu. Zunächst aber

Der Segen

1. Wir versuchen zu verstehen

Es bleibt mir auch nach Jahren noch lebendig vor Augen, wie Irma und Fritz am Morgen nach unserer Hochzeit unsere Wohnung in Köngen betraten. Wir waren vom Feiern noch etwas müde. Sie waren trotz der Festlichkeit in den Gottesdienst gegangen und begrüßten uns an diesem Morgen: »Hallo, wir bringen euch den Segen vom Gottesdienst!« – Das hat mich damals so angerührt, dass ich es heute noch weiß und mich gerne erinnere. Sie machten uns deutlich: Sie als Gesegnete reichen nun den Segen Gottes an uns weiter. Und: Diesen Segen haben wir für unseren Tag, für die neue Woche, für unser Tun und Lassen nötig. Er ist wichtig für alle.

Kaum ein religiöses Wort ist in der Alltagssprache öfters anzutreffen. Menschen reden vom Kindersegen, wenn eine Familie mehr als zwei Kinder zählt. Vom Geldsegen ist die Rede, wenn jemand ein gutes Geschäft getätigt hat und sichtbares Wohlergehen die Folge ist. »Gibst Du mir Deinen Segen?«, kann jemand fragen, wenn sie die Zustimmung der anderen wünscht. Und die andere erklärt: »Meinen Segen hast Du!« und signalisiert so ihre Akzeptanz. Selbst Menschen, die sich nicht als Christen verstehen, wünschen für bestimmte Situationen den Segen Gottes: Für einen neuen Lebensabschnitt wie den Ehebeginn, zur Geburt eines Kindes oder in Krankheits- und Abschiedssituationen sind Menschen für ein Segenswort oder eine Segensgeste dankbar.

Wir wollen uns dem Verstehen des Segens weiter nähern, indem Fragen gestellt werden und diese unser Erkennen gliedern:

Wer segnet eigentlich: Der Mensch oder Gott?

Für uns Christen ist es Gott, der der eigentlich Segnende ist.[1] In Num 6, 22-27 beauftragt Gott Aaron das Volk Israel zu segnen und gibt die Worte. In Vers 27 schließt Gott mit den Worten: »Denn ihr sollt meinen Namen auf die Israeliten legen, dass ich sie segne.« Gott bringt zum Ausdruck, dass er segnen will und der Segnende ist. Er bevollmächtigt Aaron, sie mit diesen Worten zu segnen, aber dahinter steht Gottes Güte und wirkt, was die Segensworte sagen. Es ist Gottes Wille zur Zuwendung, der den Segen trägt und erst ermöglicht. Dies macht zugleich die Vollmacht des segnenden Menschen aus, dass er glaubt, dass Gott so sehr die Welt, seine Menschen, liebt, dass er in Jesus Christus Mensch geworden ist, um sie nach Hause zu lieben. (Joh 1, 14; 3, 16) Allein das Vertrauen in Gottes grenzenlose Liebe und Zuneigung ist Voraussetzung zum Segnen. Wo Menschen im Namen des dreieinigen Gottes segnen, ist nicht der Mensch der eigentlich Segnende. Es ist unbenommen, dass Menschen Kraft auf andere übertragen können. Diese Energie kann heilend oder tröstend wirken. Gott hat uns mit mehr beschenkt als wir manchmal wahrnehmen. Beim Segnen ist diese Kraftübertragung aber nicht in Aussicht gestellt. Auch sind es nicht die Worte, die eine innere Kraft bergen und heilsam auf den Gesegnenden wirken. Das würde eine Wirksamkeit wie bei Zaubersprüchen bedeuten; das wäre Magie und ist für das Segenshandeln abzuweisen. Der segnende Mensch ist in der christlichen Kirche Verbindungsstück zu dem segnenden Gott. »Segen stellt hinein in den Machtbereich Gottes.«[2] Von Gott wird alleine die Erfüllung erwartet und ist darum eingebettet in den Glauben, in die Beziehung zu Gott.

Was tut Gott, wenn er uns segnet?

Ich habe im vorigen Abschnitt gesagt, dass sich Gott uns zuwendet, dass er seine Güte schenkt. Damit ist nicht nur Gottes Haltung beschrieben, sondern bereits Gottes segnendes Tun in Blick genommen: Er wendet sich den Menschen zu, ist interessiert, will Gutes und Hilfreiches wirken. Wir betrachten an einigen biblischen Texten und Aussagen, was Gottes segnendes Tun umfasst.

Bereits die Erzählung von der Schöpfung der Welt veranschaulicht Gottes Segnen. Gott segnet die Tiere und die Menschen und schenkt ihnen Lebenskraft und -willen.[3] Die Menschen segnet er, indem er ihnen neben der Lebenskraft und dem Lebenswillen auch die Beauftragung zur Herrschaft und Fürsorge über die Tiere gibt und die Befähigung dazu. Im Segnen bejaht Gott seine Geschöpfe, schafft Beziehung zu ihnen und bleibende Zugewandtheit. Dies darf nicht als einmaliger Akt, sondern als ständiger Segensspruch gelten, da die Schöpfung ja nicht abgeschlossen ist; Gott schafft bis heute.[4]

Weiter veranschaulicht den Segen die Berufung Abrahams in Gen 12, 1-3: »Und der Herr sprach zu Abram: Geh aus deinem Vaterland und von deiner Verwandtschaft und aus deines Vaters Hause in ein Land, das ich dir zeigen will. Und ich will dich zum großen Volk machen und will dich segnen und dir einen großen Namen machen, und du sollst ein Segen sein. Ich will segnen, die dich segnen, und verfluchen, die dich verfluchen; und in dir sollen gesegnet werden alle Geschlechter auf Erden.« Der Segen Gottes macht das Vertrauen Abrahams möglich und segnet ihn mit Zukunft als Volk, das groß werden soll und eine Heimat haben wird. Gott gewährt Schutz; Ziel seines Segnens ist, dass Abraham und sein Volk selbst zu einem Segen für alle Menschen der Erde werden.

Diese Wirkung, Segen für alle Menschen zu sein, nimmt der Apostel Paulus auf und zieht eine Linie von Gottes Segnen an Abraham zu Jesus: »... der Segen Abrahams unter die Heiden komme in Christus Jesus«. (Gal 3, 14) Eph 1, 3 sagt aus, dass wir durch Christus mit allem geistlichen Segen, den Gott bereithält, gesegnet wurden. Christus ist der Segen Gottes [5] und in ihm erfüllt sich nach neutestamentlicher Deutung, was Abraham verheißen war. Wir könnten sogar sagen: Nach dem Fall der Welt rettet Jesus wieder in den Schöpfungssegen, indem er in die Beziehung zu Gott heimholt, Identität als Geschöpf und Kind Gottes herstellt sowie Gottes schützende und leitende Nähe wirkt.

Als letzter Text hören wir auf den sogenannten Aaronitischen Segen aus Num 6, 24-26: »Der Herr segne dich und behüte dich; der Herr lasse sein Angesicht leuchten über dir und sei dir gnädig; der Herr hebe sein Angesicht über dich und gebe dir Frieden.« Gott gibt auf den Gesegneten acht, nimmt in Schutz und in seine Obhut. Wie die leuchtende Sonne Licht und Klarheit, Leben und Gedeihen für alle Geschöpfe wirkt, so ist Gottes Zuwendung für das Leben eines Menschen. Das Leben ist unter seine Gnade gestellt: Vergebung wird von Gott gewährt, wo wir Schuld gegen Menschen und Gott auf uns geladen haben. Befreiung von den Schuldzusammenhängen und Kraft zur Vergebung bzw. Kraft, um Vergebung von Menschen zu erbitten, sind ebenfalls die Auswirkungen davon. Das Heben des Angesichtes Gottes unterstreicht die Gnade zur Vergebung. Gottes Angesicht bleibt nicht von uns abgewandt; er wendet es wieder zu, denn ohne Gottes Treue muss das Leben vergehen. Alles Segenstun Gottes gipfelt in dem Wirken des Schalom, des Friedens. Das hebräische Wort Schalom denkt an das Wohlergehen des Menschen in seinen leiblichen, sozialen und religiösen Bezügen. Unversehrtheit, Lebenskraft, Lebensfreude, Zufriedenheit, Essen, Trinken, Kleiden zeichnen die leiblichen aus; Familie, Gemeinde, Freundschaft, Frieden miteinander, Zugewandtheit und Teilen umschreibt den sozialen Schalom; Vertrauen, sich Gottes Leiten anvertrauen zu können, von Gott angenommen und geliebt zu sein, leben im Heil, so könnte der religiöse Bereich des Schalom dargelegt werden. Wohlfahrt und Zufriedenheit in den Bezügen des Lebens könnte als Nenner dienen. Die Nähe zu dem Wort Jesu über seine Sendung in Joh 10, 10 ist mit Händen zu greifen: »Ich bin gekommen, dass sie das Leben und volles Genüge haben sollen!« In ihm erfüllt sich der Schalom des Segens, ja er wirkt den Segen. Heil und Segen gehören eng zusammen. Leibliches und Geistliches ist im Schalom und im Segenswirken Gottes nicht zu trennen. Die liebende Zuwendung Gottes – im Segen, in Christus, im Segenshandeln der Kirche – umfängt den ganzen Menschen.

2. Wir gestalten

Auch im Bereich der Gestaltung leiten uns Fragen:

Wie soll der Segen zugesprochen werden?

Aaronitischer Segen

Ich meine beobachten zu können, dass die Sprechpraxis unterschiedlich ist. Wir nehmen als Beispiel den Aaronitischen Segen.

a) Manche sagen beim Segen: »Herr, segne uns und behüte uns …«. Diese Form will deutlich machen: Ich, der ich hier vorne stehe, benötige ebenso den Segen wie alle anderen. Der Ausdruck ist kein Segen, sondern ein Bittgebet. Es soll auf keinen Fall der Eindruck entstehen, als verfüge die Liturgin über Gott oder übergehe seine Freiheit.

b) Eine andere sagt: »Der Herr segnet dich und behütet dich …«. Das ist die Sprachform der Vergewisserung und nimmt sich seelsorgerlich aus. Trost schwingt mit, aber es ist kein Segen. Die Formulierung ist zusprechend, aber es ist keine Dynamik zwischen dem segnenden Menschen und dem eigentlich segnenden Gott zu erkennen. Es ist der Eindruck, dass der Mensch ohne Gott auskommt.

c) Manche formuliert: »Der Herr segne uns und behüte uns …«. Es ist eine Mischung aus Gebet und kollektivem Segenswort. Diese Ausdrucksweise will zusprechen, jedoch stellt sich die Zusprechende selbst darunter. Sie nimmt es sich nicht heraus, den Segen zu erteilen als Bevollmächtigte.

d) Der Aaronitische Segen heißt »Der Herr segne dich und behüte dich«. Er ist persönlich an den einzelnen Menschen gerichtet. Gott will dem Individuum gerecht werden in seiner Zuwendung. Die Sprachform im Hebräischen drückt »eine wunschhaft formulierte Aufforderung an Gott«[6] aus. Dazu bedarf es des Wissens und Vertrauens, dass Gott den priesterlichen Auftrag zu segnen gab und sein Segen die Sehnsucht des Menschen nach Heil und Leben umfängt. Die Vollmacht der sprechenden Person hat die Grenze, dass sie nicht Segensspenderin ist; das ist Gott allein. Nun haben Christen manchmal Mühe, sich in diese Vollmacht stellen zu lassen. Dabei sind wir einander Priesterinnen im »Priestertum aller Gläubigen«[7] und stehen in der Berufung, einander zu segnen. Ob dies jede öffentlich können muss, dafür bedarf es noch der Begabung zu gerade diesem Dienst. Die Gründe für manche Hemmung, die Vollmacht anzunehmen, können in persönlichen Autoritätsproblemen, Machtproblemen im Blick auf Frau-Mann-Fragen oder auch durch Machtprobleme in der Gemeinde liegen. Durch Vollmachtverzicht beim Segenszuspruch wird der Segensakt diffus. Der Segen kann kein Ort sein, Machtprobleme zu lösen und durch Vollmachtverzicht werden sie nur vermieden. Das Besondere liegt gerade in dem vollmächtigen Zusprechen des Segens und der dadurch ermöglichten Erfahrung des sich persönlich zuwendenden Gottes.

Entwertet die persönliche Segnung nicht den Schlusssegen im Gottesdienst?

Vermehrt fragen Menschen nach dem Segen Gottes. Lange Zeit dachte ich: Wir werden in jedem Gottesdienst gesegnet; warum eine persönliche Segnung im Gottesdienst daneben stellen? Es waren die Mitarbeiterinnen der Gemeinde, die mich darum baten und auch drängten. Natürlich segnete ich seelsorgerlich. Aber nicht in einer öffentlichen Feier wie dem Gottesdienst, sondern im Krankenhaus, Zuhause oder in meinem Gesprächszimmer. Ich gab dem Wunsch nach und mir ging es wie Petrus, den Gott auf einen Weg zum Hauptmann Kornelius drängen musste (Apg 10), weil seine Reinheitsgebote dies nicht zugelassen hätten. Zu diesem Segnungsangebot im Gottesdienst kamen beim ersten Mal fast zwanzig Personen nach vorne mit dem Wunsch, persönlich gesegnet zu werden. Die Offenheit dafür und das Bedürfnis danach hat sich auch bei den nächsten Malen bestätigt. Deshalb halte ich es für geboten, dass es in unseren Gottesdiensten immer wieder – alle zwei Monate, möglichst einmal im Monat – die Gelegenheit gibt, nach vorne zu kommen und sich die Hände auflegen zu lassen. Das Besondere dieses Segnens liegt allein in der Erlebbarkeit der Zuwendung. Die körperliche Erfahrung, wenn die Hand oder gar zwei Hände auf Schulter oder Kopf gelegt werden, hilft Menschen, sich in schwieriger Lage der Zuwendung und Hilfe Gottes anzuvertrauen. Die persönliche Zuwendung Gottes wird mit solch einer Erfahrung deutlicher, was gerade bei einem schweren Weg oder einer neuen Situation von Menschen hilfreich empfunden wird. Damit wird der Schlusssegen – der sich ja auch an den einzelnen richtet und ebenso die Hände auf jede hebt – nicht zu einem Segen zweiter Klasse. Es ist die Bedürftigkeit des Menschen, dem die eine Form in dieser momentanen Situation Hilfe zur Annahme und zum Vertrauen gibt. Nicht mehr, aber auch nicht weniger.

Persönlich die Hände auflegen

Ich will noch einmal ermutigen: Bieten Sie in Ihrer Gemeinde einmal im Monat, alle zwei Monate an, dass Menschen sich vor dem Schlusssegen persönlich die Hände auflegen lassen können. Kündigen Sie das eine Woche vorher an oder lassen Sie es zu einer festen Regel werden. Nehmen Sie noch eine Person dazu und segnen Sie abwechselnd. Sprechen Sie den Namen der Person und nehmen Sie ein Segenswort der Bibel. Stehen Sie auf der untersten Stufe vorne und bitten Sie, dass die Menschen bei einer ruhigen Musik nach vorne kommen. Nehmen Sie sich Zeit, manche muss sich überwinden. Und wenn niemand kommt? Bitte freuen Sie sich darüber, dass alle Geschwister und Gäste Ihrer Gemeinde gerade auf »fröhlicher Straße« gehen; das ist ein Grund zu großer Dankbarkeit. Falls Sie Scheu haben, sprechen Sie eine Pastorin oder eine Laienpredigerin einer Gemeinde an, die solches bereits geübt hat. Machen Sie sich deren Erfahrungen zu Nutzen; das wird Sie ermutigen. Und: Treten Sie mit Gott in ein Gespräch darüber ein; denn er ist der eigentlich Segnende.

Mit welchen Segensworten segnen wir?

Originalitätsdruck

Bevor wir einzelne biblische oder kirchliche Segensworte auswählen, will ich zwei Vorbemerkungen machen: Ich halte dafür, dass wir uns von dem Originalitätsdruck befreien sollten. Liturginnen oder Predigerinnen fühlen sich manchmal verpflichtet, immer einen neuen Segensspruch als Schlusssegen zu sprechen. Was gleich bleibt, scheint Rückschritt bzw. nicht aktuell. Das sind Maximen der Marktwirtschaft und der Werbung. Im Leben kann gerade dasselbe das Gute sein. In der Familie oder mit Freunden spielen wir jahrelang dasselbe Spiel mit großer Begeisterung. Auf wiederkehrende Feste oder anderes freuen wir uns voraus und wissen, was es zu erwarten gilt. Beim Segen ist gerade das Wiederkehrende der Clou. Ich denke, dass zwei bis drei Segensworte genug sind, weil die Gemeinde sie kennen sollte. Die Mitfeiernden dürfen sich auf das Hören und Empfinden konzentrieren. Sie müssen nicht mit dem Verstehen und Memorieren beschäftigt sein. Ein Zweites: Der Segen sollte frei gesprochen werden. Umgekehrt gesagt: Das Segenswort sollte von mir frei gesprochen werden können. Ich unterziehe mich der Mühe, es auswendig zu lernen und nur ein Segenswort zu wählen, das ich auswendig lernen kann. Das freie Zusprechen halte ich deshalb für unabdingbar, weil es die Zuwendung und die Aufmerksamkeit auf die zu Segnenden ermöglicht. Es ist dann eine leibliche Verdeutlichung der ganzen Zuwendung Gottes. Die Hände und die Augen dürfen durch nichts anderes »verpflichtet« sein, als allein zu Gesten der Zuwendung.[8]

Die Agende der Evangelisch-methodistischen Kirche hält auf den Seiten 53–55 biblische und kirchliche Segensworte bereit.[9] Ich nenne zuerst die Segensworte, die ich im Gottesdienst spreche. Anschließend will ich auf weitere verweisen.

Ich gebe in den meisten Gottesdiensten zwei Segensworten den Vorzug. Der erste ist der sogenannte Aaronitische Segen. Er ist mir deshalb wichtig, weil er vom Umfeld den Willen Gottes zum Segnen enthält. Er findet sich in Num 6, 24-26 und lautet:

Der Herr segne dich und behüte dich;
der Herr lasse sein Angesicht leuchten über dir und sei dir gnädig;
der Herr hebe sein Angesicht über dich und gebe dir Frieden.

Das dreimalige »Herr« ist für mich als Christen wie die Nennen des dreieinigen Gottes, Vater, Sohn und Heiliger Geist. Dies ist natürlich nicht alttestamentlich verankert, sondern neutestamentlich interpretiert. Der Aaronitische Segen ist mir wie der Grundsegen, weil er mit Gottes Auftrag zum priesterlichen Segenshandeln verbunden ist.

Das zweite Segenswort – nun ein neutestamentliches – ist aus 2. Kor 13, 13. Das Wort ist ein Segensgruß am Ende des Briefes und an eine Gemeinde gerichtet. Für den gottesdienstlichen Gebrauch ändere ich den Plural in den Singular:

Die Gnade unseres Herrn Jesus Christus
und die Liebe Gottes
und die Gemeinschaft des Heiligen Geistes sei mit dir.

Andere Segensworte können Ps 121, 7-8; Rö 15, 13; Phil 4, 7 oder 2 Thess 3, 16 sein. Manche müssen vom Plural in den Singular überführt werden. Wo kein trinitarischer Anklang im Bibeltext gegeben ist, kann dem Bibelwort folgendes nachgestellt werden: »So segne dich Gott, der Vater, der Sohn und der Heilige Geist!« Mit der Nennung des dreieinigen Gottes im Eingangsvotum und im Segen ist eine Klammer, ein Mantel um das gesamte Geschehen im Gottesdienst gelegt. Dieses wird durch die Gemeinde mit einem dreifachen Amen aufgenommen; es kann auch durch das dreifache Amen der Gemeinde ersetzt werden und so eine Nennung des Dreieinigen Gottes unterbleiben.

Erweiterte Segenssprüche

In Anlehnung an biblische Segensworte haben sich in der Geschichte der Kirche auch erweiterte Segenssprüche gebildet. Zwei will ich wiedergeben:

Es segne dich Gott, der Vater,
er sei der Raum, in dem du lebst.
Es segne dich Jesus Christus, der Sohn,
er sei der Weg, auf dem du gehst.
Es segne dich Gott, der Heilige Geist,
er sei das Licht, das dich zur Wahrheit leitet.

Gott sei vor dir, um dir den rechten Weg zu zeigen.
Gott sei neben dir, um dich in die Arme zu schließen und zu schützen.
Gott sei hinter dir, um dich zu bewahren vor der Heimtücke böser Menschen.
Gott sei unter dir, um dich aufzufangen, wenn du fällst, um dich aus der Schlinge zu ziehen.
Gott sei in dir, um dich zu trösten, wenn du traurig bist.
Gott sei um dich herum, um dich zu verteidigen, wenn andere über dich herfallen.
Gott sei über dir, um dich zu segnen.
So segne dich der gütige und dreieinige Gott, Vater, Sohn und Heilger Geist.[10]

Mit welchen Gesten segnen wir?

»Beim Segensritus ist das tragende Symbol die Hand.«[11] Die Hand wird beim Segnen aufgelegt. Diese Geste wird bereits im ersten Bund geübt. Durch das Handauflegen wird Kraft übertragen, Gemeinschaft und Identifikation geschaffen. (Num 8, 10 u. a.) Die Hand über etwas halten, bringt Bewahrung – und damit Segen – zum Ausdruck. (Dtn 33, 12) Die Hand auf etwas zu legen, drückt aus: Du gehörst (zu) mir. »Nimm die Hand nicht von uns«, ist die Bitte, Solidarität und Gemeinschaft nicht aufzukündigen und damit den anderen alleine zu lassen. (Jos 10, 6) So kommt in dieser Geste Zuwendung und auch Übereignung zum Ausdruck. Beides geschieht – in positiver Weise – im Segen: Gott wendet sich ganz zu und belegt dich mit seinem Helfen, Bewahren und Heilen. Gott nimmt dich für sich, denn du bist sein. In der neutestamentlichen Gemeinde wird dies so weitergeführt. Beauftragungen werden durch Auflegen der Hände erteilt und der

Mensch wird dazu gesegnet. (Apg 6, 6; 1 Tim 5, 22; 2 Tim 1, 6 u. a.) Schön kommen Handauflegen, Segnen und Zuwenden in der Evangelienerzählung von der »Segnung der Kinder« zum Ausdruck: »Und er herzte sie und legte die Hände auf sie und segnete sie.« (Mk 10, 16) Die Geste des Hebens der Hände beim Schlusssegen ist eine von der persönlichen Handauflegung abgeleitete Handlungsweise. Weil sie an eine Menge gerichtet ist, ist die Geste der Hand darauf abgestimmt. So ist es m. E. bei Num 6, 22 – 27 wie auch beim Segnen Jesu in Lk 24, 50 vorgestellt.

Die Hände werden beim Segnen erhoben, drücken die Zuwendung des liebenden Gottes aus und legen Gottes Namen auf die Menschen: Du gehörst (zu) mir! Die Hand als Symbol will ebenso auf das Handeln Gottes für den Segnenden verweisen: Ich tue Gutes an dir! Ich bin für dich in Aktion.

Geschieht im Gottesdienst die Segnung einer einzelnen Person oder mehrerer einzelner Personen wie bei einer Einsegnung, Eheschließung, Amtseinführung o. ä., kann die Art der Segnung vorher abgesprochen werden. Vorher über den Ablauf bzw. auch den Ritus der Segnung zu sprechen, hilft, ihn positiv zu empfangen. Das Auflegen der Hand kann von Menschen auch als Unterordnung oder gar Unterdrückung empfunden werden. Die Hand kann segnen. Aber Menschen haben die erhobene Hand auch schon schlagen sehen oder im Elternhaus war die flache erhobene Hand ein Drohzeichen. Hier ist Feinfühligkeit wichtig. Besonders wenn die zu segnende Person eine Frau und der Segnende ein Mann ist, sollte es ruhig direkt angesprochen werden. Sind Vorbehalte gegen den Ritus da, wird dies ein Mensch signalisieren. Die Hand muss nicht zwingend auf den Kopf gelegt werden. Sie kann ebenso auf die Schulter oder in die geöffneten Hände gelegt werden. Bei spontanen Einzelsegnungen lege ich aus diesen Gründen meistens die Hand auf die Schulter. Das Auflegen der Hand hat beim Segen vor allem identifizierenden und zuwendenden Charakter: Du bist gemeint! Die Liebe Gottes – dir! Für den Kopf mag sprechen, dass es der lokale Bereich ist, wo der Wille gebildet wird und das Zentrum, wo die Integrität unseres Lebens stattfindet; was die Bibel mit Herz bezeichnet, ist nach meinem Menschenbild der Kopf. Gerade in der Bezeichnung des Kopfes als Haupt – nicht nur leiblich verstanden –, wird dies mit unterstrichen. Der zuwendende und identifizierende Ausdruck hat aber Vorrang und ist durch Auflegen auf Schulter oder Hand ebenso gegeben.

Neben der Hand oder den Händen kommt dem Gesicht eine Bedeutung zu. Oben sagte ich bereits, dass der Segen auswendig zugesprochen werden muss. Die Hände sollen mit nichts anderem als mit der Geste der Zuwendung beschäftigt sein. Gleiches gilt für die Augen und das gesamte Gesicht. Die Zuwendung durch Augen und freundlichem Gesicht entsprechen der freundlichen Zugewandtheit Gottes. Sogar wörtlich schließt sich der Gesichtsgestus an den Aaronitischen Segen an, wo der Herr freundlich sein Angesicht auf die Gesegnete hebt bzw. es über ihr leuchten lässt. Die Augen dürfen gerne die Anwesenden umherschweifend in den Blick nehmen. Damit verdeutlichen sie die Segnung einer jeden einzelnen und machen es durch den kurzen Blickkontakt sogar erlebbar.

Welche Gesten helfen beim Segensempfang?

Hand Wie die Hand das Symbol für das Erteilen des Segens ist, so ist die Hand auch ausdrucksstarker Gestus des Empfangens. Geöffnete Hände in die Höhe gehoben, zeigen Empfangsbereitschaft; gleich einem Kelch, der gefüllt sein will. Geöffnete Hände vor den Bauch gehalten, drücken Ergebenheit und Bedürftigkeit aus: Auf Gottes Segen bin ich angewiesen. Wird der Segen im Knien empfangen, unterstreicht dies die Bedürftigkeit. Gefaltete Hände sprechen von Ergebenheit gegen Gott. Demut kommt zum Ausdruck, die Gott Herr des Lebens sein lässt.

Augen Sind die Augen geöffnet, dann suchen sie die Zuwendung des Segnenden zu erblicken, um sie als Ausdruck des zuwendenden Gottes zu begreifen. Sind die Augen geschlossen, suchen sie den segnenden Gott hinter den Worten und Gesten zu erspüren.

Kopf Manche heben den Kopf und blicken damit nach oben, als metaphorischer Ausdruck, dass sie das Angesicht des Vaters im Himmel suchen.

Andere neigen den Kopf und kennzeichnen ihre innere Haltung als Demut und Bedürftigkeit.

Wir empfinden den Segen unterschiedlich und sollten mit den Gesten so verfahren, wie es uns hilft. Alles was darin unterstützt, den Segensempfang leiblich zu erfahren, abzubilden oder versinnbildlichen sowie auszudrücken, wie wir jetzt vor Gott treten, kann als Gestus verwandt werden. Natürlich lässt ein gemeinsames Fest wie der Gottesdienst nicht alle Möglichkeiten zu. Manche Körperhaltung kann eher auf Schulungen, im Hauskreis oder bei Freizeiten praktiziert werden. Vielleicht kann die kleine Übung mit Herrn Testit am Ende der Betrachtung über die Sendung helfen, hilfreiche Gesten für den Empfang zu erproben und die persönliche zu finden. Aber: Von der Empfangsgeste hängt nicht der Segen ab, sondern vom segnenden Gott.

Wie antwortet die Gemeinde auf den Segen?

Die Segnende schließt das Segenswort nicht mit einem Amen ab. Das tut die Gemeinde. Sie nimmt mit einem gesprochenen oder gesungenen Amen den Segen auf. Sie drückt die Verlässlichkeit Gottes, des eigentlich Segnenden, aus und gleichzeitig ihr Vertrauen in den segnenden Gott.[12] An manchen Stellen wird Amen mit »So sei es« oder »So ist es« wieder gegeben. Beides spricht von »fest, zuverlässig, sicher«, was im hebräischen Wortstamm gemeint ist. Ob es nun vor Augen ist oder sich in der Zukunft gewiss realisieren wird, darin liegt allein die Differenz zwischen den deutschen Übertragungen. Darum ist Amen als biblisches Wort eingedeutscht und das ist gut.

Dreimaliges Amen

Meist wird ein dreimaliges Amen gesungen. Dies korrespondiert mit dem dreieinigen Gott, Vater, Sohn und Heiligem Geist, der uns segnet. Neben der Bestätigung, dass Gottes Segen gewiss ist und von uns empfangen wird, klingt ein dreifaches Amen auch an das dreifache »Heilig« der himmlischen Wesen an. (Jes 6, 3; Offb 4, 8) Die Gemeinde gibt durch die Aussage des festen Vertrauens und diesen Anklang ein abschließendes Lob auf Gott.

Im Gesangbuch unter 484 bis 487 finden sich Amen-Gesänge. Besonders ist, dass »Singt Amen« – EM 487 – das Gottes Lob gleich explizit einschließt. Schön ist die Aufforderung zum Amen durch eine Vorsängerin und das Einstimmen der Gemeinde durch Amen und Lob.

Segenslieder?

Fast alle Lieder, die den Segen Gottes ausdrücken oder zum Thema haben, sind Segensbittlieder. Sie bitten um Gottes Segen, sprechen ihn nicht zu. Zwei Lieder sprechen den Segen gesungen zu: Die Lieder »Mit euch sei Gottes Segen« – EM 499 – und »Friede sein nun mit euch allen« – EM 502 – sind zwar im Plural, aber zugesprochen. Sie bieten sich an, durch Vorsängerin, Chor und Gemeinde inszeniert zu werden. Es wäre natürlich hilfreich und dem Segnen angemessen, es mit Gesten wie Hand aufheben oder Hände zum Empfang öffnen zu tun. Das bedarf auf allen Seiten einer sorgsamen Vorbereitung. Gewiss wird dieser musikalische Segen eindrucksvoll sein, wenn auch für einen freikirchlichen Gottesdienst ungewöhnlich.

Die Sendung

1. Wir versuchen zu verstehen

Die Sendung nimmt ihr Vorbild in der Sendung und Beauftragung der Jünger durch Jesus im Neuen Testament.

Jesus sendet die Zwölf aus. Sie sollen verkündigen: Das Himmelreich ist nahe herbeigekommen. Sie sollen Kranke gesund, Tote lebendig, Aussätzige rein und mit bösen Geistern Behaftete frei machen. Alles tun sie umsonst, weil auch sie es umsonst empfangen haben. (Mt 10, 5-8) Als Evangelisten und Diakone sind die Jünger gesandt und von Jesus beauftragt und bevollmächtigt.

Bevor Jesus in den Himmel aufgenommen wird, sendet er seine Jünger: »Mir ist gegeben alle Gewalt im Himmel und auf Erden. Darum gehet hin und machet zu Jüngern alle Völker: Taufet sie auf den Namen des Vaters und des Sohnes und des Heiligen Geistes und lehret sie halten alles, was ich euch befohlen habe. Und siehe, ich bin bei euch alle Tage bis an der Welt Ende.« (Mt 28, 18-20) An Jesu Macht haben die Jünger teil. Weil er der Herr ist, sollen sie der Welt Christus verkündigen, in die Nachfolge rufen, taufen und unterweisen. Sie sind nicht alleine in der Sendung; Christus ist bei ihnen. Dies wird ihnen im Segenswort zugesprochen. Hier ist der Bezug »Sendung – Segen« vorgebildet.

In Lk 24, 45 – 50 öffnet der auferstandene Jesus seinen Jüngern die Schrift. Er trägt ihnen auf, seinen Namen zu verkündigen zur Vergebung der Sünden. Sie sind dafür Zeugen. Die »Kraft aus der Höhe« soll ihnen zuteil werden. Und er segnete sie. Auch hier die Abfolge von Sendung und Segen. Sie sollen Zeugen der Liebe Gottes in Christus sein für alle Völker.

Nichts anderes ist unsere Sendung als seine Jüngerinnen und Jünger heute. Die Evangelien reden nicht von einem »damals«, sondern weisen in die Nachfolge heute ein. Wir sind Jesu Zeugen und erzählen von der Liebe Gottes. Wir laden zum Glauben ein und sind »Botschafter an Christi Statt« (2 Kor 5, 20). Wir sind beschenkt und begabt mit der Kraft aus der Höhe und werden durch Gott gesegnet. Auf die Bedürftigkeit der Menschen dürfen wir antworten.

Weil Christus »Licht der Welt« (Joh 8, 12) und Licht für unser Leben ist, sind wir befähigt und gesandt, Licht für die Welt zu sein. (Mt 5, 14) Es vollzieht sich nicht nur in Christus, sondern auch in unserem Leben die Abrahamverheißung: Ich will dich segnen und du sollst ein Segen sein! (an Gen 12, 2 angelehnt)

Die Feier des Gottesdienstes geht über in den Gottesdienst im Alltag der Welt. In ihr das Gute tun, die Liebe als Maßstab alleine zu nehmen und sich als Bürgerin und Einladende zum Reich Gottes zu wissen, das heißt die Sendung Gottes annehmen. Der Sonntagsgottesdienst wie die Gemeinde ist wie der »Berg der Verklärung« (Mt 17 u. a.); auf dem Berg ist es erhebend, vielleicht begeisternd, aber es dürfen keine Hütten gebaut werden. Dem Gottesdienst stehen Vergleiche wie Oase, Tankstelle oder Rastplatz zur Verfügung. Es gilt hier Kraft und Ausrichtung für den Weg der Sendung zu empfangen. Ein Vergleich wie Paradies oder Insel weist der Welt und dem Alltag allein Negatives zu; damit kann die Sendung nicht positiv gedacht werden. Neu soll uns wichtig werden, dass wir von Gott gesandt sind, als seine Mitarbeiterinnen die frohe Botschaft seiner Liebe zu bezeugen. Für uns gilt, was Sören Kierkegaard formuliert hat: »Die Welt, so schlecht sie auch ist, ist doch schön; besteht sie ja aus lauter Gelegenheiten zur Liebe!«

2. Wir gestalten

Wird zur Sendung ein Wort oder ein Lied gewählt?

Diese Vorentscheidung ist zu treffen. Nach ihr bestimmt sich der Ort der Sendung. Wählen Sie ein Sendungswort, so wird dies vor dem Segen gesprochen. Soll ein Lied als Sendung die Mitfeiernden beauftragen, wird dies nach dem Segen gesungen. Nicht inhaltliche Gründe sind dafür verantwortlich. Die Ursache liegt in der Abwechslung von Wort und Musik. Biblisch sind beide Varianten in Texten enthalten. Mt 28 und Lk 24 haben die Abfolge von Sendung und dann den Segen. Die Folge von Segen und anschließend die Sendung ist in Joh 20, 21 gegeben. Theologisch ist das kein Unterschied. Immer ist es Gott, der uns zur Sendung durch seinen Segen befähigt und bevollmächtigt. Nicht in unserem Namen gehen wir in die Welt, sondern in seinem Namen und als seine Kinder.

Zur Sendung stehen oder bleiben wir stehen wie beim Segen. Eine Beauftragung dieser Art nehmen wir in unserem Kulturkreis in »Erhebung« entgegen. Aufstehen oder Stehen weist auf die Bereitschaft hin, tatsächlich zu gehen und die Sendung zu erfüllen.

Sendungswort oder -lied immer gleich oder variiert?

Anders als beim Segen darf das Sendungswort variieren. Es kann auf den verkündigten Inhalt der Predigt ebenso Bezug nehmen wie auf die Grundsituation als Jesu Jüngerinnen und Jünger. Nimmt es seinen Anhalt in der Verkündigung, wird unterstrichen, dass wir zuerst empfangen und das Empfangene als Gabe teilen dürfen. Natürlich ist dieser Sachverhalt in genereller Weise durch den Segen ebenso zum Ausdruck gebracht. Wir müssen bei den Sendungsworten oder – liedern wie beim Segen keinem Originalitätsdruck verfallen; wichtig ist, dass wir uns zu den Menschen gesandt wissen und Gott um Leitung und Mut bitten.

Worte zur Sendung
Ein schönes Sendungswort hält unsere Agende unter der Rubrik »Wechselstücke« bereit:[13]

»Nun geht in Frieden und bringt den Frieden zu andern.
Gott ermächtigt euch, seine Boten zu sein.

Andre wollen von euch hören, was ihr von Gott gehört habt.
Ihr könnt an andern tun, was Gott an euch getan hat.
So wird sein Wort zu eurem Wort,
sein Werk zu eurem Werk.
Der Herr sei mit euch allen! Amen«

Ich habe den Absatz im Text gemacht, da beide Texthälften als je separate Sendungsworte genommen werden können. Maßgebend ist für das Sendungswort auch, dass es auswendig gesprochen werden kann – wie beim Segen. Bei der Beauftragung dürfen Augen und Hände durch nichts gebunden sein als allein in Zuwendung zu den Angesprochenen. Außerdem sollte der letzte Satz und das Amen entfallen. Beides geht in den Segen über.

Ich will einige Sendungsworte als Beispiele aus meiner Praxis weitergeben:

Als seine Botschafterin sendet dich Christus in die Welt.
Du kannst und sollst zur Gemeinschaft mit Gott einladen. Dazu segne dich Gott: (Nun schließt sich das Segenswort an.)

Als seine Zeugin gehe in deine Familie, deinen Betrieb, deine Schule und Nachbarschaft. Du sollst es nicht lassen, von dem zu sagen, was du gehört und erlebt hast. Gott segne dich dazu …

Nimm Christus in jedes Haus, das du betrittst.
Nimm seinen Heiligen Geist, in jede Dunkelheit, die dir begegnet.

Nimm Gott den Vater zu jedem einsamen Menschen.
Dazu segne dich der dreieinige Gott: …

Vergebung hast du erfahren; so vergib auch du bereitwillig.
Gemeinschaft wurde dir geschenkt; schenke deine Gemeinschaft gerne.
Dazu segne dich der Herr: …

Christus teilt seinen Reichtum mit dir; teile auch du Zeit, Güter und Gaben mit deinem Nächsten. Gott segne dich darin und setze dich zum Segen: …

Als sein Kind gehst du deinen Weg.
Sei gnädig, wie dein Vater gnädig ist.
Sei barmherzig, sei geduldig, sei freundlich wie es dein Vater im Himmel ist.
In seiner Kraft und seinem Segen erweise dich als sein Kind. …

Lieder zur Sendung

Nummern der Lieder im Gesangbuch	**Liedanfang**	**Inhaltliche Ausrichtung**
539–540	Du sendest uns durch dein Wort / Du, Herr, heißt uns hoffen	Annahme der Sendung, um Hoffnung, Glaube und Liebe in die Welt zu tragen. Die Lieder eignen sich gut, um sie im Wechsel zu singen.
541	Wir sollen deine Zeugen sein	Zeugen für Christus sein, aufmerksam achten, wo er uns braucht, was er uns tun heißt
542	Sende du mich!	Bitte und Erlaubnis, dass Jesus uns sendet, führt und erfüllt, um in seinem Namen zu wirken
552	Ich, der Meer und Himmel schuf	Auftrag, als Gottes Botin zum Frieden und zur Gottesgemeinschaft einzuladen. Refrain nimmt die Sendung an. Das Lied kann schön im Wechsel zwischen Chor (Strophen) und Gemeinde (Refrain) gesungen werden.
553	Gleichwie mich mein Vater gesandt hat	Nimmt die Sendungsworte und -inhalte von Joh 20, 21 und Lk 4, 18 auf und ist wunderschön von Paul Ernst Ruppel vertont.

554	Geht Gottes Weg, bringt Frieden in die Welt!	Beauftragung, Frieden, Liebe, Stärke und Freude in die Welt zu tragen
569	Brich dem Hungrigen dein Brot	Sendung zur tätigen Nächstenliebe und Diakonie

Übung ✍ Herr Testit lädt Sie herzlich ein …

Den Abschluss soll eine kleine Sendungs- und Segensübung bilden. Sie setzt die Worte in Gesten um und kann so das bewusste Hören der Sendung und des Segens wirken und für den Gottesdienst vorbereiten. Die Übung eignet sich für die persönliche Andacht. Allein in einem Zimmer oder in freier Natur. Sie kann eingebettet sein in ein Morgengebet und den Abschluss bilden, ehe Sie das Haus verlassen oder Ihre Arbeit beginnen. Diese Übung sollte mehrere Tage hintereinander getan werden, um darin ein wenig heimisch zu werden.

Sprechen Sie dazu die Worte – auch variiert – laut und langsam. Machen Sie anschließend oder währenddessen die Gesten und Handlungen.

Sendungs- und Segensworte	Gesten und Handlungen
Als Botin deines Reiches gehe ich in diesen Tag. Du leitest und stärkst mich, um für Menschen heute ein Segen zu sein.	Aufstehen, das Gesicht nach oben heben und die Hände auf Schulterhöhe empfangend öffnen
Der Herr segne dich	Hände geöffnet weiter nach oben heben
und behüte dich.	Arme um sich legen gleich einer liebenden Umarmung
Der Herr lasse sein Angesicht leuchten über dir	Hände empfangend vor die Körpermitte halten
und sei dir gnädig.	Mit der rechten Hand das Kreuzzeichen schlagen: Stirn, Brust und nach einander auf beide Brustkorbseiten
Der Herr hebe sein Angesicht auf dich	Hände auf Schulterhöhe empfangend vorhalten
und gebe dir Frieden. Amen	Handinnenflächen vor dem Gesicht aneinander legen und Augen schließen

5.14 Das Nachspiel

1. Wir versuchen zu verstehen

Vielleicht kennen Sie die nachfolgende Situation: Ein festlicher Taufgottesdienst in unserer Kirche mit einigen Gästen geht zu Ende. Die Gäste der Tauffamilie sind mehrheitlich Verwandte aus anderen Kirchen. Die Pastorin spricht den Segen und die Gemeinde bekräftigt mit einem gesungenen Amen. Die Organistin leitet fließend zum Nachspiel über. Besagte Gäste und Verwandte wenden sich zur Ausgangstür und beginnen sich zu grüßen und zu freuen. Die restliche Gemeinde nimmt Platz und plötzlich entsteht eine peinliche Unsicherheit für alle.

Diese Begebenheit will keinesfalls sagen: Manche wissen sich nicht zu benehmen und in Traditionen einzufügen. Vielmehr weist uns diese Episode darauf hin, dass das Nachspiel verschieden verstanden werden kann.

Nachspiel als Auszug

a) In manchen Kirchen und Gemeinden dient das Nachspiel als Auszug aus dem Gottesdienst. Es gehört zur Feier, dass die Mitwirkenden mit Musik das Gotteshaus verlassen und die Gemeinde sich diesem Zug anschließt. Das ist gewiss der ältere Hintergrund des Nachspiels oder auch Postludium genannt.[2] Umgekehrt diente das Vorspiel (oder Präludium) dem Einzug. Dabei galt die Wertschätzung zum einen den Einziehenden, dem Bischof oder Priester, deren Autorität von Christus stammt. Sie galt Christus selbst, denn manchmal wurden Fahnen mit Heilszeichen oder eine Kerze – Christus, Licht der Welt – beim Einzug getragen. Das Nachspiel für den Auszug gleicht dem Ritual an königlichen Höfen. Wenn der König auszog, sich vom Thron erhob und den Saal verließ, erscholl Musik und die Anwesenden brachten Ehrerbietungen dar. Diesem Auszug schlossen sich dann alle Anwesenden an. Das Nachspiel als Musik für den Auszug ist eine Verstehensmöglichkeit.

Nachklingen lassen

b) Eine weitere Art das Nachspiel zu verstehen, ist in folgendem Satz von Hartmut Handt enthalten: »Das Nachspiel ist für die Gemeinde eine wunderbare Gelegenheit, das im Gottesdienst Erlebte … nachklingen zu lassen, ehe es durch Sonntags- und Alltagsereignisse wieder überdeckt wird.«[3] Die Musik bietet also Gelegenheit, die ganz verschiedenen Eindrücke aus dem Fest mit Gott bewusst zu machen. Das Lob Gottes, die Verkündigung sowie Gehörtes von Menschen und Gruppen sollen in uns nachklingen und in stiller Dankbarkeit festgehalten werden. Wie von selbst versteht es sich, dass die Gemeinde dazu noch einmal Platz nimmt. Damit gestaltet die Musik den Raum dieser Besinnung. Der Charakter und die Lautstärke des Musikstückes sollten deshalb unaufdringlich und sachte sein.

Verkündigende Botschaft

c) Ein dritter Verstehens- und Gestaltungshintergrund ordnet dem Nachspiel eine verkündigende Botschaft zu. Der Bezug kann thematisch auf Predigtimpulse ausgerichtet werden. Er kann sich auf das Gotteslob, den Segen oder die Freude an der Gemeinschaft erstrecken. Das Nachspiel kann auch eine Botschaft in der Weise den Feiernden zuspielen, dass durch den Charakter der Musik eine innere Haltung oder Ausrichtung nahe gelegt wird: Gott geht mit dir! Oder: Du kannst getrost in den Alltag gehen! Oder: Du bist gesegnet und gesandt!

Das Nachspiel ist das letzte Stück der Liturgie. Es ist nicht ein Abspann wie beim Film, der als notwendiges Übel angesehen wird und bei dem die Kinobesucher sich zum Gehen richten. Das Postludium hat Funktion und Inhalt. Es will empfangen sein. Und darum will es durch die Musikerinnen auch bewusst gestaltet sein.

2. Wir gestalten

In evangelisch-methodistischen Gemeinden kommt das Nachspiel als Auszugsmusik kaum vor. Manchmal gestaltet es den Auszug bei Hochzeiten mit. Den Gestaltungshintergründen als Besinnungsmusik oder als Musik mit thematischer Ausrichtung wird der Vorzug gegeben. Darauf wollen wir auch bei der Frage der Gestaltung unser Augenmerk legen. Bevor wir dies durch eine kleine Übung mit Herrn Testit tun, will ich auf eine Gefahr bei der Gestaltung des Nachspiels hinweisen: Wie oben ausgeführt hat das Nachspiel eine Funktion. Es dient also. Aber: Es ist auch der letzte musikalische Beitrag von Musikerinnen oder Chören. Die Gefahr, die Mitfeiernden durch die Wahl eines besonderen, meist gefühlvollen Stückes, zum Klatschen und zur Dankbarkeit zu bewegen, ist gegeben und menschlich verständlich. Wir danken einander sicher zu wenig. Ich gebe jedoch zu bedenken: Es wäre bedauerlich, wenn das den letzten Part des Gottesdienstes motivieren würde und damit ein egoistisches Licht auf alles werfen würde. Ich beziehe mich mit diesen Zeilen auf die Motivation, nicht auf das Klatschen.

Übung ✍

Herr Testit lädt Sie zu einer kleine »Das-wärs-Übung« ein. Bitte nehmen Sie teil, egal ob sie Musikerin oder Chorleiterin sind und gestalten oder ob sie Mitfeiernde sind und das Nachspiel empfangen. Sie werden gefragt, durch welches Lied oder Musikstück die gefragte Wirkung oder der thematische Aspekt zugespielt oder zugesungen werden könnte. Ganz nach dem Motto, also »das wärs«!

Welches Musikstück würde einladen, sich auf das im Gottesdienst Erlebte zu besinnen:

....

....

....

Welche Musik würde sie darin bestärken: »Ich darf getrost und von Gott begleitet in den Alltag gehen!«

....

....

....

Die Botschaft soll bei Ihnen ankommen: »Gott hat dem Tode die Macht genommen und ein unvergängliches Licht in unsere Welt gebracht!«

....

....

....

Welche Musik, welches Lied würde folgenden Inhalt ausdrücken: »Du bist gesegnet und sollst ein Segen sein!«

....

....

....

Wie könnte das Empfinden transportiert werden: »Ich staune über Gott, der mich unendlich liebt!«

....

....

....

6. Anregungen und Materialien zum liturgischen Lernen in der Gemeinde

Der Vater nimmt seinen kleinen Filius zum ersten Mal mit auf den Fußballplatz. Sie schauen sich ein spannendes Spiel an. Beide Mannschaften geben ihr Bestes und nur knapp fällt der Sieg der heimischen Spieler aus. Als sie auf dem Weg nach Hause sind, fragt der Vater: »Nun, wie hat es dir gefallen?« »Ganz gut«, gibt der Sohnemann von sich. »Aber warum mussten die sich so um den Ball streiten? Immer nahm einer dem anderen den Ball weg! Warum erhält nicht jeder Spieler einen schönen Ball, dann müssten sie nicht streiten?«, sprudelt es aus ihm heraus.

Ein Spiel hat Regeln und auch Rituale. Sie müssen Spieler und Zuschauer bekannt sein, damit gespielt bzw. mit Genuss zugeschaut werden kann. Nicht anders ist es bei kirchlichen Festen, Ritualen und Handlungen. Ich habe in den Betrachtungen dieses Buches versucht, Sinn und Gestaltung zu erläutern. Um das liturgische Lernen in der Gemeinde gemeinsam zu gestalten, dient dieses Kapitel 6.

6.1 Liturgisches Lernen im Vollzug: Ein Gottesdienst mit Meta-Ebene

Bei diesem ersten Vorschlag vollzieht sich das liturgische Lernen beim Feiern des Gottesdienstes. Durch eine Sprecherin wird bei kurzen Unterbrechungen der Sinn des jeweiligen gottesdienstlichen Feierns erklärt. Die Sprecherin begibt sich also auf eine Ebene über dem Feiern, Singen, Beten und Hören. Darum nenne ich es Gottesdienst mit Meta-Ebene. Wir können die Sprecherin mit einer Beobachterin und Kommentatorin vergleichen. Dabei ist wichtig, dass die Sprecherin einen Platz an der Seite oder im Hintergrund einnimmt. Sie sollte auch ruhig und sachlich sprechen, um sich nicht in den Mittelpunkt zu drängen. Den Mittelpunkt bildet das echte Feiern, das wirkliche Beten, Freuen, Singen, Lachen und Hören. Die erklärenden Worte helfen exemplarisch, das Geschehen des Gottesdienstes zu deuten und damit bewusst zu feiern. Solch ein Gottesdienst mit Meta-Ebene könnte einmal im Jahr gehalten werden. Die Erklärungen – hier fett und kursiv geschrieben – bleiben gleich, die Lesungen, die Lieder … ändern sich.

Gottesdienst mit Meta-Ebene am Sonntag Trinitatis

Vorspiel des Posaunenchors
Eingang:
Wir feiern unsern Gottesdienst im Namen Gottes des Vaters und des Sohnes und des Heiligen Geistes.
»Heilig, heilig, heilig ist der Herr Zebaoth, alle Lande sind seiner Ehre voll. AMEN

Guten Morgen, liebe Gemeinde,

heute staunen wir über Gott, der uns mit seiner Liebe und seinem Heil durch sein Wirken als Vater, Sohn und Heiliger Geist beschenkt hat. Unser Gottesdienst ist heute insoweit anders, als dass wir »beiläufig« unsere Liturgie – also den sonntäglichen Ablauf unseres Gottesdienstes – erklären wollen. Nicht immer ist uns deutlich, was wir durch die verschiedenen Elemente des Gottesdienstes ausdrücken oder tun. Deshalb wird Frau …. zwischen den Elementen auf Sinn und Bedeutung aufmerksam machen.

Im Gottesdienst begegnen wir Gott und einander. Das Vorspiel, liebe Gemeinde, hilft uns beim Ankommen. Die Musik möchte uns für diese Begegnungen öffnen und vorbereiten.

Der Gottesdienst wird im Namen des dreieinigen Gottes eröffnet. Damit ist deutlich, dass es der biblische Gott ist, den wir loben und von dem wir hören werden.

Mit der Eröffnung verbindet sich ein Bibelwort, der Wochenspruch. Er leitet uns in den Rhythmus des Kirchenjahrs oder in das Thema unseres Feierns.

Danach ist Raum für einen persönlichen Gruß, weil unsere Begegnung im Gottesdienst auch eine menschliche, wie zwischen Schwestern und Brüdern, wie zwischen Freunden ist.

Nach dem Eingang kommt der Teil des Lobens, des Dankens und der Anbetung. Die Lesungen aus dem Alten und Neuen Testament sollen uns Gott neu groß werden lassen. Neu wollen wir Gottes Liebe,

Barmherzigkeit und Gnade in den Texten begegnen und Gott darüber loben und preisen. Mit der Lesung aus Altem und Neuem Testament bekennen wir: Gottes Liebe gilt gestern, heute und morgen.

Das Gebet ist ein Dankgebet. In persönlichen Worten dankt Eine für die Anderen. Alle stimmen in den Dank mit ihrem Amen ein. Wir loben Gott im Glaubensbekenntnis und beten Gott an. Die Achtung und Anbetung drücken wir ebenso durch das Stehen aus.

(1. »Zeit-Raum«, um Gott zu loben und zu preisen)
Gemeindelied: Heilig, heilig, heilig – EM 13, 1-4
Schriftwort: Jes 40, 26-31
Loblied: Dankt dem Herrn mit frohem Mut – EM 6, 1-7
Schriftwort: Eph 3, 14-21
Loblied: Dir, Gott, sei die Ehre – EM 24, 1-4
Dankgebet und Glaubensbekenntnis
Anbetung: Heilig, heilig, heilig – EM 470

Nach dem »Zeit-Raum«, Gott zu loben und zu preisen, tauschen wir auch Freud und Leid in unserem Gemeindeleben. Die Bekanntgaben sind eigentlich Zeit der Gemeinschaft. Hier erfahren wir etwas vom Leben in den Gruppen, sowie von wunderbaren oder schweren Wegführungen einzelner. Wir erfahren, was an besonderen Veranstaltungen auf uns zukommt. Wir sind eingeladen. Alles, Gruppen, Personen, Veranstaltungen, sollen im Gebet getragen werden.

Deshalb ist die Zeit der Gemeinschaft offen. Einzelne wie Gruppen dürfen sich zu Wort melden. Unsere Erfahrungen – gute wie schwere – fließen so zusammen. Wir können uns gemeinsam freuen, trauern und füreinander beten.

Das Chorlied geschieht an einer Nahtstelle. Es schließt entweder das Lob auf Gott und den Dank für die Gemeinschaft ab und lässt stellvertretend unser Lob erklingen.

Oder das Chorlied hat eher verkündigenden Charakter und stellt sich damit der Predigt an die Seite.

Predigt ist Verkündigung. Es wird verkündigt, was Gott uns sein will. Das ist dann Zuspruch. Oder es wird verkündigt, was Gott von uns möchte. Das ist dann der Anspruch Gottes. In der Verkündigung kommt Gott in seinem Wort auf uns zu. Die Gemeinde antwortet mit Amen.

(2. »ZEIT-RAUM«, UM VON EINANDER ZU HÖREN UND ANTEIL ZU NEHMEN)
Zeit der Gemeinschaft – Bekanntgaben
Chorlied: Strahlen brechen viele aus einem Licht

(3. »ZEIT-RAUM«, UM VON GOTT ZU HÖREN UND SICH IHM NEU HINZUGEBEN)
Predigt: Joh 3, 1 – 8
Stille
Fürbittengebet und »Unser Vater«
Kollekte und Gemeindelied: Dient freudig dem Herrn – EM 43, 1-4

Das Gebet nach der Predigt antwortet. Es antwortet auf Gottes Reden, auf seinen Zuspruch und seinen Anspruch. Die betende Person stellt stellvertretend ihr Leben in den Zugriff Gottes. Es ist eine erneute Hingabe an den Willen Gottes. Wir bitten Gott um seinen Segen und seine Hilfe für alles, was in der Zeit der Gemeinschaft gesagt wurde. In der Fürbitte bringen wir die Welt vor Gott: Wir bitten für Regierende, Leidende und Verfolgte. Durch das Amen macht sich jede einzelne dieses Gebet zu ihrem Gebet.

Diese Hingabe drückt auch das folgende Lied aus. Ebenso ist die Kollekte ein Ritus der Hingabe. Die Münze oder der Schein ist etwas von mir. Ich drücke aus: Ich gehöre dir, Herr. Dein Wort und Wille soll durch mich geschehen.

Dieser Hingabe entspricht es, dass ich mich von Gott senden lasse. Ich gehe in meine Lebensbezüge hinein als eine, die Gottes Willen, seine Liebe, seine Vergebung, leben möchte. Dazu will mich Gott segnen. Das Amen drückt mein Vertrauen aus.

Das Nachspiel lässt nachklingen, was an mir und in mir geschehen ist. Die Schwingung der Musik hält in Schwingung, was sich in mir bewegt hat.

Sendung und Segen:
Gemeinde antwortet mit dem gesungenen Amen.
Nachspiel des Posaunenchors

6.2 Artikel über den Charakter unseres Gottesdienstes für den Gemeindebrief

Die nachfolgenden, kurzen Artikel sind zur Veröffentlichung im Gemeindebrief gedacht. Sie sind in einem Umfang von ca. 2.000 Zeichen (mit Leerschritten) und beanspruchen den Platz von einer zweispaltigen A 5 – Seite bei einem Schriftgrad von 11 (je nach Schriftart). Gerne können die Artikel bei mir digitalisiert angefordert werden: Thomas.Mozer@emk.de

1. Artikel:

Den evangelisch-methodistischen Gottesdienst verstehen – die Zusammenhänge

»Wissen Sie«, sagte jemand, »Gottesdienst feiern ist wie eine Dusche, bei der es mal heiß und mal kalt aus der Brause kommt!« Manchmal geht es Menschen so. Ihnen auch? Der Wechsel von Schriftworten und Liedern wird plötzlich unterbrochen und dann schieben sich die Bekanntgaben wie ein Störenfried vor die Predigt. Wo liegt der Sinn?

Ich meine, dass wir manchmal mit Vorstellungen an den Gottesdienst herangehen, die in unserer Form nicht erfüllt werden: Der Verlauf soll harmonisch und ineinandergreifend sein. Die Lesungen sollen in der Predigt noch präsent sein und dort verarbeitet werden. Die Predigt ist das Wesentliche, alles andere ist Beiwerk. ... Der Ablauf (die Liturgie) unseres Gottesdienstes geht von anderen Vorstellungen aus: Wir kommen zusammen und **als Erstes** danken, loben und beten wir Gott an. Wir staunen über seine Liebe und Herrlichkeit. Die Schriftworte führen uns diese vor Augen und Herzen. Wir antworten in Dank und Lobgesang. Seinen Gipfel findet das Staunen über Gott im Lied der Anbetung. Gott dient uns, indem er seine Liebe, Größe, Treue .. uns durch sein Wort nahebringt. Wir dienen Gott, indem wir mit unserer Freude im Gebet und Lied darauf antworten. Das ist der erste »Zeit-Raum«, das erste »Geschehen« im Gottesdienst.

Dann kommt ein nächster »Zeit-Raum«: Es ist die Zeit der Gemeinschaft. Dieser »Zeit-Raum« ist zum Anteil nehmen und geben. Erfahrungen von Gottes Leiten und Helfen werden bezeugt, Not und Leid darf benannt werden und lädt zum Gebet ein. Gruppen und anstehende Aktivitäten können genannt werden.

Der dritte »Zeit-Raum« ist der Verkündigung und unserer Antwort darauf gewidmet. In der Predigt beschenkt uns Gott mit seinem Zuspruch und erhebt Anspruch auf unser Leben. Gottes Anspruch und Zuspruch geben wir uns neu hin. Das tun wir in Gebet, Lied und Kollekte.

Unser Gottesdienst besteht aus »Zeit-Räumen«. So will er gefeiert werden. Erst dann entfaltet er seinen wunderbaren Sinn.
(aus: Thomas Mozer, begeistert Gott feiern)

Den evangelisch-methodistischen Gottesdienst verstehen »Zeit-Raum« Gott zu loben und zu preisen

»Wir loben Gott in unseren Gottesdiensten gar nicht!« Mit dieser Begründung fordert eine Person, dass statt einem Vorspiel mehrere Loblieder gesungen werden sollen. Es ist schön, Gott zu preisen, und diese Ehre kommt ihm zu. Im Gottesdienst ist diesem Anliegen der erste »Zeit-Raum« ganz und gar gewidmet. Nach der Begrüßung eröffnet dies ein Danklied. Aus dem Alten und Neuen Testament hören wir von Gottes Taten und seiner Liebe. Manchmal stehen diese Lesungen unter einem bestimmten Thema oder sie orientieren sich am Kirchenjahr. Sie erzählen von Gott, der sich seinem Volk zuwandte und zum Heil einlud. Sie erzählen von Christus, in dem Gott Mensch geworden ist und von seinem Wirken im Heiligen Geist. Die Schriftworte sprechen von Gottes Dienst zu unserem Heil. Unsere Antwort darauf ist die Freude, das Staunen, das Danken, Loben und Anbeten. Dies geschieht zuerst in den Liedern direkt nach der Lesung. Egal, ob dies ein altkirchlicher Lobgesang wie das »Ehr sei dem Vater« oder ein neueres Lied ist, immer wird Gott durch unsere Freude erhoben. Mit persönlichen Worten bringt Eine für die Anderen den Dank und die Freude im Gebet vor Gott. Mit dem »Amen« machen sich die Mitfeiernden die Gebetsworte zu eigen. Wie ein Finale ist das Lied nach dem Gebet: Ein Lied der Anbetung gibt Gott die Ehre als dem Herrn des Universums und in Christus unser lieber Vater. Mit unserem Aufstehen erheben wir unsere Herzen zu ihm. So bekennen wir uns zu ihm und bezeugen ihn als Herrn unseres Lebens.

Das ist das Erste, was wir im Gottesdienst tun. Ein ganzer »Zeit-Raum« ist dem Loben und Anbeten gewidmet. Dieser »Zeit-Raum« darf wie im inneren Zwiegespräch mit Gott gefeiert und auch genossen werden. In unserem Loben verbinden wir uns mit allen Christen rund um die Erde. In unserem Loben verbinden wir uns mit der himmlischen Welt: »Dich lobt in alle Ewigkeit / im Himmel und auch hier / dein Volk mit Heilgen aller Zeit: / Ruhm, Ehre, Liebe dir!« (Mein Mund besinge tausendfach, EM 1, Strophe 7)
(aus: Thomas Mozer, Begeistert Gott feiern)

Den evangelisch-methodistischen Gottesdienst verstehen »Zeit-Raum« von einander zu hören und Anteil zu nehmen

Früher hieß dieser Teil des Gottesdienstes »Bekanntgaben«. Er ist oder war ungeliebt, leider nötig, oft unvermeidlich und für viele eine Zeit, gedanklich kurz abzutauchen. Seit der neuen Agende von 1991 ist den Bekanntgaben das Wort »Zeit der Gemeinschaft« beigestellt. Das trifft, was dieser »Zeit-Raum« möglich machen soll: Gemeinschaft. Denn unser Weg als Gemeinde wie auch als Einzelne hat Anteil am Weg Gottes mit seiner Welt. Wir sind ein Teil der Heilsgeschichte Gottes. An unserem Miteinander in der Gemeinde erweist sich das Evangelium. Ich möchte dies mit Beispielen illustrieren, was »Zeit der Gemeinschaft« beinhalten und bewirken kann/soll: Es erzählt ein Bruder, wie Gott ihm Hilfe zuteil werden ließ; ich freue mich mit, mein Glaube wird gestärkt und ich lobe Gott dafür. Eine Schwester berichtet von einer bevorstehendem Operation; ich fühle mit ihr. Sie wird spontan von unserer Pastorin für diesen Weg gesegnet und ich bete um Hilfe und Heilung. Jemand »verkündet« die Geburt seiner Tochter; ich freue mich mit, lobe Gott über dem neuen Leben und bitte für den Weg der Familie. In zwei Wochen veranstalten wir als Gemeinde ein Kindermusical; eine Mitarbeiterin der Sonntagschule weist darauf hin. Ich bitte für das Gelingen dieser Veranstaltung – dass Menschen sich einladen lassen – und überlege, wen ich dazu einladen kann.

So könnte dieser »Zeit-Raum« inhaltlich aussehen; natürlich haben alle Anliegen von Einzelnen, Gruppen, Kreisen oder der gesamten Gemeinde hier ihren Platz. Gäste können einen Gruß sagen, Abschied wird beim Wegzug von Gemeindegliedern genommen und sie werden gesegnet.

Die »Zeit der Gemeinschaft« ist geistlich motiviert und soll geistlich motivieren. Darum ist das Wort »Bekanntgaben« auch irreführend und eigentlich ganz zu vermeiden. Es geht um christliche Gemeinschaft, um ein Mitteilen und Anteil nehmen am Weg einzelner und der Gemeinde. Dieses geht nahtlos über in die Gemeinschaft mit Gott, weil daraus ein Lob, eine Bitte oder eine Fürbitte wird. Die »Zeit der Gemeinschaft« ist ein besonderes Merkmal des Gottesdienstes in der Evangelisch-methodistischen Kirche.

(aus: Thomas Mozer, Begeistert Gott feiern)

4. Artikel

Den evangelisch-methodistischen Gottesdienst verstehen »Zeit-Raum« auf Gott zu hören und sich ihm neu zu schenken

Erwartungsvoll hören wir auf die Predigt … hoffentlich! Niemand anders als Gott zieht uns ins Gespräch. Gewiss, er nutzt Menschen und menschliche Worte. Aber letztlich erwarte ich, dass Gott mich durch sein Wort beschenkt. Gott kommt mit guten Nachrichten auf mich zu und lädt mich ein, ihm zu vertrauen. Die Liebe Gottes in ihrer Größe und Vielfalt verbindet die Predigerin mit dem »hier und heute« von uns Menschen. Ich werde aber nicht nur Gottes Zuspruch hören, sondern auch seinen Anspruch. Wo Gott mich braucht und wie ein Leben gemäß seines Wortes und Willens aussieht, darf er mir sagen. Wie meine Liebe zu ihm und zum Nächsten wie zu mir selbst wachsen kann, wird mir verkündigt, damit ich in der Nachfolge und Heiligung reife. Ja, erwartungsvoll dürfen wir hören und um solch ein »inspiriertes Hören« (Walter Klaiber) bitten wir Gott in der Stille vor dem Gottesdienst. Und um ein inspiriertes Predigen bitten wir Gott, damit das Evangelium und unser Leben in Berührung kommen.

In verschiedener Weise drücken wir unsere Antwort auf Gottes Zuspruch und Anspruch aus. Wir danken Gott für sein Wort und stimmen in das »Amen« der Predigerin mit unserm lauten »Amen« ein. Im Gebet – vielleicht einer Gebetsgemeinschaft? – danken wir Gott für sein Wort. Wir beugen uns, wo wir unser falsches Tun erkennen müssen. Bitten Gott, dass wir Kraft haben, sein Wort umzusetzen. Wir bitten für uns, für die Gemeinde und bringen in der Fürbitte die Welt vor Gott. Mit der Kollekte und dem Lied bringen wir zum Ausdruck: Herr, wir gehören dir! Das Einlegen des Scheins oder der Münze ist eine symbolische Handlung: Mit dem Schein oder der Münze gebe ich mich. Dieser Teil steht für mich als ganzen Menschen. Nicht umsonst werden die gesammelten Gaben »unters Kreuz gebracht«. Das unterstreicht die persönliche Hingabe. So sendet uns Gott als seine Mitarbeiterinnen in die Welt, um zu ihm einzuladen und seine Liebe zu leben. Als Gesegnete dürfen wir der neuen Woche begegnen.

(aus: Thomas Mozer, Begeistert Gott feiern)

6.3 Anregungen für Predigten zu Themenbereichen der Liturgie

Der Gottesdienst enthält in Riten, Handlungen und Interaktionen viele Bereiche des Glaubens. Sie werden an manchen Stellen in den Themen des Kirchenjahres angesprochen und in die Verkündigung aufgenommen. Hier lässt sich von einem biblischen Thema auf unser Tun im Gottesdienst verweisen. Damit erläutert und deutet der Predigttext Geschehnisse im Gottesdienst. Als Anregungen nenne ich nachfolgend liturgische Elemente und ihren Bezug zum Kirchenjahr bzw. verweise auf den Abschnitt in diesem Gottesdienstbuch. Die biblischen Texte können dem Kirchenjahrsabschnitt entnommen werden. Im Losungsbuch der Herrnhuter Brüdergemeine oder im Evangelischen Gesangbuch unter »Liturgischer Kalender« ersehen Sie weitere Texte dazu.

A) Musik und Gesang

Kirchenjahr	Sonntag Kantate oder Jubilate
Liturgie	Musikstücke und Gesänge, Chorlieder, musikalische Gottesdienste
Abschnitt im Buch	1.2 Das Kirchenjahr; bei Kantate und Jubilate 3.3.4 Der musikalische Dienst 5.1 Das Vorspiel – die Musik 5.8 Das Lied vor der Predigt 5.14 Das Nachspiel

B) Gottes Wort

Kirchenjahr	20. Sonntag nach Trinitatis Ökumenischer Bibelsonntag am letzten Sonntag im Januar
Liturgie	Schriftlesungen, Predigt, Bibel auf dem Abendmahlstisch
Abschnitt im Buch	1.2 Das Kirchenjahr; bei 20. Sonntag nach Trinitatis 2.2 Zeichen, Symbole und Gegenstände im Gottesdienstraum … 5.4 Die Lesungen und Gesänge 5.9 Die Predigt

C) Danken, Loben und Anbeten

Kirchenjahr	14. Sonntag nach Trinitatis, Erntedankfest
Liturgie	Der erste Geschehensbereich
Abschnitt im Buch	1.2 Das Kirchenjahr; bei 14. Sonntag nach Trinitatis 5.4 Die Lesungen und Gesänge bis 5.6 Die Anbetung

D) Gemeinschaft und Gemeinde

Kirchenjahr	Pfingstfest
Liturgie	Zeit der Gemeinschaft
Abschnitt im Buch	1.2 Das Kirchenjahr; bei Pfingstfest 5.7 Zeit der Gemeinschaft

E) Hingabe

Kirchenjahr	3. bis 5. Sonntag in der Passionszeit 15. und 23. Sonntag nach Trinitatis
Liturgie	Der dritte Geschehensbereich, besonders die Kollekte
Abschnitt im Buch	1.2 Das Kirchenjahr; bei … (siehe bei Kirchenjahr) 5.12 Das Lied nach der Predigt – die Kollekte (Hingabe)

F) Sendung

Kirchenjahr	5., 6., 8. und 13. Sonntag nach Trinitatis
Liturgie	Sendung und Segen
Abschnitt im Buch	1.2 Das Kirchenjahr; bei … (siehe bei Kirchenjahr) 5.13 Sendung und Segen

Ich möchte noch auf die besondere Chance von Familiengottesdiensten hinweisen. Sie bieten die Möglichkeit in einfacher Weise, liturgische Elemente oder symbolische Handlungen mit wenigen Worten zu erklären. Würden wir das so den Erwachsenen alleine sagen, kämen sie sich seltsam »beschulmeistert« vor. Aber oft wissen sie den Sinn von Ritualen, Handlungen oder Worten auch nicht. Kindern kann die Pastorin vor dem Gebet sagen: »Wir falten die Hände und reden mit Gott. Wir falten die Hände, um Gott zu zeigen: Herr, wir beide gehören zusammen.« Das ist vielfach auch für die Erwachsenen ein Aha-Erlebnis.

6.4 Einzelne Kapitel dieses Buches zu Schulungstreffen heranziehen

Die Kapitel eignen sich, um bei Mitarbeitendentreffen, Schulungen oder Gemeindeabenden über den Gottesdienst zu sprechen, zum Entdecken anzuleiten und um Verstehenshilfen weiterzugeben.

A) Dienstgruppentreffen:
Bei Zusammenkünften der Liturginnen können Teile der Liturgie – wie in Kapitel 5 beschrieben – miteinander entdeckt werden. Was den liturgische Dienst ausmacht, kann mit Kapitel 3.3.3 ins Gespräch gebracht werden.

Bei Treffen des Blumendienstes, des Kollektendienstes, des Begrüßungsdienstes oder der Musikerinnen können die Betrachtungen unter Kapitel 3 zur Einweisung in den Dienst oder zum Austausch anleiten.

B) Entdeckertouren:
Kapitel 2 lädt durch Aufbau und Zwischenfragen ein, den eigenen Kirchenraum zu entdecken. Mit den Betrachtungen können Verstehens- oder Interpretationshilfen gegeben werden. Aber vor allem die eigene Wahrnehmung und Interpretation soll gefördert werden. Die Zwiesprache mit dem Raum ist für manche neu, weil sie den Raum unbewusst und funktional wahrgenommen haben. Eine Gruppe ergänzt sich im Entdecken und nach Überwindung der Scheu wird es viel Freude machen. Solche Entdeckertouren bieten sich für jedes Alter und jede Gemeindegruppe an. Der Kirchliche Unterricht sollte es in jedem Fall nicht versäumen zu tun. Der eigene Raum kann auch mit Vergleichshilfen genauer erfasst werden: Ein Besuch in der katholischen oder evangelischen Kirche des Ortes wird vor der Entdeckertour des methodistischen Kirchenraums gemacht. So entstehen Vergleichsmöglichkeiten. Gemeinsame Symbole oder Raumanordnungen werden wir sehen. Aber auch das Besondere beider Kirchenräume kann benannt und für das Feiern reflektiert werden. Eine solche Entdeckertour darf ihre Erkenntnisfrüchte am nächsten Sonntag in den Gottesdienst einbringen und wird so auch anderen ein Aha-Erlebnis bescheren.

C) Zeitreisen:
Die biblischen Impulse des Kirchenjahrs können in meditativer Weise angeeignet und bedacht werden. Besonders der Weihnachtsfestkreis und der Osterfestkreis lassen sich in kleine Zeitreisen untergliedern

und laden zur Betrachtung ein. Ich will es durch ein Beispiel illustrieren: Die Adventszeit wird mit dem nächsten Sonntag beginnen. Sie laden zu einem ruhigen Vorbereitungsabend für die bevorstehende Advents- und Weihnachtszeit an einem Abend in dieser Woche ein. Entscheiden Sie sich für einen der beiden Adventskranzbräuche auf der Seite 18 und nehmen Sie diesen als Reiseroute. Ich entscheide mich für den ersten: An jedem Adventssonntag wird eine Kerze mehr angezündet. Sie begrüßen die Gekommenen und gehen mit der Gruppen in die dunkle Kirche. Einige Zeit bleiben Sie einfach in der Dunkelheit stehen. Fragen Sie, wie die anderen die Dunkelheit empfinden und tauschen Sie sich kurz aus. Anschließend begeben Sie sich mit einander in eine Ecke des Kirchenraums, wo Sie einen Tisch mit einer Kerze vorbereitet haben. Diese entzünden Sie nun. Nach einiger Zeit lesen Sie Psalm 24 und das Evangelium für den 1. Advent, Mt 21, 1-9. Was ist die Botschaft des 1. Advent?, geben Sie für einen kurzen Gedankenaustausch in den Raum. Danach reisen Sie zum nächsten Adventssonntag in eine andere Ecke mit einem Tisch und einer zweiten Kerze. Lesen Sie (oder eine andere vorbereitete Person) das Evangelium für den 2. Advent aus Lk 21, 25-33. Was ist die Botschaft des 2. Advent?, beginnen Sie den Austausch. In dieser Weise verfahren Sie bis alle Adventssonntag bereist sind. Beim dritten ist Mt 11, 2-10 der Leseabschnitt und in der vierten Adventsecke wird Lk 1, 46-55 gelesen. Dann tragen Sie die vier Adventskerzen auf den Abendmahlstisch und entzünden dort auch die Abendmahlstischkerzen. Das versinnbildlicht ein »großes Licht«, wenn so viele Lichtquellen zusammen kommen. Alle sind um den Tisch versammelt. Sie lesen ruhig die Verheißung aus Jes 9, 1-5. Nach einer Zeit der Stille laden Sie zur Gebetsgemeinschaft ein: Bitten Sie Gott, was er ihnen in der bevorstehenden Adventszeit schenken oder wichtig werden lassen soll. Zum Abschluss singen Sie »Komm, du lang ersehnter Jesus« – EM 138 – oder »Komm in unsre stolze Welt« – EM 330 – miteinander. Ein Segenswort beschließt die Zeitreise als bewusstes Zugehen auf die Adventszeit. –

Ähnliches lässt sich mit mehr oder weniger Aufwand mit vielen Teilen der Festkreise unternehmen. Die Betrachtungen können bei solchen Zeitreisen z. B. auch durch Bilder angeleiten werden. Solches will ich für die österliche Freudenzeit zeigen:

Quasimodogeniti = Bild eines neugeborenen Kindes
Miserikordias Domini = Bild eines Hirten mit einem Lamm auf dem Arm
Jubilate = Bild eines jubilierenden Vogels

Kantate = Bild mit fröhlichen Musikantinnen
Rogate = Bild eines betenden Menschen oder mit betenden Händen
Exaudi = Bild eines Menschen auf einem hohen Berg

Bilder können aus dem Internet besorgt werden.
Nach einer kurzen stillen Bildbetrachtung erfolgt ein Austausch, angestoßen durch die Frage:
Wie darf ich mich durch die Auferstehung Jesu im Glauben fühlen?
Oder: In welche Freiheit bin ich gestellt?
Die anleitende Person kann die Ausführungen unter 1.2 nehmen, um mit einem abschließenden Wort die geäußerten Gefühle oder Freiheiten mit dem biblischen Wort zu verknüpfen.

6.5 Ergänzende Schaubilder

Die Schaubilder dürfen kopiert werden. Sie visualisieren Inhalte aus einzelnen Kapiteln dieses Buches. Bei jedem Schaubild nenne ich den Bezug.

1. Schaubild: Das Christusjahr oder das Kirchenjahr

Es kann bei der Vermittlung von Inhalten zu »1. Wann – Die Zeit des Feierns / 1.2 Das Kirchenjahr« eingesetzt werden.

2. Schaubild: Die Kommunikation im Gottesdienst

Kann eine Hilfe bei der Vermittlung von »3. Wer – Die Personen des Feierns« sein.

Gottesdienstliche Kommunikation

Wer?

Die Feiernden
sind
Beterinnen,
Hörerinnen,
Spielerinnen,
Sängerinnen,
Predigerinnen,
Liturginnen,
Musikantinnen,
Zeugnisgeberinnen,
Begrüßerinnen,
Kollektengeberinnen,
Kollektensammlerinnen,
Technikerinnen,
....

In allem,
durch alles,
mit jeder,
durch jede, ...

GOTT,
Vater, Sohn und
Heiliger Geist

Wie?

Sprache,
Lieder,
Musik,
Gesten,
Zeichen,
Symbolen,
Bildern,
Spiel,
Handlung,
Ritual,
Raumelemente,
Stille,
......

3. Schaubild: Die Geschehensbereiche oder Zeiträume des Gottesdienstes

Zu Kapitel 4.4, um den Charakter des evangelisch-methodistischen Gottesdienstes zu erläutern.

Verstehen und Gestalten des EmK-Gottesdienstes

1. Geschehensbereich:

Verherrlichung Gottes durch sein Wort und unsere Antwort in Dank, Lob und Anbetung

2. Geschehensbereich:

Gemeinschaft und unser Weg als Gemeinde

Gottes - Dienst

3. Geschehensbereich:

Gottes Zuspruch und Anspruch und unsere Antwort in Dank, Beugung, Bitte, Fürbitte und Hingabe

4. Schaubild: Die Hingabe im 3. Geschehensbereich

Graphik für die Erläuterung der Bezüge im 3. Geschehensbereich als Hingabe

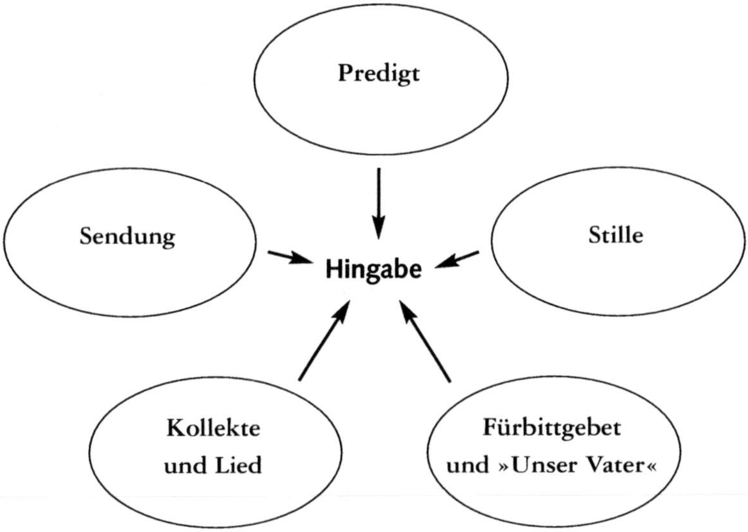

7. Anmerkungen und Literaturverzeichnis

EINFÜHRUNG

1 Lehre, Verfassung und Ordnung der Evangelisch-methodistischen Kirche. Auf Beschluss der Zentralkonferenz in Deutschland, Stuttgart 2000, Seite 141.
2 Agende der Evangelisch-methodistischen Kirche in Deutschland, Stuttgart 1994, Seite 15.
3 Ebda. Seite 15.
4 Dieser Satz stammt aus der Handschrift D als Zusatz zu Lk 6, 5; den Fundort verdanke ich Dr. Walter Klaiber.

1.1 Wann – Die Zeit des Feierns – der Sonntag

1 Nösser, Stephan und Reglin, Esther, Wir feiern Gottesdienst. Entwurf einer freikirchlichen Liturgik, Wuppertal 2001, S. 65ff.
2 Gedanken und Erkenntnisse folgender Autoren sind in dieses Kapitel eingeflossen:
Beritz, Karl-Heinrich, Das Kirchenjahr. Feste, Gedenk- und Feiertage in Geschichte und Gegenwart, München 1986, S. 51ff.
Grethlein, Christian, Abriss der Liturgik, Ein Studienbuch zur Gottesdienstgestaltung, 2. Auflage Gütersloh 1991, S. 91ff.
Hertzsch, E.: Art. Sonntag, in RGG Bd. 6, 3. Auflage Tübingen 1986, Sp. 140-142.
Schnitker, Thaddäus A. Art. Woche, Wörterbuch des Christentums, 1995 München, S. 1371.

1.2 Die Zeit des Feierns – das Kirchenjahr

1 Beritz, Karl-Heinrich; Das Kirchenjahr, München 1987, S. 168.
2 So mit Recht von Albrecht, Christoph; Einführung in die Liturgik, 3. veränd. Aufl., Göttingen 1983, Seite 70 angemahnt. Die Trinitatiszeit als festlose Zeit zu bezeichnen, ist »sehr äußerlich und außerdem falsch«. In dieser Zeit feiern wir das Erntedankfest und das Reformationsfest.
3 Beritz, Kirchenjahr, a.a.O. S. 77.
4 Bei der Bezeichnung der Sonntage Septuagesimae, Sexagesimae und Quinquagesimae können wir den Namen bzw. die Entstehung nicht mehr sicher erklären. Wer genau rechnet erkennt, dass es keinesfalls noch 70 Tage oder dann 60 Tage usw. bis Ostern sind. Wir könnten vermuten, dass diese Zahlen symbolisch zu verstehen sind. Nach Jer 25, 11 und 2 Chr 36, 21 dauerte die babylonische Gefangenschaft 70 Jahre. Vielleicht erinnern die 70 Tage ebenso an die Gefangenschaft in der Sünde bis die Erlösung im Gekreuzigten durch die Auferstehung »instandgesetzt« wird. Ebenso werden wir an eine Art »Countdown« erinnert: 70, 60, 50, 40 Tage bis Ostern. Während 70, 60 und 50 nur symbolisch zu verstehen sind, werden die 40 Tage

tatsächlich einzeln mit Themen aus der Leidensgeschichte Jesu durchlebt wie ein »bitterer Kelch.

5 Albrecht, Christoph; a.a.O. S. 69.

6 Beritz, Kirchenjahr; a.a.O. S. 90.

7 Karwoche ist nach dem althochdeutschen Wort »kara« benannt, was soviel wie Trauer und Klage bedeutet. Beritz, Karl-Heinrich; a.a.O. S. 83.

8 Bereits in der alten Kirche wurden Taufen an Ostern gefeiert. Zumeist geschah dies in der Osternacht. Solches erzählt Augustinus in seinen Confessiones VIII, 14; er ließ sich mit seinem Sohn in der Osternacht 387 in Mailand von Bischof Ambrosius taufen. Campenhausen, Hans Frhr. von, Lateinische Kirchenväter, 5. Aufl., Stuttgart u. a. 1983, S. 164.

9 Beritz, Karl-Heinz, Art. Das Kirchenjahr, in: Handbuch der Liturgik. Liturgiewissenschaft in Theologie und Praxis der Kirche, hrsg. von Hans-Christoph Schmidt-Lauber und Karl-Heinz Beritz, Leipzig/Göttingen 1995, S. 475.

10 Steckel, Karl, Art. Pfingsten, in: Calwer Bibellexikon, 6. Auflage, Stuttgart 1989, S. 1046; Beritz, Karl-Heinz, in: Handbuch der Liturgik, S. 475

11 Zitiert nach Beritz, Kirchenjahr; a.a.O. S. 140.

12 Zitiert nach Beritz, Kirchenjahr; a.a.O. S. 143.

2. Wo – Der Raum des Feierns

1 Ich verzichte bei dieser Betrachtung auf die Kirchenbaugeschichte bzw. die ökumenischen Vergleiche, soweit sie zum Verstehen nicht erhellend sind. Wer sich hierüber Kenntnis verschaffen möchte, wird in Nachschlagewerken wie »Handbuch der Liturgik«, hrsg. von H-C. Schmidt-Lauber und K-H. Beritz, »Die Religion in Geschichte und Gegenwart« (RGG) und »Leiturgia« sowie »Leitlinien für den Bau und die Ausgestaltung von gottesdienstlichen Räumen. Handreichung der Liturgiekommission der Deutschen Bischofskonferenz« und »Wörterbuch des Christentums« u. a. sehr ausführlich informiert.

2 Eine Künstlerin sagte mir bei einer Kirchenbesichtigung: »Egal, was man in einem Kirchenraum an Formen und Gestalten einbringt, es werden immer Zeichen und Symbole für Gott oder die Wahrheit des Evangeliums.«

3 Siehe Heinz-Mohr, Gerd, Lexikon der Symbole. Bilder und Zeichen der christlichen Kunst, 11. Auflage, München 1992, S. 44ff.

4 Schilson, Arno, Kreuz, Kreuzigung – systematisch; in: Wörterbuch des Christentums, München 1995, S. 686.

5 Scheer, Anton, Kreuz, Kreuzigung – liturgisch; in: Wörterbuch des Christentums, München 1995, S. 687.

6 Meyer, Franz Sales, Handbuch der Ornamentik, unveränderter Nachdruck der 12. Auflage von 1927, Wien 2002, S. 191.

7 Über Aufkommen und Ausdruck von Kruzifixen informiert Meyer, a.a.O. S. 417ff.

8 Meyer, a.a.O. S. 191.

9 Merkle, G., Art. Altar, III.B Im Katholizismus der Gegenwart, S. 262f sowie Jannasch, W., Art. Altar, III.C In der evangelischen Kirche, S. 262f, in: RGG, Band 1, 3. Auflage, Tübingen 1986; anders sieht dies aufgrund der Raumordnung Josuttis, Manfred, Der Weg in das Leben. Eine Einführung in den Got-

tesdienst auf verhaltenswissenschaftlicher Grundlage, 2. Aufl. München 1993, S. 140ff.

10 Lehre, Verfassung und Ordnung der Evangelisch-methodistischen Kirche, Stuttgart 2000, S. 141.

11 Leitlinien für den Bau und die Ausgestaltung von gottesdienstlichen Räumen. Handreichung der Liturgiekommission der Deutschen Bischofskonferenz, 5. überarbeitete und erweiterte Auflage, Bonn 2000; zu Kerzen siehe unter 6.1.4 (aus diesem Artikel entnehme ich alle Informationen über den katholischen Liturgiegebrauch der Kerzen).
Für den evangelischen Gebrauch: Jordahn, Ottfried, Das Zeremoniale, S. 537-562 (bes. S. 557), in: Handbuch der Liturgik, hrsg. von H.-C. Schmidt-Lauber und K.-H. Beritz, 2. Korr. Auflage Leipzig/Göttingen 1995.

12 Zur Zahlensymbolik: Heinz-Mohr, Gerd, Lexikon der Symbole, 11. Aufl. München 1992, S. 307ff; Kushner, Lawrence, The Book of Letters. A Mystical Alef-bait, 2nd Edition, Woodstock, Vermont 1990; Steckel, Karl, Zahlen. Zahlensymbolik, in: Calwer Bibel Lexikon, 6. Aufl. Stuttgart 1989, Sp. 1445f; Schimmel, A., Zahlensymbolik, in: RGG, Band 6, 3. Auflage, Tübingen 1986, Sp. 1861ff.

13 Die lutherischen Kirchen in Deutschland besinnen sich auf den Brauch der katholischen Ordnung zur Osterkerze. Wobei gesagt werden muss, dass nicht alle evangelische Kirchen eine Osterkerze haben und ich katholische Gemeinden kenne, die von der Ordnung der Liturgiekommission abweichen. Die katholische Liturgiekommission sieht das Entzünden der Osterkerze von der Osternacht bis zum letzten Sonntag des Osterfestkreises vor. An Pfingsten erlischt sie. Sie wird fortan nur bei Taufen und Totenmessen angezündet. Während der Osterfestzeit hat sie beim Altar ihren Platz. Danach wird sie – auch unangezündet – in der Nähe des Taufsteins aufgestellt.

14 Manchmal wird auch der Begriff Frontale verwandt; er meint ein Tuch, dass die gesamte Frontseite des Abendmahlstisches bedeckt. Hilfreiche Gedanken entnahm ich folgender Literatur:
Riedel, Ingrid, Farben. In Religion, Gesellschaft, Kunst und Psychotherapie, Stuttgart 1983.
Biesinger, Albert, Braun, Gerhard, Gott in Farben sehen. Die symbolische und religiöse Bedeutung der Farben, München 1995.
Grethlein, Christian, Abriss der Liturgik. Ein Studienbuch zur Gottesdienstgestaltung, 2. Auflage, Gütersloh 1991, S. 99 – 104.
Nösser/Reglin, a.a.D., S. 70ff.
Ziegler, Petra, Die Farben des Kirchenjahres, in: Evangelisches Gemeindeblatt für Württemberg spezial, Reutlingen 1995.

15 Grethlein, Christian; a.a.O. S. 99.

16 Nicänum-Konstantinopolitanum, altkirchliches Glaubensbekenntnis, das alle Kirchen neben dem Apostolischen Glaubensbekenntnis gemeinsam bekennen.

17 Diese Übersicht unterscheidet sich leicht von der evangelischen und katholischen Praxis. Das hat seinen Grund vor allem darin, dass bestimmte Gedenktage (Märtyrer, Heilige, Kirchweih, Reformationstag usw.) ein Wechseln der

Behänge auch unter der Woche vorsehen und bestimmte Gottesdienste (Buß- und Bettag, Gründonnerstag) nicht gefeiert oder in den nächsten Sonntag mit aufgenommen werden. Auch unterscheiden sich evangelische und katholische Praxis. Und ein Letztes: Die Behänge sind eine gute, geistliche Tradition, kein Gesetz. Sie können helfen und darum empfehle ich ein Wechseln der Behänge.

18 Diese Formulierung von Sören Kierkegaard entnahm ich Härtner, Achim/ und Eschmann, Holger, Predigen lernen. Ein Lehrbuch für die Praxis, Stuttgart 2001, S. 28.

19 Ebda., S. 34, wie auch Volp, Rainer, Kirchenbau, Kirchenraum, in: Handbuch der Liturgik, S. 490.

3. Wer – Die Personen des Feierns

1 Berufen zu Liebe und Lobpreis. Das Wesen der christlichen Kirche in methodistischer Erfahrung und Praxis. Konferenzpapier der Britischen Methodistischen Kirche 1999, EmK-Forum 19, Stuttgart 2000, Seite 64.

2 Um es mit Martin Luther zu sagen: ... dass im Gottesdienst »nichts anderes ... geschehe, als dass unser lieber Herr selbst mit uns rede durch sein heiliges Wort und wir wiederum mit ihm reden durch Gebet und Lobgesang«, so in der Predigt zur Einweihung der Torgauer Schlosskirche 1544, zitiert nach Maibaum, Frank, Das Gottesdienstbuch. Ein Arbeitsbuch, Stuttgart/Kiel 1998, Seite 7.

3 Berufen zu Liebe und Lobpreis, Seite 65; ebenso: Berufen – Beschenkt – Beauftragt. Das evangelisch-methodistische Verständnis von Kirche, hrsg. von der Theologischen Kommission des Europäischen Rates der Evangelisch-methodistischen Kirche, EmK heute 68, Stuttgart / Zürich 1991, S. 29.

4 Es sei angemerkt, dass das Bild von Gast und Gastgeber auch Grenzen hat. So könnte aus diesem Bild falsch geschlossen werden, dass ein Gast – der Mensch im Gottesdienst – sich bedienen lässt, also selbst inaktiv ist.

5 In der evangelischen wie in der katholischen Kirche wird zunehmend versucht, den Gottesdienst in den Verantwortungsbereich der Gemeinde zu überführen. Siehe dazu: Merz, Michael B., Gottesdienstliche Rollen, Seite 740ff und Roth, Gustav, Die Beteiligung der Gemeinde, in: Handbuch der Liturgik, Seite 746ff.

6 Weitere Gedanken zu diesem Dienst finden Sie unter 2.2 Zeichen, Symbole und Gegenstände im Gottesdienstraum und ihre Bedeutung.

7 So Christoph Albrecht, Die gottesdienstliche Musik, in: Handbuch der Liturgik, S. 526, 533.
Siehe ebenso die Ausführungen unter 5.1 Das Vorspiel; darin sind grundsätzliche Gedanken zur Musik im Gottesdienst enthalten.

8 Härtner/Eschmann a.a.O., Seite 28.

9 Damit soll deutlich werden, dass auch der liturgische Dienst bei der Lesung von Schriftworten verkündigt. Der Unterschied besteht in der Auslegung, im Dolmetschen, und hier begründet sich auch die besondere Verantwortung, der unsere Ordnung Rechnung tragen möchte.

10 »Lasst es alles geschehen zur Erbauung!«, so Paulus, 1 Kor 14, 26.

11 Agende der Evangelisch-methodistischen Kirche in Deutschland, Stuttgart 1994, Seite 12.

12 in: Lehre, Verfassung und Ordnung der Evangelisch-methodistischen Kirche. Seite 35.

13 Zu beachten ist an dieser Stelle – ohne dass dies hier Thema ist – , dass das Christsein ohne bestimmte »Fachworte« wie Gottesdienst, Gebet, Besinnung, Stille oder Gemeinschaft nicht auskommt und hinter diesen Worten Erfahrungswelten stehen, die sich ein Mensch zu eigen machen sollte. Diese gilt es zu vermitteln, so wie jemandem vermittelt werden muss, was Christus getan hat. Es sei mit diesen Zeilen nur angedeutet, dass nicht alles über die Sprache zu beheben ist.

4. Was – Der methodistische Gottesdienst in seiner Grundform – sein Aufbau und Charakter

1 Steck, Wolfgang, Art. Predigt, in: Wörterbuch zum Christentum, hrsg. von Volker Drehsen, u. a., Gütersloh/Düsseldorf 1988, Seite 994.
So auch: Sackmann, Dieter, Gottesdienst aus evangelisch-methodistischer Sicht, in: Theologie des Gotteslobs, Beiträge zur Geschichte der Evangelisch-methodistischen Kirche, Bd. 39, Stuttgart 1991, Seite 34, Anmerkung 16.
Und: Hertzsch, Klaus-Peter, Die Predigt im Gottesdienst, in: Handbuch der Liturgik, Seite 738.

2 Tripp, David, Die Situation des Gottesdienstes in den methodistischen Kirchen, in: Theologie des Gotteslobs, Seite 40.

3 Burkhardt, Friedemann, Christoph Gottlob Müller, Göttingen 2003, Seite 115.

4 Tripp, David: a.a.O. S. 41; White, James F., Gottesdienst im freikirchlichen und charismatischen Kontext, in: Handbuch der Liturgik, S. 191.

5 White, James F., a.a.O.

6 Die einzige Ausnahme nach meiner Kenntnis stellt Ludwig Sigismund Jacoby dar, der an Ostern 1850 Abendmahl feierte und öffentlich 21 Personen in die Bischöfliche Methodistenkirche aufnahm. Die Gesetze Bremens ermöglichten dies; aber sie blieben bis in die zweite Hälfte des 19. Jahrhunderts einzigartig. Dargelegt in: Streiff, Patrick Ph., Der Methodismus in Europa im 19. Und 20. Jahrhundert. Mit einem Geleitwort von Dr. Manfred Marquardt, EmK Geschichte – Monographien Band 50, 2003, Seite 76 und Voigt, Karl Heinz, Freikirchen in Deutschland (19. und 20. Jahrhundert), KGE III/6, Leipzig 2004, Seiten 75ff.
Zur politischen, kirchlichen und missionarischen Situation informieren neben Anmerkung 6 auch:
Burkhardt, Friedemann, Christoph Gottlob Müller, Göttingen 2003.
Schuler, Ulrike, Die Evangelische Gemeinschaft. Missionarische Aufbrüche in gesellschaftspolitischen Umbrüchen, emk studien 1, Stuttgart 1998, Seite 163.

7 Bischof Herrmann Sticher DD – bei der Vereinigung wirkte er als Superintendent mit – sagte, dass bei der Fülle der Aufgaben, die die Vereinigung mit sich brachte, eine liturgische Diskussion nicht gesehen noch geschafft werden konnte.

8 »Der Gottesdienst ist als Begegnung mit dem lebendigen Herrn wesenhaft Wort-Antwort-Geschehen.« So Köber, Berthold W., Die Elemente des Gottesdienstes, in: Handbuch der Liturgik, S. 696.
9 Berufen – Beschenkt – Beauftragt, S. 29.
10 In anderen liturgischen Traditionen herrscht mehrheitlich das Wege-Schema vor: Ankommen, sich einfinden, indem Gott anspricht, wir in Lob und Sündenbekenntnis uns ihm nähern, uns verkündigt wird und wir im Gebet darauf antworten, Gott uns wieder gehen heißt, indem er sendet und segnet. Würden wir einen methodistischen Abendmahlsgottesdienst in Wesleyanischer Form oder den Bundeserneuerungsgottesdienst betrachten, würden wir in diesen Abläufen stärker das Wege-Schema verwirklicht sehen. Nösser/Reglin (Freie evangelische Gemeinden) legen in »Wir feiern Gottesdienst« S. 83f einen freikirchlichen Liturgieentwurf vor, der sich am Wege-Schema der Messetradition orientiert, wobei das Lesen der Schrift (fast) vernachlässigt und entwurzelt wird; der Duktus ist für mich in der Liturgie bis zur Predigt nicht einfach zu erkennen. Die Abläufe orthodoxer Liturgien habe ich für die Erarbeitung nicht eingesehen.

5. Wie – Der methodistische Gottesdienst – seine Elemente verstehen und gestalten

1 Mozer, Thomas, Es ging ihnen durchs Herz, in: unterwegs 40/2003, Seite 10. Ebenso eignet sich das Lied »Herr, öffne mir die Herzenstür« von Johann Olearius, Gesangbuch EM 416 für ein stilles Gebet. In der Agende, Seite 49 eignen sich die ersten beiden Gebete gut als stille, persönliche Rüstgebete vor dem Gottesdienst.

5.1 Das Vorspiel

1 Kirchenbuch für die Evangelische Landeskirche in Württemberg, Erster Teil, Der Predigtgottesdienst, Stuttgart 1988, S. 23.
2 Schweizer, Rolf, Sieben gute Gründe für das geistliche Singen und Musizieren in unseren Gemeinden und ihren Gottesdiensten, in: cs-journal, 121. Jg, 2/2004, S. 12.
3 Handt, Hartmut, Musik im Gottesdienst. Gedanken zu Funktion und Praxis, in bcpd-Information 2/1991 S. 10.
4 Giebel, Norbert, Eine christliche Musikordnung, in: unterwegs35/2003, S. 8.

5.2 Das Votum, das biblische Grußwort und die Begrüßung

1 Hirsch-Hüffell, Thomas, Gottesdienst verstehen und gestalten, Göttingen 2002, S. 86.
2 Ein griechisches Wort für Gemeinde im Neuen Testament heißt Ekklesia. Das bedeutet »die herausgerufen wurden«.
3 Siehe Agende, Seite 76.
4 Hirsch-Hüffell, a.a. O. Seite 87.
5 Schäfer, Heinz, Der Gottesdienst in der Evangelisch-methodistischen Kirche.

Unmaßgebliche Überlegungen eines Teilhabers, emk heute 58, Stuttgart 1988, Seite 21.
6 Hirsch-Hüffell, a.a. O. Seite 87.
7 Schäfer, a.a.O. Seite 21.
8 Hirsch-Hüffell, a.a. O. Seite 87.
9 Hirsch-Hüffell, a.a. O. Seite 87.

5.3 Das Eingangslied

1 anders Schäfer a.a.O., Seite 22.
von Lowtzow, Christoph, Mit lieblosen Gottesdiensten Gottes Liebe feiern?, Suttgart 1990, Seite 12.

5.4 Die Schriftlesungen und Gesänge

1 Steffensky, Fulbert, Feier des Lebens, 2. Aufl. Stuttgart 1985, Seite 93; seine Kritik und Beobachtung könnte treffender nicht sein: »Die Kirche ist Schulhaus geworden, der Gottesdienst Unterricht und Arbeit. Alles ist nackte Absicht. Der Mensch in diesem Gottesdienst ist wesentlich als Arbeiter gedacht, nicht als Spieler und nicht als Tänzer.« (Seite 93).
2 Bei diesen Ausführungen folge ich Douglass, Klaus, Gottes Liebe feiern, Emmelsbüll 1998, Seiten 123ff.
3 Douglass, Klaus, Glaube hat Gründe, Stuttgart 1994, Seiten 216ff.
4 Um der Vollständigkeit willen: Bei der Doxologie gibt es die große Doxologie wie »Ehre sei Gott in der Höhe« (EM 460) und die kleine Doxologie, das »Ehr sei dem Vater« (EM 461 – 463). Mancherorts wird auch der lateinische Name für Herrlichkeit und Ehre »Gloria« für den Lobgesang verwendet. Man unterscheidet – wie auch bei der Doxologie – zwischen verschiedenen »Lobgesängen«. Das Gloria patri ist das uns bekannte »Ehr sei dem Vater«. Das Gloria in excelsis deo ist der Lobgesang aus Lk 2, 14. Diesem müsste m. E. auch das Lied »Allein Gott in der Höh sei Ehr« (EM 29) zugeordnet werden.
5 Ware, Kallistos und Jungclaussen, Emmanuel, Hinführung zum Herzensgebet, Freiburg 1982, Seiten 28ff.
6 angeregt durch Maibaum, Frank, Das Gottesdienstbuch. Ein Arbeitsbuch, Stuttgart/Kiel 1998, Seite 48.
7 Lehre, Verfassung und Ordnung der Evangelisch-methodistischen Kirche, Ausgabe 2000, Seite 141.
8 Angesprochen wurde dies auch durch Schieck, Lothar, Welche Bibelübersetzung ist die richtige für mich? in: unterwegs, Ausgabe 19/2003, Seite 12.
9 so auch Schäfer. Seite 25.
10 Immer wieder tritt von evangelischen Christen (siehe dazu: von Lowtzow, Seiten 92ff) wie auch von methodistischen die Meinung auf, dass zu viele biblische Texte im Gottesdienst gelesen werden. Begründet wird es damit, dass es unmöglich ist, sich alle zu merken oder gar zu bedenken und zu beherzigen. Das Empfinden ist richtig. Die Aufnahmekapazität – besonders auch biblischen Texten gegenüber – nimmt beobachtbar ab. Jedoch sollen die Texte der Lesungen auch nicht memoriert werden. Ein Eindruck vielleicht, ein Wort, ja

ein Wort über Gott vielleicht; vor allem aber sollte es uns zum Lob motivieren und anleiten. Dieser Eindruck muss nicht memoriert werden, sondern sofort ausgelebt. Wo sich uns dieses Verständnis erschließt, sind wir über die Textfülle nicht mehr unglücklich.

5.5 Das Dankgebet und Glaubensbekenntnis

1 Siehe Kapitel 4.3 in diesem Buch.

2 Karl Barth in seiner Kirchlichen Dogmatik III/4, Seite 96 zitiert nach Luz, Ulrich, Das Evangelium nach Mt, EKK I/1, Zürich, Einsiedeln, Köln 1985, Seite 327.

3 »Die Gebärde des Händefaltens findet sich seit uralter Zeit in Indien, Tibet, Japan, bei den alten Sumerern und Germanen.« So Karrer, Otto, Das Religiöse in der Menschheit und das Christentum, Freiburg 1934, Seite 90.

4 Siehe Kapitel 6.1; ein Gottesdienst mit Meta-Ebene ist eine Art »Erklärungsgottesdienst«, welcher im Vollzug der Feier auf einer Meta-Ebene die liturgischen Schritte verständlich machen möchte.

5 1988 konnte noch gesagt werden: »Namens der versammelten Gemeinde trete ich mit dem Gebet vor Gott; da kommt nur das »Wir«, nicht das »Ich« infrage.« So Schäfer, S. 9.

5.6 Die Anbetung

Douglass, Gottes Liebe feiern. Seite 123 – 138.

Ders., Der Glaube hat Gründe, Seiten 208-223.

Heiler, F., Anbetung. Religionsgeschichtlich, in: RGG, 3. Auflage Tübingen 1986, Bd. 1, Spalten 356f.

Fendt, L., Anbetung. Dogmengeschichtlich, in: RGG, 3. Auflage Tübingen 1986, Bd. 1, Spalten 357f.

Metzger, M., Anbetung. Liturgisch, in: RGG, 3. Auflage Tübingen 1986, Bd. 1, Spalten 358 – 359.

Bauer, Walter, Wörterbuch zum Neuen Testament, Art. Prosküneo, Berlin 1971, Spalten 1421f.

Pape, W., Griechisch-Deutsches Handwörterbuch, Art. Prosküneo bis Proskünesis, Braunschweig 1908, Bd. 2, Seite 771.

5.7 Die Zeit der Gemeinschaft – Bekanntgaben

1 Ich spreche nun nur noch von Zeit der Gemeinschaft. Um dieses geht es inhaltlich – was ich erläutern werde. Bekanntgaben ist als Wort für dieses Geschehen irreführend.

2 Ich folge hier der Auslegung von Pesch, Rudolf, Die Apg, EKK V/1, Zürich u. a. 1986, Seiten 130f zur Stelle, insbesondere des Begriffs »koinonia« – Gemeinschaft. Er betont zurecht, dass Apg 2, 42 »nicht den Ablauf des urchristlichen Gottesdienstes« beschreibt.

3 Schäfer, S. 29f.

4 a.a.O., Seite 28.

5 Agende der Evangelisch-methodistischen Kirche, Stuttgart 1991, Seite 16.
6 Segensworte können dem Kapitel 5.13 entnommen werden.

5.8 Das Lied vor der Predigt

1 zitiert nach: Handt, Hartmut, Musik in der Gemeinde Jesu Christi. Kritierien – Aufgabe – Wirkungen, in bcpd-Informationen 3/1990, Seite 6.
Dem Lied vor der Predigt kommt im evangelischen Gottesdienst dezidiert verkündigende Funktion zu. Als Wochenlied sollte es von der Gemeinde gesungen werden, ist vorgegeben und kehrt mit diesem Sonntag im Kirchenjahr jährlich wieder. Siehe dazu: Köber, Berthold W., Die Elemente des Gottesdienstes, in: Handbuch der Liturgik. S. 709f.
2 Schäfer, a.a.O. S. 31.
3 Handt, Hartmut, a.a.O. Seite 13.
Christoph Albrecht bezeichnet es als »Unsitte«, wenn der Chor an immer der gleichen Stelle ein beliebiges Lied singt. Ders, Die gottesdienstliche Musik, in: Handbuch der Liturgik, a. a. O. Seite 534.
4 Die Ausführungen werden durch die Betrachtungen unter 5.1. Das Vorspiel ergänzt.

5.9 Die Predigt

1 4000 Halleluja, hrsg. von Günter Balders, 8. Aufl. Wuppertal/Kassel 1995, Seite 5.
2 Härtner/Eschmann: Predigen lernen. S. 67ff und Klaus Douglass: Gottes Liebe feiern. S. 151ff.
3 so Klaiber, Walter, Wie Gott redet, in: unterwegs magazin, 40/2003, Seite 12.
4 Schäfer, a.a.O. S. 5.
5 Härtner/Eschmann, a.a.O. S. 33f.
6 Eine gute Hilfe sind Handt, Hartmut, Jetter, Armin (Hg.), Voller Freude. Liedandachten zu den Sonntagen und Festen des Kirchenjahres, München 2004 sowie Sigrid Gänzle, Handt, Hartmut, Jetter, Armin, Voller Hoffnung. Betrachtungen zu den Grafiken des 20. Jahrhunderts im Gesangbuch der Evangelisch-methodistischen Kirche, München 2002.
7 Gleichnisse. von den Meistern erzählt, zusammengetragen von Yvonne Ginsberg; überarb. von Yvonne Ginsberg und Karl-Heinz Koch, 3. erw. überarb. und illustrierte Ausgabe, Ahlerstedt 1990, Seiten 37f.

5.10 Stille nach der Predigt

1 Agende der Evangelisch-methodistischen Kirche, Stuttgart 1991, Seite 16.
2 Lowtzow, Christoph von, a.a.O. S. 88f.

5.11 Das Fürbittengebet und Gebet des Herrn (Unser Vater)

1 Haller, Kurt, Gott selber sieht da lächelnd zu. Aus dem Leben des Mario Borgogno, Heilbronn 1992, Seite 137.

2 Maibaum, a. a. O. S. 79.
3 Maibaum, a. a. O. S. 82.
4 Klaiber, Walter und Marquardt, Manfred, Gelebte Gnade. Grundriß einer Theologie der Evangelisch-methodistischen Kirche, Stuttgart 1993, Seite 277, Anmerkung 217.
5 Hilfreiche Gedanken zu den Variationen entnahm ich Maibaum, a. a. O. S. 79f.
6 Diese Motette entstand durch das Lesen von Der kleine Katechismus Doktor Martin Luther, 22. Aufl. Gütersloh 1984, Seiten 10-13.
Der Heidelberger Katechismus, hrsg. von Otto Weber, 2. Aufl. Gütersloh 1983, Seiten 60-63.

5.12 Das Lied nach der Predigt und die Kollekte

1 Über die Bergpredigt unseres Herrn IV, Mt 5, 13 – 16, in: John Wesley, 53 Lehrpredigten, Band 5, Stuttgart 1988, Seiten 470f (die Großschreibung der Personalpronomina für Gott oder Christus stehen so im zitierten Text.)
2 Härle, Wilfried, Dogmatik, 2., überarb. Aufl., Berlin/New York 2000, Seite 57f. 333. 522.
Auch ist die Hingabe nur an Gott möglich, weil dies a) die Liebe zu Menschen überfordert und b) aus dem geliebten Menschen notwendig einen Gott machen würde.
3 Der rechte Gebrauch des Geldes, in Wesley, John, 53 Lehrpredigten, Band 9, Stuttgart 1992, Seite 957.
4 Der rechte Gebrauch des Geldes, in Wesley, John, 53 Lehrpredigten, Band 9, Stuttgart 1992, Seite 956.

5.13 Sendung und Segen

1 Greiner, Dorothea, Segen und Segnen. Eine systematisch-theologische Grundlegung; Berlin, Stuttgart, Köln 1998, Seite 186.
2 a. a. O. S. 186.
3 Die erste Schöpfungserzählung gibt Gottes Segen am 5. Tag den Tieren des Wassers und den Tieren der Luft. Die Tiere des Landes werden zwar mit den Menschen am 6. Tag von Gott ins Dasein gerufen, aber ein ausdrücklicher Segen fehlt. Ich halte dafür, dass er in das Segenswort nach der Schaffung des Menschen aufgenommen ist. So auch Westermann, Claus, Genesis 1 – 11; BKAT I/1, Neukirchen-Vluyn, 3. Aufl. 1983, Seite 196; anders von Rad, Gerhard, Das erste Buch Mose – Genesis, ATD 2-4, Göttingen, 11. Aufl. 1981, Seite 36.
4 Greiner; a. a. O. S. 267f. 271.
5 Köber, Berthold W., Die Elemente des Gottesdienstes (Wort Gottes, Gebet, Lied, Segen), in: Handbuch der Liturgik: S. 711.
6 Greiner, a. a. O. S. 51.
7 1. Petrus 2, 6. 9; Offenbarung 1, 6; 20, 6.
8 Beide Vorbemerkungen verdanke ich Thomas Hirsch-Hüffell a. a. O. S. 71, 143.

9 Agende der Evangelisch-methodistischen Kirche in Deutschland, Stuttgart 1994, Seiten 53–55.

10 in Anlehnung an Sinfonia Oecumenica. Feiern mit den Kirchen der Welt, hrsg. von Beatrice Aebi, Fritz Baltruweit u. a., Basel/Gütersloh 1998, Seite 589f

11 Greiner, Dorothea, a. a. O. S. 162.

12 Wildberger, Hans, `mn >fest , sicher<; in: THAT, hrsg. von Ernst Jenni unter Mitarb. von Claus Westermann, München/ Zürich, 4., durchges. Aufl. 1984, Band 1, Sp. 177-209.

13 Agende der Evangelisch-methodistischen Kirche in Deutschland, Stuttgart, Seite 55; leider ist dieses Sendungswort auch das einzige in der Agende. Auf Seite 25 findet sich ein Sendungswort, das jedoch in seinem Duktus allein die Räume »Alltag – Menschen – Leben« nennt, ohne ein Tun als Auftrag auszusprechen.

5.14 Das Nachspiel

1 Unter 5.1 Das Vorspiel ist Grundsätzliches zu Musik im Gottesdienst ausgeführt. Dies ist bei diesem Abschnitt vorausgesetzt.

2 Maibaum, a. a. O. S. 93

3 Handt, a. a. O. S. 11.